グレアム・ガラード
ジェームズ・バーナード・マーフィー
神月謙一 訳

英米の大学生が学んでいる政治哲学史

三〇人の思索者の生涯と思想

草思社

英米の大学生が学んでいる政治哲学史

三〇人の思索者の生涯と思想

過去と現在と未来の学生たちに

目次

近代

現代

思索者たちの生没年

孔子　前五五一年—前四七九年
プラトン　前四二八年頃—前三四七年頃
アリストテレス　前三八四年—前三二二年
アウグスティヌス　三五四年—四三〇年
アル＝ファーラービー　八七二年頃—九五〇年頃
マイモニデス　一一三五年もしくは一一三八年—一二〇四年
トマス・アクィナス　一二二五年—一二七四年
ニッコロ・マキャヴェッリ　一四六九年—一五二七年
トマス・ホッブズ　一五八八年—一六七九年
ジョン・ロック　一六三二年—一七〇四年
デイヴィッド・ヒューム　一七一一年—一七七六年
ジャン＝ジャック・ルソー　一七一二年—一七七八年
エドマンド・バーク　一七二九年—一七九七年
メアリー・ウルストンクラフト　一七五九年—一七九七年

イマヌエル・カント　一七二四年—一八〇四年
トマス・ペイン　一七三七年—一八〇九年
G・W・F・ヘーゲル　一七七〇年—一八三一年
ジェームズ・マディソン　一七五一年—一八三六年
アレクシ・ド・トクヴィル　一八〇五年—一八五九年
ジョン・スチュアート・ミル　一八〇六年—一八七三年
カール・マルクス　一八一八年—一八八三年
フリードリヒ・ニーチェ　一八四四年—一九〇〇年
モーハンダース・ガンディー　一八六九年—一九四八年
サイイド・クトゥブ　一九〇六年—一九六六年
ハンナ・アーレント　一九〇六年—一九七五年
毛沢東　一八九三年—一九七六年
フリードリヒ・ハイエク　一八九九年—一九九二年
ジョン・ロールズ　一九二一年—二〇〇二年
マーサ・ヌスバウム　一九四七年—
アルネ・ネス　一九一二年—二〇〇九年

序章

政治――かつては力が正義だった

今、政治の世界は沼地のようだという捉え方が世の大勢を占めている。多くの人々にとって、政治は、嘘と、野心と、ご都合主義で作られた低俗な見世物にすぎなくなった。政治制度と指導者に対する信頼は過去最低を更新し、政治家への軽蔑はここ何世代かで最も強くなっている。有権者の怒りと幻滅が膨らむスピードは驚くばかりだ。政治に関する醜い言い争いにうんざりした挙げ句、すっかり諦めてしまった市民は、意思決定を市場と官僚に委ね、相も変わらぬ政治から距離を置いてしまったのである。こうした状況の中、政治に関する理想は言うに及ばず、政治思想に何らかの役割が果たせるとは考えにくい。

しかし、政治はこれまでも汚い仕事であり、高邁な理想や理念がどれほど高らかに謳われても、実際はその場の都合や妥協によって動かされてきた。政治は、そもそもきわめて野蛮で泥臭いゲームだ。ぶつかり合う利害や、感情、富、権力が支配する「ゲーム・オブ・スローンズ（王位をめぐる争い）」である。そして、多くの場合、卑劣でさもしい仕事であり、ある一九世紀のイギリスの政治家（首相を務めたローズベリー卿）が言うように「悪臭を放つ沼」なのだ。政治的な駆け引きはあまりにも醜悪なので、ほとんどが秘密裏に行われる。まともな人間は法律というソーセージが作られる過程を見たいとは思わないと言われてきた〔ビスマルクが言ったとされているが、元になったのはアメリカの詩人ジョン・ゴッドフリー・サックスの言葉〕。

理想や理念が現実とぶつかる場所

こうした一般の政治観には正しい部分もあるが、すべてが真実というわけではない。おそらく、ほかの分野と比べると、政治は最善の部分と最悪の部分の両方が目立つのだろう。現在、私たちは最悪の部分ばかりを見すぎているのだ。本書は、政治の最善の部分がめったに見られない時代に、読者にそれを思い起こしてもらうことを目指している。今、危機に瀕しているものを考えると、政治の最善の部分に目を向けることが必要なのである。政治は、理想や理念が具体的な現実とぶつかる場所であり、偉大な言葉や行動が、あさましい動機や卑劣な策謀と混ざり合う場所だということを、私たちは本書で示そうと思っている。

政治理論学者のバーナード・クリックが、政治という技術を擁護する著書〔『政治の弁証』〕の中で書いているように、最善の状況では、政治は「文明を前進させる偉大な人間的活動」になり得る。それは、権力とペテンだけで民衆を支配しようとする手法に代わるものだ。政治は熟慮された目的のために使えるし、実際に使われてきた、というクリックの主張は正しい。その実例は、クリックの言葉どおり、歴史の中に豊富に見いだせる。政治は、テレビのリアリティー番組や、Twitter〔現在のX〕による政治とはまったく異なった、高潔な道徳や深い思想を実現できるのだ。それは本書を読み進めればわかるだろう。

私たちの惑星の運命を決めるのは政治である。だからこそ、私たちは市民として政治に関わる責任がある。レオン（レフ）・トロツキーに倣って言えば〔ロシアの革命家トロツキーは、「君は戦争に興味がなくとも、戦争の方では君に興味を持っている」と言った〕、「君は政治に興味がなくとも、政治の方では君に興味を持っている」のだ。

市民はもっと多くの情報を得るべきだと私たちは思っている。だが、そこで終わるのではなく、情報を読み解く理解力を育て、知識を賢明さにつなげなければならない。現代人は情報の洪水の中で生活しているが、知識や知恵は相変わらず乏しいままだ。驚異的なデジタル技術のために、私たちは、データや、出来事、人々の意見の大海原で溺れかけている。

今、私たちに必要なのは、より多くの情報ではなく深い洞察であり、より多くのデータではなく的確な視点であり、より多くの意見ではなく知恵なのである。いずれにせよ、情報と呼ばれるもののほとんどが実際には誤って伝えられているし、人々の意見の大部分は、知恵どころか正しい知識すら欠いている。情報の爆発によって市民や政治家が賢明になったとか、公開討論の質が向上したとかいう幻想は、現在の政治状況を垣間見るだけで消え去るだろう。むしろ、誤った情報が知識を圧倒しているとすら言える。

本書は、読者が政治に関する膨大な情報を乗り越えて知識を獲得し、さらに、知恵にたどり着く助けになるはずである。情報は事実に関わり、具体的である。知識はより普遍的で、理解や分析を伴う。知恵は、物事の本質に到達するための、最も高度で最も深い洞察の形である。

本書は、歴史上有数の政治学者たちの話をこっそり聞ける場所に読者を案内する。読者は、三〇の短い章を通じて、さまざまな魅力的な人物と知り合えるだろう。その顔ぶれは、古代中国の放浪の賢者、孔子から、現代の登山家でエコロジストのアルネ・ネスまで、イスラム教のイマーム（指導者）だったアル＝ファーラービーから、亡命したドイツ系ユダヤ人の知識人ハンナ・アーレントまで、古代ギリシャの哲学者プラトンから、アメリカの大学教授ジョン・ロールズまで、実に多彩である。

各章では、それぞれの思想家の人生や時代背景を解説するとともに、政治に関する彼らの鋭い洞察を、広く認められた解釈に従って説き明かしている。彼らは皆、同時代の政治的情報から真の知識を抽出し、その知識を、人が、個人やコミュニティーとして、どうすればより良く生きられるかについての普遍的な知恵に変えようとした。私たちが選んだのは、最も賢明で、最も大きな影響を後世に与えた三〇人の政治思想家である。彼らの出身地は、アジア、アフリカ、ヨーロッパ、アメリカと、広範にわたる。また、各章の終わりでは、それぞれの賢者が現代の政治的問題に対して提供し得る知恵について考察している。

ちょっとGoogleで検索すれば、これらの思想家たちの生涯や思想について膨大な情報が見つかるだろう。基本的な事実や考え方から始めるのも適切なアプローチだ。だが、多くの人が求めているのはその先である。視野を広げ、深く掘り下げて得たすべての情報をまとめ、筋道の通った、納得のいく形で政治を理解したいのだ。私たちは、五〇年にわたって哲学の研究と教育に取り組んできた知見を生かして、膨大な量の歴史的データと哲学的考察を統合し、一冊の本にまとめた。本書で実現したかったのは、情報で読者を押し潰すことではない。歴史上最も偉大な政治思想家たちと彼らの考え方を紹介することで、読者の関心を刺激し、想像力を掻き立てることである。

政治は単なる利害の衝突ではない。人間が関与することは決して実利だけでは決まらず、思想が決定的な役割を果たす。これが最も明確に現れたのがアメリカの独立革命である。それは、フランス革命やロシア革命と同様、武力の戦いであるのと同じくらい思想の戦いでもあった。また、近年、欧米で起きている、グローバリゼーションや、イスラム教、移民に反対するポピュリストの暴動は、権力や利害をめぐる闘争であると同時に、アイデンティティーや価値観をめぐる闘争でもある。かつて存在したどんな政治制度においても、何らかの形で思想や理念に関する論争が行われてきたのは、そのためである。思想が現実とぶつかる場所は、しばしば、協力と闘争、理想主義と冷笑主義《シニシズム》、希望と絶望が交錯する舞台になる。哲学が政治に最も明るい光を当てられるのはそういう場所である。哲学という明かりがなければ、そこは、夜に兵士たちが何もわからずに衝突する、ただの暗い野原になってしまうだろう〔一九世紀のイギリスの詩人マシュー・アーノルドの詩〝Dover Beach〟の次の一節を反映している。「我々は丁度、戦いと逃走の響きに満ちた／暗い平野で、互に相手が誰か解らずにいる幾つかの軍隊が／夜戦を行う中に立っているようなものなのだから」（吉田健一『文学の楽しみ』講談社文芸文庫）。カナダの政治哲学者チャールズ・テイラーは、この詩を、信仰の喪失に伴って道徳や社会的な絆が失われ、人間が混乱の中に放り出された状況を歌ったものと解釈し、著作中でしばしば引用している〕。

権力と正義が交わる場所

権力ほどしばしば政治に結び付けられる概念はない。実際、政治は、権力を追い求め、権力をめぐって争い、権力を行使する世界そのものである。確かに、権力は家庭や教会や職場にもあるが、最高の権力が存在するのは政府や政治である。政府自体が「合法的に強制力を行使する権限を独占する組織」〔マックス・ヴェーバーの『職業としての政治』における定義〕と定義されることもあるほどだ。

もし人類に、ほかの人々と同じ生活を積極的に求める性質があったら、権力を行使する必要もないし、政治も必要ないだろう。だが、私たちは異なった意見を持ちやすい生き物なので、誰かが権力を握って、いつ戦争を始めるかや、どういう税を課すかを決めなければならない。だから権力政治《パワーポリティクス》は避けられないのだが、そこには、ほかの世界にはないドロドロとしたものや残酷さがある。政治がゼロサムゲームだからだ。つまり、ある人や、党派、国家が権力を握れば、必ずそれを失う者が出るということである。経済活動は、原理的には全員を豊かにすることができる。だが、政治においては全員が支配者にはなれない。否応なく勝者と敗者が生まれるのだ。

政治が権力をめぐる闘争だとすれば、それは動物の行動と何が違うのだろう？　大きく見れば、権力や、支配、服従をめぐる争いは動物界全体に存在する。政治抗争は、動物が頭を突き合わせる儀式と同じではないのか？　政治指導者は、自分の優位を主張する裸のサル〔イギリスの動物行動学者デズモンド・モリスが、同名の本で人間を指すのに使った言葉〕にすぎないのではないか？　政治哲学者の中には、実際に、人間の政治を動物の権力争いと比較した人もいる。しかし、古代ギリシャの哲学者アリストテレスは、人間の政治にはほかの動物にない特徴があると言っている。それは、私たちが権力をめぐる争いだけではなく、正義をめぐる争いもすることである。喜びや痛みを伝えることはほかの動物にもできるが、善と悪、正しさと誤り、正義と不正を表現できるのは、人間の言語だけなのだ。

政治においては権力と正義の両方が重要であることを確かめたければ、権力はあるが正当性のない政府と、正当性はあるが権力のない政府とを比べてみればいい。第二次世界大戦中、ナチ・ドイツは征服したヨーロッパの国々に多くの傀儡《かいらい》政権を作った。それらの政府は領土を支配する力は持っていたが、正当性や正義をまったく欠いていた。一方で、占領されたヨーロッパ各国の正当な政府は、その多くがロンドンに亡命した。どちらの種類の政府にも致命的な欠陥がある。正義のない権力は、しばしば自国の市民と戦うことになるし、権力のない正義は市民の権利を守れないのだ。権力しか持っていない政府や、正義しか持っていない政府の下で暮らしたいと思う者がいるだろうか？　私たち誰もが望むのは、権力が正しく行使されることであり、正義が権力をコントロールすることである。

つまり、政治は権力と正義が交わる場所であり、正当性を与えられた権力、権力を与えられた正義なのだ。正義に力が与えられ、力が正しく行使されるときに政治が生まれる。政治とは、権力に正義という概念を持ち込もうとする作業に他ならない。強制されない正義や、強制できない正義に何の価値があるだろうか？　逆に、正義に導かれない力に何の価値があるだろうか？前者は単なるファンタジーであり、後者はただの暴力にすぎない。正義とは、人々に何が正しいのかを示す「指示力」を法に与えるものであり、権力とは、制裁を科して確実に法を遵守させる「強制力」を法に与えるものだ。人類がまったく善良ならば、法は、何が正しく、公正なのかを人々に示しさえすればいい。だが、法的正義が人間性に潜む利己的な抵抗に直面したときは、強制的な制裁に頼らなければならない。

素朴《ナイーブ》な理想主義者は、政治はひとえに正義の問題だと考え、素朴な冷笑主義者は、政治はひたすら権力の問題だと考える。本書で取り上げる偉大な政治思想家たちは、どちらの意味でも決して素朴《ナイーブ》ではない。彼らは全員、政治は正義と権力が交わるところだと捉えている。ただ、正義や権力とは何なのか、それらはどこで交わるのかについて、考え方が異なるだけなのだ。アウグスティヌス、マキャヴェッリ、ホッブズ、ニーチェ、毛沢東といった人々は、権力による政治に力点を置く。例えば、アウグスティヌスは政治を組織犯罪になぞらえたし、毛沢東は「政治権力は銃口から生まれる」と語った。他方、プラトン、アクィナス、ロック、ルソー、ペイン、カント、ミル、ロールズ、ヌスバウムといった人々は、正義による政治を強調する。プラトンは、正義が生まれるのは哲学者が統治したときのみだと考え、ヌスバウムは、市民が完全な自治をできるようになったときに初めて正義が生まれると主張した。

正義への憧れは政治を高尚なものにするが、権力を手にしようとする貪欲さは政治を卑しいものにする。一九世紀の偉大な歴史家アクトン卿が「権力は腐敗する。絶対的権力は絶対的に腐敗する」と警告したのは有名な話だ。彼がこの言葉で示唆していたのはローマ教皇の地位であり、権力は最も徳の高い人間の人格さえ毀損することを意味していた。ローマ皇帝のおぞましい退廃から、ナチや共産主義の独裁者たちが行った忌まわしい残虐行為に至るまで、私たちは権力者の道徳的腐敗をさんざん目にしてきた。

だが、無力であることもまた破滅につながりやすい。権力と無縁に作られる正義の枠組みは、ユートピア的で、無責任で、危険なものになりがちである。フランスやロシアの政治思想家は、あの有名な革命を起こす前はまったく無力だった。その結果、彼らが作った野心的な計画は、結婚や、社会階級、宗教、私有財産、貨幣、暦〔フランス革命ではグレゴリオ暦が廃止され、十進法による「革命暦（共和暦）」が制定された〕などの廃止を目指していた。健全な政治思想を形成するためには、正義と権力の双方が必要であることを銘記しなければならない。権力に正当性が伴い、強制力が正しく行使されることを求めるのであれば、私たちは政治哲学者たちの力を借りて、正義には何が必要かを理解する必要がある。

では、偉大な政治思想家たちは、どのように同時代の政治と関わったのだろうか？　あとで詳しく紹介するが、一部の思想家は純粋な理論家であり、権力の行使から距離を置いていた。アル＝ファーラービーや、ウルストンクラフト、カント、ヘーゲル、ニーチェ、アーレント、ハイエク、ロールズなどは、政治に直接関わるには急進的すぎるか、学問的すぎた。一方で、実際に政治の仕事に就いていた思想家もいた。マキャヴェッリとヒュームは外交官であり、バークとトクヴィルとミルは立法府の議員、マディソンと毛沢東は近代国家の創設者や最高指導者だった。しかし、ほとんどの政治哲学者は純粋な理論家でも実際の政治家でもなく、アドバイザーとして同時代の政治指導者に影響を与えようとした。例えば、孔子は、中国の一地方を支配する幾人かの君主に有意義な助言を与えたが、結局は無視され、国外追放された。プラトンはシチリア島の僭主を教導しようと、命がけで彼の地に赴いたが、旅は徒労に終わった。また、アリストテレスはかつての教え子だったアレクサンドロス大王に助言を与えたが、アレクサンドロスはそれを完全に無視した。トマス・ペインは、一度のみならず二度の大きな革命で大衆を動かし、革命の立役者となった。つまり、政治哲学者の多くは、同時代の為政者に影響を与えようとしてきたのだ。

だが、重要なのは、本書のために選んだ三〇人の思想家が、それ以上のことを成し遂げたことである。彼らは皆、本を著して、問題を提起し、疑問を投じ、政治に関する考えを表明した。それらの著作は彼らが直面していた状況を超える普遍性を持っており、今の私たちにとって大事なことにあふれている。私たちはそれに耳を傾けないわけにはいかない。

「歴史は繰り返さないが、よく韻を踏む」〔歴史にはまったく同じことは起きないが、少し様相を変えたことがしばしば起こる、という意味〕と言われてきた。もし私たちが本書を一〇〇年前に書いたとしたら、おそらく、孔子や、アル＝ファーラービー、マイモニデスなど、何人かの重要な古代の思想家を取り上げていなかっただろう。二〇世紀の初めまで、歴史は、儒教や、イスラム教、ユダヤ教の政治思想を置き忘れていたように思える。だが、その後、驚いたことに、毛沢東以後の中国で儒教が復活し、世界中で陸続とイスラム教の政治理論が提起され、中東にユダヤ人国家が出現した。現在、ほとんど忘れられていたこれらの人々ほど今日的な意味を持つ思想家はいない。ウィリアム・フォークナー〔二〇世紀のアメリカの小説家〕が気づかせてくれたように、「過去は決して死にはしない。それは過ぎ去ることさえない」（『フォークナー全集19　尼僧への鎮魂歌』阪田勝三訳、冨山房）のだ。未来を見据えた人選として、しんがりにはアルネ・ネスを置き、本書がカバーする時間の幅を少しだけ広げた。人類と自然の関係に関する彼の思索は、今後ますます重要性を増すだろう。

強制力だけではなく、議論によって社会を運営する手段として政治が登場したのは、人類の歴史の中で比較的最近のことであり、やがては消え去るかもしれない。市民が消費者に変わり、政治家が官僚に取って代わられたように、未来の人間社会は、市場とその調整役を組み合わせたものに支配されているかもしれない。もちろん、政治にこだわって、延々と議論している不安定な政府と比べれば、官僚が管理する市場経済は多くの意味で整然としているし、能率もいい。消費者はさらに満たされ、政府はもっと予測可能になるかもしれない。そんな世界ができたときに何が失われるのかを見極めるために、次のページをめくって、さあ、旅を始めよう。

第一章―古代

孔子

聖人

歴史上、最も長く続いた文明を築いた古代中国の封建諸国では、暗殺や、裏切り、反乱、戦争、拷問が日常だった。紀元前七七一年から紀元前五世紀の半ばまでの、いわゆる「春秋時代」には、対立し合う何百もの諸侯が野心的な支配者によって統合され、より大きな王国が形成された。この熾烈な政治闘争の時代は、約二〇〇〇年後のルネッサンス期イタリアと同様、さまざまな学術文化が咲き競った時代でもあった。

多くの国々が内外の戦乱に明け暮れる政治的混乱の中、孔子は、諸侯たちに助言することによって、社会に秩序や正義、調和をもたらそうとした。だが、仁政を実現しようとする孔子の生涯をかけた奮闘は、故国の魯《ろ》を中心とするわずかな国々にある程度の影響を与えただけだった。大きく見れば、彼の努力が招いたのは自らの迫害や追放であり、孔子は国から国へと逃れることを余儀なくされた。その姿は一九世紀のヨーロッパに生きたカール・マルクスに重なる。彼マルクスと同様、孔子は終生貧しく、異国を流浪し、生前にはほとんど認められなかった。彼の愛弟子〔孔門十哲の一人、子貢のこと〕が、師の叡智を頼って七二歳〔この歳で孔子は亡くなった〕の孔子を訪ねたとき、やつれ果てた孔子がかろうじて発したのは、諦念を帯びた、意味ありげなため息だけだった。

中国で活動したイエズス会の宣教師たちが「孔子《コンジー》（孔先生）」と呼んだ高名な思想家が生きたのは、今から二五〇〇年前である。イエスやソクラテスといった、歴史上最も大きな影響力を持った思想家たちと同じく、孔子は自らの考えを一切書き記さなかった。そのため、彼の思想は、門弟やほかの諸家が残した文書から再構成しなければならず、資料の中には数世紀のちに書かれたものもある。必然的に、孔子の教えを正確に表そうとすると常に大きな不確実性が伴うことになった。そして、孔子が生前、迫害や挫折に見舞われたのも、イエスやソクラテスと同じだった。だが、孔子はのちの世代に強い影響を与え、やがて中国史上最大の思想家になった。その大聖人のものとされる発言や思想を弟子たちが編纂したのが『論語』などの経書である。孔子に関するこうした後世の書物は、彼が何を言ったかだけではなく、何を行い、どう生きたかも伝えている。

個人の「徳」に基づく倫理

孔子は、明らかに、規則や法に基づく倫理よりも個人の「徳」に基づく倫理を尊重した。「これを道びくに政《せい》を以てし、これを斉《ととの》うるに刑を以てすれば、民免《まぬが》れて恥ずること無し。これを道びくに徳を以てし、これを斉うるに礼を以てすれば、恥ありて且《か》つ格《ただ》し」（人民は、命令で導き、刑罰によって御すれば道を踏み外さないが、恥の感覚を持たない。徳によって導き、礼を守らせれば、道を踏み外さない上に恥を知ることになる）〔『論語』為政第二の三／書き下し文は『論語』金谷治訳注、岩波文庫より引用。現代語訳は訳者によるもの。以下同様〕。西洋の近代的な倫理や法は、人々の行動を、理性に基づく道徳や法的基準に従わせることを目的としている。孔子が言ったとされる言葉の中にも、そうした趣旨の格言がないわけではない。「己れの欲せざる所は人に施すこと勿《な》かれ」（自分がされたくないことを人にしてはならない）〔『論語』顔淵《がんえん》第一二の二〕などはそうだ。だが一般的に、儒教は人の行動ではなく人格に注目する。孔子の倫理は、ソクラテスやイエスと同じように、「行動（何をなすべきか）の倫理」というより「存在（どう在るべきか）の倫理」である。正しい行いをするためには、正しい人間になる必要があるのだ。

　儒教における人生の目標は、特定の人格を持った人間になることである。生きとし生けるものに善を為すという基本姿勢の下に、欲求、感情、思考、行動のすべてが調和した人間である。だが、徳には、善き志だけではなく、それを行動に反映するための技能が必要だ。徳を身に付けるためには、仁愛を涵養するだけではなく、一挙一動まで礼儀に則った行動でそれを表さなければならない。この倫理的な修養の過程、すなわち「道」の要諦は、内的には感情や思考をコントロールした上で、外的には適切に「礼」を実践することである。真の「仁」には、自己の統制と、社会規範に従ってあらゆる階級の人々に敬意をもって接することの、両方が求められるのだ。孔子の思想の中心には「礼」があるので、生活のあらゆる領域で礼儀が強調され、人の道徳性はそうした規範をどれだけ遵守するかで測られる。そこには内面の調和が現れるからだ。

あとの章で取り上げるプラトンとアリストテレスも、美の理想と道徳の理想を融合させて「美徳《アレテー》」という概念を生み出した。徳の高い行動は、道徳的な正しさと高貴さ、あるいは美しさを、ともに含んでいなければならない。善意と礼儀の一方だけでは不十分なのである。儒教における理想の徳も、古代ギリシャと同様、審美的であると同時に道徳的であり、人の生活すべてに関わっていた。東西どちらの理想においても、人格の優れた一人の人間に、統合された徳の本質が体現されることが肝心だったのだ。

孔子は、徳を追求する自らの道程を『論語』の有名な一節で次のように述べている。「吾れ十有《ゆう》五にして学に志す。三十にして立つ。四十にして惑わず。五十にして天命を知る。六十にして耳順《した》がう。七十にして心の欲する所に従って、矩《のり》を踰《こ》えず」（私は一五歳で学問を志し、三〇歳で姿勢を確立し、四〇歳で迷いがなくなり、五〇歳で「天命」を理解し、六〇歳で人の言葉がすんなりと聴けるようになり、七〇歳で心の欲するままに行動しても道を外さなくなった）

〔『論語』為政第二の四〕

最初の「学に志す」で示されているのは、儒教の代名詞とも言える学問の重視である。学という言葉で孔子が意味しているのが、多くの情報を得ることでないのは明らかだろう。孔子の言う学問とは「心に刻むこと」である。すなわち、古来の物語や、歌、書物、詩をとことん学習し、心の奥底の信念や欲求に取り込むのである。儒学者は古典を解釈をするのではなく古典によって自分を解釈するのだと、後世のある賢人〔南宋の儒学者、陸九淵（陸象山）のこと〕は言っている。こうした学問には、確かにある程度覚えることが必要だが、目指すのは単なる暗記ではなく古典を生きることである。儒教はただの政治理論ではなく、生き方なのだ。

二番目の「立つ」は、特定のイデオロギーを取り入れるのではなく、自分の地位や身分に伴う責任を引き受け、礼儀を身に付けることを指している。

三番目の「惑わず」が意味しているのは、単なる信念の強さではなく、信念と行動を一致させることだ。惑わないというのは、不安や恐れがまったくないということである。心の葛藤や良心の呵責に苦しまず、常に決然と判断できる状態を指している。

四番目の「天命を知る」は、しばしば誤解されている。儒教倫理の基盤は人格神〔ここでは、絶対的に正しい自己の意志を実現していくキリスト教などの唯一神を指している〕への服従ではない。孔子が考えていたと思われるのは、私たちの生活が、何らかの形で宇宙全体の秩序にうまく溶け込んでいる状態である。孔子にとって、人間の生命が織り成すドラマは、宇宙という生命のドラマと調和していなければならず、その宇宙には、人々の運命や、祖先たちがいる神聖な領域が含まれていた。

五番目の「耳順がう」という言葉は、私たちを、徳の審美的あるいは音楽的側面に注目させる。道徳性が卓越した人とは、礼儀や行動が、崇高な詩や劇、時には音楽そのものに表れるハーモニーを持っている人のことだ。彼らの感情や振る舞いは文化の精髄《エッセンス》と調和しているので、その行いは「生きている詩《うた》」とも呼べるものである。

そして、生涯にわたる自律と自己修養によって徳を高めた人は、ついに、自分のどんな欲求に従って行動しても不埒なことをする恐れがなくなる。彼は、もはや外部の手本を見習う必要がない。彼自身が自分にとっての模範になったのだ。自分が自然に行うことや内発的行動が、すでに真の仁愛や礼と一致しているのである。

「君子」と「聖人」

儒教倫理には二つの道徳的模範が存在する。「君子」と「聖人」である。孔子は通常、人の徳の適切な目標として君子を挙げる。君子は、公職に身命を賭す高い教養を持った学者である。だが、君子の上には聖人が存在する。孔子は、聖人には会ったことがないと言い、いにしえの「聖王」に言及して、これを称賛している。また、彼は自分自身が聖人であることを繰り返し否定しているが、後世の人々は彼を「大聖人」と呼んでいる。はっきりしているのは、孔子にとっては聖人が、人間が望み得る最高の在り方だということだ。ただし、孔子は、ほとんどの人は君子を目指すべきだと考えていた。「君子」は明らかに特定の文化における理想であり、ある種の身分の高い賢人が理想化された姿である。一方、「聖人」は社会階層や身分に限定されない存在である。聖人の理想に関しては、儒教倫理は社会秩序が生む偏見を超越していた。

あとの章で触れるが、アリストテレスも同じように二つの倫理的基準を設けた。ほとんどの人に対しては理想的な「紳士」(偉大な魂の人間《メガロプシュコス》)を模範とすることを推奨したが、紳士の上に「哲学者」あるいは「賢者」という普遍的理想を位置付けた。孔子も、アリストテレスと同様、自分の属す社会における世俗的な理想「君子」を提示する一方で、人類すべての模範となる、時間や空間を超越した新たな理想像「聖人」を創造した。だが、そうした高邁な理想を持つ反面、孔子は、人間性、とくに政治指導者の人間性については現実的に見ていた。「吾れ未だ徳を好むこと色を好むが如くする者を見ざるなり」(私は、徳に対してセックスと同じくらい関心を持っている人をまだ見たことがない)〔『論語』子罕《しかん》第九の一八〕と彼は言っている。

儒教における政治は、プラトンやアリストテレスにとっての政治と同じように、倫理の一分野だった。政治だけに適用される倫理や、支配者が通常の道徳に反することを許容する「国家理性(reasons of state)」は存在しなかった。儒教の伝統には、それぞれ独自の徳を持った五つの重要な関係がある。父と子、夫と妻、兄と弟、友人同士、支配者と人民である。

これらの関係は(友人を例外として)どれも階層的なもので、特別な徳を伴う権威と、それに対する服従に基づいていた。支配者が厳守すべき義務は自分が率先垂範して人民を導くことであり、それはいかなる法律や政策にも優先した。「君子の徳は風なり、小人の徳は草なり。草、これに風を上《くわ》うれば、必らず偃《ふ》す」（支配者の徳は風のようなもので、人民の徳は草のようなものだ。風が吹けば草は必ずなびく）〔『論語』顔淵第一二の一九〕

孔子自身が政治に関してどういう理想を持っていたかはよくわかっていないが、『論語』の有名な一節からは、彼が善政に必須だと考えていた三つの要素が窺える。軍事力と、食料の備蓄と、人民からの信頼である。それらすべてを満たせないとき支配者はどうするべきかを問われると、孔子は「武器を諦めよ」と答えたという。食料の方が優先順位が高いからだ。しかし、食料も人民の信頼と比べれば重要ではないと彼は言う。人民の信頼こそ、善政に真に必要な唯一の基盤だからである。孔子は、備蓄食料を多く確保するために、農民の税を軽くすることを推奨したと言われる。古代中国とルネッサンス期のイタリアには同じような政治的混乱があったが、孔子とマキャヴェッリの対応は対照的だった。孔子が内政を重視し、軍事を蔑視したのに対して、マキャヴェッリは、あとで見るように、何をおいても戦争について学ぶよう君主に助言した。

学問と「孝」の理想

結局、儒教はほぼ二〇〇〇年にわたって中国の支配者の公的イデオロギーになり、儒教の経《けい》典《てん》は、官吏を目指す中国のあらゆる教育の基本になった。学問と「孝」に関する儒教の理想は、公的なイデオロギーになっただけではなく、中国文化の礎《いしずえ》になったと言える。その意味で、西洋において孔子に比肩できる存在はイエスを措いてないだろう。

しかし、儒教そのものは、中国の他の倫理思想や宗教思想、とくに道教や仏教との接触によって変容し、新儒教（朱子学）へと発展した。一九世紀に中国が近代化し始めると、多くの改革者たちが、儒教は封建的で、家父長制に根差しており、柔軟性がなく、非科学的だと批判した。共産党の指導者、毛沢東による革命政権が成立すると、儒教に基づいた教育や儀式は厳しく弾圧されたが、一九七六年に毛沢東が亡くなってからは大きく復活を遂げている。中国の文化、政治、社会には、何千年にも及ぶ儒教の伝統が、今も消しがたく残っているのだ。

では、孔子の遺産は何だろうか？　真っ先に挙げられるのは、学問のある人間に導かれた政治という理想と、「孝」の思想だろう。今日でも、中国共産党の指導者たちがお互いに贈る最高の賛辞は、「彼は一度として年長者への敬意を欠くことがなかった」である。

しかし、儒教が公的に最も衰微した文革期（一九六六～七六年）には、若い共産党の幹部が年長者に対してきわめて侮辱的で残酷な行為を働いた。文化大革命は、毛沢東が若者を動員して、年長者の中の反動勢力を一掃しようとした運動である。だが、文革期に蔓延した道徳的無秩序を目の当たりにした中国共産党の指導者たちは、中国社会に緊急に道徳精神を回復しなければならないと痛感した。中国を統治していた共産党は、建前上は無神論の立場を取っていたので、道徳教育には儒教を使うのが最善の策だと考えた。儒教は、唯一神あるいは複数の神々への信仰に結び付かなかったし、中国独自の思想だったからである。

中国は現在でも「学問のある守護者」が支配しているが、その学問は伝統的な文学や音楽ではなくなっている。今、野心にあふれた官僚や指導者たちが学んでいるのは、経済学であり工学である。現在の中国は、儒教が言うところの君子ではなく、選ばれた家父長主義のテクノクラートが支配しているのだ。もし、孔子がこうした状況を見たなら何と言うだろう？　師は、長い沈思黙考のあとで弱々しく微笑み、ため息を漏らすのではないだろうか。

第二章｜古代

プラトン

劇作家

紀元前三九九年、古代ギリシャの都市国家アテナイは、ソクラテスの裁判を息を凝らして見守っていた。よく裸足で街角に立っていたその哲学者は、アテナイを代表する神官や、将軍、学者、芸術家、法律家らを捕まえては問答を吹っかけ、彼らが主張していることを本人がどれだけ理解していないかを暴いて悪名を馳せたのだった。悪魔のように怜悧なソクラテスの前で自説を守り通せた者はほとんどいなかった。彼は言葉で相手をねじ伏せたので、追い詰められた側はしどろもどろになったり、顔を真っ赤にするほかなかった。多くの人、とくに身分の高い人々は面目を潰されたことに憤激し、ソクラテスが与えた「学びの機会」に対して、庶民がするような反応をした。ソクラテスの抹殺を企てたのだ。

ソクラテスは年老い、貧しく、グロテスクなほど醜かったが、たくさんの、若く、裕福で、美しいアテナイの若者に信奉されていた。若者たちは、偉い人たちが恐れを知らない哲学者に詰問される姿に快哉を叫んだ。そうした若者の一人がプラトンだった。彼は、ソクラテスを道徳と知性の鑑として崇拝していたので、尊敬する師であり、メンターであり、友人でもあったソクラテスが、アテナイの人々によって死刑を宣告されたことに底知れぬ恐怖を感じた。

師ソクラテスの教え

ソクラテスの死後、プラトンは敬愛する師の功績を称えるために、ソクラテスとの対話を文章で再現しようとした。プラトンは三〇の哲学的対話篇を書き残したが、そのほとんどがソクラテスを主人公としたものだった。しかし、ソクラテス自身は何一つとして書き残さなかったので、プラトンは師の教えを文章で表現することの危険性をよくわかっていた。実際、ソクラテスは、自分が知っていることは何もないと主張していた。彼が人々に問い掛けを続けたのは、自分自身が知らない知識を見つけるためだった。ソクラテスは自らを「知を愛する者」という意味の「フィロソファー（philosopher）」〔philosはギリシャ語で「愛する」を、sophiaは「知」を意味する〕と称し、知識があることを標榜して、それを有料で教える「ソフィスト（sophist）」〔本来「知恵の優れた人」という意味だが、テクニックのみが強調されて、現代語の「詭弁家」につながった〕とは峻別した。

なぜソクラテスは、知識を伝える手段を問答に限ったのだろうか？　なぜプラトンは対話篇しか書かなかったのか？　おそらくソクラテスは、弟子のプラトン同様、書くことが思想の動きを止めて命を奪い、思想が蝶の標本のように書物の中にピンで固定されてしまうことを恐れたのだ。ソクラテスの「問答」やプラトンの「対話」の中では、私たちは生き生きと躍動する思想に出会う。ソクラテスもプラトンも言葉で真実が記述できるとは思っていなかった。プラトンがしばしば言っていたのは、真実は語れるものではなく、（心の目だけに）見えるものだということだった。実在した人物としてのソクラテスは、皮肉や冗談を好み、自分の考えを半ば明らかにし、半ば隠していたと言われる。プラトンも師に倣ったので、ソクラテスの発言とされるどの見解が実際のソクラテスのもので、どの見解がプラトン自身のものなのかについては、現代の学者たちのあいだでも意見の一致を見ていない。本書では、プラトンの対話篇の中で彼の師であるソクラテスが表明する見解の多くを、プラトンのものと見なしている。

プラトンの哲学は、対話の中でソクラテスが語ることと、劇《ドラマ》の進行を通じてプラトンが表現することとの関係から生まれる。これが最も印象的に現れているのが、ソクラテスの裁判についてプラトンが説明する『ソクラテスの弁明』である。神々に対する不敬と、アテナイの若者たちを堕落させた罪で告発されたソクラテスは、裁判を通して自ら抗弁し、哲学は個人にとっても都市国家全体にとっても有益であると主張する。

彼は「吟味されない人生など生きるに値しない」と言い、無知と偏見のまどろみから目覚めないかぎりアテナイに真の繁栄は訪れないと語る。愛してやまないアテナイにとって哲学が重要であることを確信するあまり、ソクラテスは陪審が彼に有罪を宣告したあとも、なお、自分は罰せられるどころか褒賞されて当然だと主張する。それに対する陪審の反応は死刑宣告だった。

プラトンの対話篇から読み取れるのは、ソクラテスの弁護と、哲学と政治を混同することへの警告である。個人の信念と公共の政治がともに真実の追究を目指しているとき、哲学は個人にとっても都市にとっても純粋な善である、とプラトンは主張する。一方、個人や都市が根拠のない信念に基づいて行動すれば、無知と幻想の暗闇でつまずくだろうと言う。

だが同時に、ソクラテスの運命に関するプラトンの記述からは、哲学は政治的共同体にとって脅威にもなり得るという見方も浮かび上がる。政治、とくに民主政治は、共有された信念に基づいていなければならないが、しばしば、その信念が公正であるかどうかよりも、共有されているという事実の方が重視されるのだ。

私たちは、自分たちが共有する民主主義的な信念に、疑念や悪意を含んだ市民の視線が向けられることを望むだろうか？　反対に、市民は、哲学的な吟味に耐えられない信念のために、進んで命を投げ出さなければならないのか？　討論は政治において一定の役割を果たすが、民主主義は大学のディベート・サークルではない。政治は、哲学的吟味といった悠長な過程なしに実行される果敢な行動に大きく依存しているのだ。プラトンは、たとえ哲学と政治が悲劇的な衝突をすることになっても、哲学と政治の両方を何とか十全なまま守ろうとする。

では、偉大な政治哲学者は、時代と場所が持つ偏見から自由でいられるのだろうか？　答えは条件付きのイエスだ。孔子やアリストテレスは賢者の新しい理想像を生み出し、それを、同時代の家柄の良い貴族よりも優れた存在と位置付けた。プラトンは、対話篇『国家《ポリテイア》』の第五巻で、あらゆる意味で公正なユートピアのような社会を描いているが、それは当時のアテナイの体制と真っ向から対立する。

公正な政治的共同体に必要な三つの改革

プラトンは、公正な体制、すなわち公正な政治的共同体に必要な改革として、三つの「波」を挙げている。

第一の波は、あらゆる職業における男女の機会均等である。プラトンは、女性が、学者や、スポーツ選手、兵士、政治家などになるよう奨励することを提案している。現実に女性がそうした機会を享受できるようになる二四〇〇年も前のことだ。こういう急進的な考えが嘲笑や罵倒の的になることをプラトンはよくわかっていた。それは対話篇の脚色から窺える。

改革の第二の波は、さらに驚くべきものだ。都市を統治する者は、財産の所有や、家族を持つことさえ禁じられる。自分の資産や子どもではなく、都市全体にとっての利益を最優先させるためだ。兵士と同様に、為政者が使えるのは公有財産だけであり、彼らの子どもは、いわば公立のデイケアセンターで専門の保育士が養育する。

三番目の、最も衝撃的な改革は、プラトンの「統治者が哲学者になり、哲学者が統治者にならないかぎり、都市《ポリス》から悪はなくならないだろう」という主張に表れている。哲学者が都市を統治すべきだというプラトンの提案は、ほかの改革の波と同様、対話篇の登場人物に嘲笑される。哲学者には統治といった実際的なことはできないという意見には、古今を問わず誰もが賛同するだろう。

しかし、これら三つの改革の波がどれほどあり得ないもので、滑稽ですらあったとしても、プラトンは、現状を根底から変える計画だけが政治から哲学を守れる、という信念を明確に打ち出している。彼が構想した『国家』が、ソクラテスを殺さない唯一の政治体制だからである。

古代において、この対話篇は『共和国あるいは公正な人間について』と題されることもあった。テーマが政治と倫理の関係であり、公正な都市と公正な人間の関係だからだ。プラトンは、まず公正な市民が存在しなければ、公正な都市は成立しないと主張する。だが、同じように、公正な都市が存在しなければ、公正な市民は生まれないとも言う。どうすればこの堂々巡りを止められるだろうか？

プラトンは、理想の都市から一〇歳を超える人間を排除すべきだと言う。そうすれば、幼い子どもの肉体と精神を適切に育成することで、新たな都市をスタートできる。唯一の望ましい市民教育は、公正な都市で市民を育成することだというのが、彼の考えである。正義の基本となるのは精神の各部の調和だということを、プラトンは長々と論じる。欲望と理想のあいだで精神の調和が取れないなら、どうして共同体に調和をもたらすことができるだろうか？　私たちは、都市にもたらしたい正義を、まず自分たちが実践しなければならないのだ。

プラトンには、彼の理想の都市はかつて存在したこともないし、今後も成立しないことがわかっていた。しかし彼は、その原型は天上に存在すると言う。真に公正な人間はやがてこの天上の都市の市民になり、ほかの都市に行くことはないと言うのだ。

私たちは、真に公正な政治的共同体には住めないにしても、内面の調和を涵養し、出会うすべての人々に公正な対応をすれば、理想の都市に住んでいるかのように生きられる。そこで、プラトンは、個人にとっての倫理的な善のビジョンを示して、避けがたい政治的腐敗の中にいる私たちを導くのである。

法による統治と、知恵による統治

プラトンは、その後の対話篇『政治家《ポリティコス》』で、理想の政治を別の形で語っている。『政治家』では、『国家』で描かれた統治者は、法ではなく知恵によって都市を治めなければならないと書かれている。プラトンは都市の統治を病気の治療に譬える。私たちが医者に病気を診てもらうとき、医学マニュアルのようなものに頼って治療してほしいと思うだろうか？　それとも、個別の症状を理解した上で、それぞれの患者に合った治療をすることを望むだろうか？　個別の病気に一般原則を当てはめるのは優れた医療とは言えない。一般的な法を特定の事例に適用したために、しばしば大きな不正が生まれるのも同じことだ。翻って、医者の技能や道徳が疑われるときは、むしろ医学の一般原則に従ってほしいと思うだろう。

『政治家』において、プラトンは、「理想的な（最善の）」政治体制と「次善の」政治体制を比較する。理想的な体制では、徳の高い哲学者が、何の制約も受けずに知恵によって統治する。次善の体制では、統治者に徳があるかどうかわからないという前提に立ち、法規範によって彼らの行動を制約する。

理論上の最善の体制を目指して、結局次善の体制で妥協するくらいなら、最悪の体制に陥る危険を避けるために、初めから次善の体制を目指すべきだと、プラトンは言う。逆説的になるが、哲学者による統治は、法による拘束がないという意味で専制君主による統治と同じなのだ。次善の体制は、哲学者による統治ほど完全に公正ではないが、少なくとも専制による災厄は避けられる。

哲学と政治の関係で重要なのは、民主主義において科学的な専門知識が果たす役割である。プラトンは、いくつかの対話篇で、正義や良い政治は、現実に対する正しい知識に基づいていなければならないと述べている。

現在、私たちは、国民主権という理想を放棄することなく、科学的知識を取り込んで公共政策を改善するという課題に取り組んでいる。例えば、アメリカは、商業に関する紛争を解決するために「連邦取引委員会」〔独占禁止に関する業務を担当する独立行政機関。日本の公正取引委員会に相当する〕という、経済学者で構成される委員会を設置している。それなら、専門の倫理学者からなる「生命倫理委員会」を作って、人工妊娠中絶や安楽死といった、議論の焦点となっている生死の問題を解決してはどうだろうか？　裁判官や陪審員が論争に決着を付けるのではなく、鉱山の安全性に関する紛争は技術者が解決し、医療過誤に関する紛争は医師が解決してはどうだろうか？　鉱業や医療について何も知らない裁判官や陪審員の判断が、どうして信じられるというのだろう？　もちろん、プラトンは、専門家ですら腐敗する可能性があることを認識しており、そのために、最終的には専門家による支配よりも法による支配を支持するのである。

現在、女性は、ほとんどの職業で平等な成功の機会を与えられているが、こうした機会を十分に活用することは難しいと多くの女性が感じている。子育てにおいて直面する責任のためである。

プラトンはこのジレンマを予見し、女性への均等な機会の提供は、伝統的な家族制度を廃止しないかぎり実現しないと考えた。プラトンによれば、女性は、育児の責任から解放されたときに初めて、職場で男性と同等になれる。もしプラトンが人工子宮の技術を知っていたら、育児だけではなく出産からも女性を解放するものとして、すぐさま取り入れていただろう。たとえ私たちが、彼の提案を不道徳で、まともに取り合う価値のないものだと思うとしても、プラトンは常に私たちの想像力の可能性を広げてくれるのだ。

哲学的劇作家として、プラトンは膨大な数の登場人物を創造し、驚くほど広範な議論を展開した。そうすることで、彼は西洋哲学が目指す目標を設定した。西洋哲学史全体が「プラトンについての一連の脚注」〔イギリスの哲学者、数学者のアルフレッド・ノース・ホワイトヘッドの言葉〕と言われてきたのはそのためである。

第三章｜古代

アリストテレス
生物学者

アリストテレスはプラトンの最も偉大な弟子であり、プラトンはソクラテスの最も偉大な弟子だった。だが、高名な先達たちと違い、アリストテレスはアテナイの生まれでもアテナイ市民でもなかった。もっとも、彼は成人したあとの人生の大半をアテナイで過ごし、そのうち二〇年はプラトンの学校「アカデメイア」に所属した〔一七歳で入学し、後年にはそこの教師になった〕。

彼が生まれたのは、ギリシャ北部のマケドニア地方にあるスタゲイロス〔のちのスタゲイラ〕という町である。アリストテレスは、アカデメイアを辞すと、同じマケドニア人のアレクサンドロス三世（アレクサンドロス大王）に個人教師として仕えた。当時、アレクサンドロスは一〇代で、多感な盛りだった。

その後、アリストテレスはアテナイに戻って自分自身の学校「リュケイオン」を開設するが、やがて、若いアレクサンドロスに財政的支援を受けるようになる。アレクサンドロスは、彼の軍隊が近隣の国々を征服すると、何千種もの植物や動物をアリストテレスに送って研究に供した。

こうしたマケドニアとのつながりは、アレクサンドロスが亡くなって彼の帝国が崩壊を始めると、晩年のアリストテレスを窮地に陥れた。アレクサンドロスの死後、アテナイには反マケドニア感情が一挙に広がり、名高い初老のアリストテレスは格好の攻撃対象になったのだ。

彼はアテナイから逃れることを決断し、母親の故郷であるエウボイア島〔アテナイからほど近いエーゲ海西部にある島〕に帰った。その理由を、彼は「アテナイが哲学に対して二度罪を犯すのを避けるため」だと言っている。明らかに、かつてのソクラテスの処刑を念頭に置いた言葉である。その後間もなく、アリストテレスは、民主制アテナイと衝突した二人目の哲学者として穏やかな死を迎えた。

気象学から政治学、文学研究にまで及ぶ博学者

アリストテレスは歴史上最も偉大な博学者であり、ダンテの言葉を借りれば「知る者たちの師（il maestro di color che sanno）」だった。今日まで伝わる三〇を数える彼の学術書のテーマは、

気象学から心理学、政治学に及び、一七世紀まで西洋世界の高等教育を支配した。アリストテレスは、人類が追究してきたほぼすべての学問領域に大きく貢献した上に、生物学、形式論理学、文学研究など、いくつかの知の領域をまったく新たに生み出した。あとの章で述べるように、中世にはプラトンやアリストテレスの著作が再発見され〔キリスト教会が彼らを異端視したために二人は忘れ去られていたが、イスラム世界で受け継がれていた著作を一二世紀にキリスト教徒が再発見した〕、キリスト教、ユダヤ教、イスラム教を大きく変えることになる。現代の天文学や物理学は、アリストテレスの物理理論の間違いを証明しようとしたコペルニクスや、デカルト、ガリレオ、ニュートンらの奮闘から生まれたのである。

一六世紀のラファエロの有名な絵画「アテナイの学堂」の中心には、プラトンとアリストテレスの肖像が描かれている。ラファエロの描くプラトンは、知性によって理解される真理を象徴する天空を指さし、アリストテレスは目に見える世界に掌で注意を促している。今日に至るまで、プラトンは、形而上学者や数学者といった、純粋な理論で真理を追究する人々の代表であり、アリストテレスは、事実を調べることで真理を追究する人々の代表である。プラトンは「大多数の人々」の見解を蔑視し、真理は常に常識に反すると考えていた。反対に、アリストテレスは常に普通の人々の視点から調査を始め、問い掛けを重ねる中で常識的な見解を洗練させていった。そのため、アリストテレスの哲学は、長く、「体系化された常識（organized common sense）」と呼ばれてきた。

プラトンは、あらゆる政治思想の中で最も常識に反するもの、つまり哲学者が統治者になるべきだという考えを持っていた。政治は対立する意見の衝突と言えるので、純粋に哲学的な知識だけが意見の衝突に裁定を下し、解決に導けると考えたのだ。

アリストテレスは、政治においては理性が重要な役割を果たすべきだと考えたが、市民の具体的で実用的な推論と、哲学者の抽象的で理論的な推論とを区別した。理論的な推論が「私は何を知り得るか？」という問いに答えることを目的としているのに対して、実用的な推論は「私はどうしたらいいか？」という問いに答えるためのものだ。

政治家は実用的な知恵の体現者

市民の実用的な推論には理論的な推論で発見された知識が必要だが、実用的な理性は経験に基づいたものなので、知識を理論的な理性に還元できない。哲学者が理論的な知恵の体現者であるとすれば、政治家は実用的な知恵の体現者なのである。アリストテレスは、政治家が哲学者であることも、哲学者が政治家になることも求めていない。

アリストテレスにとって、倫理学や政治学は、人々の選択の経験から導かれる実用の学問だった。実際、彼は政治学を倫理学の一分野だと見なしていた。『ニコマコス倫理学』の中で、アリストテレスは、あらゆる決断や選択は何らかの「善」を目指していると言っている。だが、人間は選択を間違うことも多いではないかと反論される可能性がある。アリストテレスは、発言の趣旨を明確にするために、すべての選択はその行為者にとって善と思われるものを目指している、と言い直す。悪と見なす行為を選択するのは、精神を病んだ人々だけだということだ。

それでも、私たちがしばしば判断を誤り、初めは善に見えるが、あとから悪だとわかるものを選ぶことがあるのはいうまでもない。私たちが追求する善はさまざまだが、それらは目的に基づく階層構造《ヒエラルキー》を形成している。物質的な善の中には、金銭のように手段でしかないものもある。私たちが金銭を求めるのは、ほかの善を得るためにすぎない。しかし、知識や友情のように、それ自体の固有の喜びのために追求する善もある。その中で最高のものは幸福である。誰もが幸福を追求するのは幸福それ自体のためであり、ほかの何かのためではない。では、幸福とは何だろうか？　アリストテレスによれば、幸福とは、道徳的な美徳や知的な美徳を追求する活動によって自分の潜在能力を発現させることである。幸福とはその人の人間性の開花であって、楽しい気分を言うのではない。

しかし、私たちは、計り知れない道徳や知性の潜在能力を一人だけで発現させることはできない。家族や、地域社会、学校、都市などが必要だ。すべての共同体は何らかの善のために生まれると、アリストテレスは『政治学』の中で言っている。そして、政治とは、すべての市民が道徳的、知的な美徳を実現できるように社会を整備する技術だと言う。

だが、アリストテレスの理想の都市国家（ポリス）が政治的技術の成果だとするなら、それは人間の本性が作り出したものでもある。アリストテレスは、人間は生まれつき政治的（ポリス的）な動物だから、私たちが持って生まれた能力は、政治を通じてのみ発揮されると言う。生物学者でもあったアリストテレスは、社会的あるいは政治的な動物は人類だけではないことを知っていて、実際に、ミツバチやアリに言及している。だが、人類が動物の中で最も政治的であるのは、論理的に話す能力があるからだと彼は言う。アリストテレスによれば、ほかの動物も喜びや苦しみは表現できるが、何が善で何が悪かや、何が公正で何が不正かについて論じられるのは人類だけなのだ。

ある政治体制を理解する一つの方法は、その構成要素、つまり市民を分析することだと、アリストテレスは言う。彼にとって市民とは、公職に就く心構えと、意志と、能力があり、統治者にも被統治者にもなれる人間を指す。だから、彼の定義では、子どもや高齢者は完全な市民とは言えない。

アリストテレスにとっての政治は、共同体が直面する問題の審議や、討論や、意思決定に、すべての市民が積極的に参加することを意味する。そのため、政治的共同体を「人間の望ましい生活について合意を共有する理性的な人間の集まり」と定義している。彼の「ポリス」は、市民がお互いを高め合う社会であり、人々が助け合って高い道徳性や知性を達成する社会である。アリストテレスが理想とするポリスは、市民が一万人しかおらず、教会と大学〔それぞれ道徳と知性を育てる場〕が合わさったような場所とされている。

アリストテレスが動物や植物を「属」と「種」に分類したのはよく知られているが、彼はギリシャの一五八の政体を調べ、これも分類した。彼は政治の生物学者でもあったのだ。アリストテレスはまず、政治体制を公正なものと不正なものに分ける。そして、プラトンに倣って、公正な体制を「統治者が共同体全体にとっての善を追求する体制」と定義し、不公正な体制を「統治者が自分たちにとっての善だけを追求する体制」と定義する。次に、統治者が一人か、少数か、多数かによって交差分類〔対象を複数の属性によって分類すること〕する。その結果、公正な体制は、君主制、貴族制（元々の意味は「最も優れた者による支配《アリストクラティア》」）、国制《ポリテイア》〔中間階層を基盤とする、寡頭制と民主制の混合政体〕の三つに分けられる。これらの体制が堕落すると、それぞれ、僭主制、寡頭制、民主制〔貧しい大衆の利益だけが優先されるので好ましくないとされる〕に陥る。

アリストテレスは、政体の分類を、科学的であると同時に倫理的なものにしたいと考えた。そこで彼は、論理上、公正な体制は不正な体制に優先すると措定する。そもそも何が健全で何が不健全かを理解していないと、公正な体制からの逸脱や堕落がわからないからである。公正な君主を知っているから僭主がわかるのだと、アリストテレスは言う。

『政治学』のあとの方で、彼は、体制を決定付けるのは、多くの場合、統治者の数ではなく、統治者が基盤とする階級であると述べている。だから、彼は、寡頭制を「富者の、富者による、富者のための統治」と定義し、民主制を「貧者の、貧者による、貧者のための統治」と呼んだ。アリストテレス自身は、中間階層の統治を基本とした体制、つまり彼が「国制《ポリテイア》」と呼ぶ体制が望ましいと考えていたようだ。中間階層は、富裕階層より穏健であり、貧困階層ほど暴力的ではないからである。

政治に関してアリストテレスは現実主義者だった。彼は、ほとんどすべての人が、堕落した体制で暮らしていると考えていた。彼にとって、政治において肝心なのは、堕落していく政府を抑制して、それ以上悪くならないようにし、もし可能であれば、徐々にでも良くしようとすることだった。

彼は、僭主制を変革して国制にするのではなく、僭主制を君主制に、民主制を国制に改善することを推奨している。また、ある僭主へのアドバイスの中では、のちにマキャヴェッリに結び付けられるあらゆる狡猾な戦術を開陳している。アリストテレスがマキャヴェッリと違うのは、武力や不正手段に頼らないように僭主に警告しているところだ。そういう僭主のほとんどはベッドの上で死ねないからである。むしろ、彼は、長生きを望む僭主に、支配の仕方を穏健にし、良き君主のように振る舞いなさいと助言している。

現代人は時々、アリストテレスの政治思想を簡単に否定する。それは、彼が、自然本性による理想化された奴隷制度〔人間の中には他人に支配されるのに適した本性を持つ者がいるという認識に基づく〕を正当化し、女性が市民になることを否定し、民主主義を批判したからである。

だが、アリストテレスは、征服や暴力による奴隷制度、つまり、古代のアテナイや南北戦争以前のアメリカで実施されていたような奴隷制度は批難している。その上、彼は自分が所有していた奴隷たちを遺言状によって解放した。逆に、トマス・ジェファーソン〔すべての人間の自由と平等を謳った「アメリカ独立宣言」を起草し、大統領在任時には奴隷貿易を禁止した」は自分の奴隷を解放しなかったし、哲学者のジョン・ロックは、自らは奴隷を所有しなかったが、奴隷貿易を積極的に推進した。

公職者を決める民主主義的な方法はくじ引き

民主主義に関しては、アリストテレスは、私たちが民主主義だと思っているものの見直しを迫っていると言える。彼によれば、公職者を決める民主主義的な方法はくじ引きである。選挙は、最も優れた人物を選ぶことが目的なのだから、貴族制（最も優れた者による支配《アリストクラティア》）にこそふさわしいと言うのだ。もし民主主義を貧者による統治だと考えるなら、現在、一部の政治学者が指摘しているように、アメリカの政治体制は寡頭政治に近い。確かに、アリストテレスは、市民権を、討論や、意思決定、戦争、行政などに積極的に参加する成人した自由民に限定していた。私たちの民主主義の概念はずっと拡大していて、その国に生まれたすべての人に市民権が与えられる。

一方、アリストテレスの民主主義はもっと重い意味を持っていた。すべての市民が、兵役やその他の公務に就くことを義務づけられているからだ。アリストテレスは、現代の民主主義の中で私たちが得たものとともに、失ったものにも光を当てる。

第四章―古代

アウグスティヌス

現実主義者《リアリスト》

紀元四一〇年、ローマはすでに、その都市の名を冠した帝国の公式な首都ではなくなっていた（当時の公式な首都はラウェンナ（現ラヴェンナ）だった）。それでも、北方から侵入したゴート族に「永遠の都《ラ・チッタ・エテールナ》」が包囲され、街が略奪されると、すでに崩壊しつつあった帝国は激しい衝撃を受けた。帝国の精神的、象徴的な中心は、いまだローマだったからだ。外敵がローマに侵入したのは、帝国の六一九年の歴史の中で初めてのことだった。ほどなくしてヨーロッパは、いわゆる「暗黒時代」を迎えることになる。

歴史的な敗北を喫したローマ人は、その原因と結果についてあれこれと思案した。有名な三一二年のコンスタンティヌス帝の改宗以降、ローマ皇帝の多くはキリスト教徒になっていたが、ローマ帝国のエリートの大部分はなお古来の異教を信奉しており、ローマ陥落の原因はキリスト教にあると考えた。キリスト教はあらゆる面で従順と謙遜を尊び、イエスはすべての人間の平等と友愛を謳い、多くのキリスト教徒は戦争や納税に反対していた。こうした新しい価値観が、勇猛さや愛国心といったローマ人の美徳を損なわないわけがない、と批判されたのだ。

果たして、ローマ帝国の無残な崩壊の原因はキリスト教だったのだろうか？　それとも、キリスト教徒はスケープゴートとして都合が良かっただけなのだろうか？　こうした問いに答えるために、アウグスティヌスは彼の代表作となる『神の国』の執筆に取り掛かった。彼は、ヒッポの町（現在のアルジェリアのアンナバ）の司教で、初期のキリスト教会で最も重要で影響力を持った神学者の一人だった。ローマ帝国領の北アフリカで、ローマ帝国の市民として生まれたアウグスティヌスも、帝国の崩壊に強い衝撃を受けていた。彼はローマの街が略奪に遭ってすぐ『神の国』に着手し、城郭に守られたヒッポの街がヴァンダル族の軍に攻められて炎上する直前に、その大著を完成させた。

異教徒の美徳は、華やかな悪徳にすぎない

アウグスティヌスは『神の国』で、ローマ帝国が崩壊した原因はキリスト教徒にあるという批難に、堂々たる論陣を張って応えようとした。例えば、ローマを代表する哲学者キケロが共

和制ローマの腐敗について書いたのはキリストが生まれる前のことだと指摘した。さらに、アウグスティヌスは、すべてのキリスト教徒は二つの都市の市民だと主張する。天上にある神の都市と、その人が生まれた地上の都市である。どちらの都市も神が創造したものなので、キリスト教徒は、宗教的な義務と、ローマ帝国を支える市民としての義務の、両方を負っている。キリスト教徒と異教徒の愛国心が異なる形を取るのは当然なのだ。

アウグスティヌスは、ローマの歴史家の著作に膨大な注釈を加えて、かつてローマの偉大な政治家や将軍たちを動かした動機を明らかにする。それは、名誉の追求であり、支配への憧れ、富への執着、流血の欲求だった。要するに、異教徒の美徳は、突き詰めれば華やかな悪徳にすぎなかったのである。それに対し、キリスト教の市民はもっと崇高な動機で行動すると彼は言う。平和と正義への欲求である。

アウグスティヌスは、プラトン主義者であると同時に、造詣の深いプラトンの批評家でもあった。プラトンの『国家』の中で、ソクラテスは自分の理想の都市が地上に造られることはないだろうと認めている。「だが、天上には理想の都市の原型があり、公正な人間は天上の都市が放つ光だけで生きていける」と言う。

アウグスティヌスは少年時代を振り返って、近くの果樹園から梨を盗んだことを思い出す。プラトンの心理学に照らせば、アウグスティヌスの悪事は、彼の肉体的欲求が理性に勝った結果ということになる。ところが、続いて甦ったのは、彼も友人たちも盗んだ梨を食べなかったという記憶だった。

アウグスティヌスの頭に、肉体が悪を生むというプラトンの見解は間違っているという考えがひらめく。彼は、自分の少年時代の悪事を理解する鍵が、聖書に書かれた人類の堕落の話にあることに気づく。イブが禁断の木の実を食べたのは空腹だったからではなく、彼女が「神のようになる」ことを望んだからなのだ〔イブをそそのかした蛇は、その実を食べると「神のように善悪を知るもの」になると告げた〕。

悪は、思い上がりという精神の歪みから生まれる。レイプや暴飲暴食のように、精神の歪みは、確かに肉体の欲求を暴走させることがある。だが、悪の原因を肉体に求めるのは創造主への批難に他ならない。悪の根源が肉体ではないとしたら、哲人王〔プラトンが理想とした哲学者である統治者〕の堕落は厳格な理性と哲学的修養によって防げるというプラトンの期待は根拠を失うと、アウグスティヌスは考える。プラトンの描く統治者は、何よりも思い上がりという精神の歪みに支配されているのだ。

人間の罪深さを制御するための必要悪

ここで、キリスト教の理想主義者アウグスティヌスが、なぜ同時に政治的なリアリストだったのかを考えてみよう。人間の悪は本性の深いところに根差しているので、どんなふうに理性を訓練してもコントロールできない、というアウグスティヌスの考えが正しいなら、徳の高い統治者を望むのは理に適わないことになる。アウグスティヌスによれば、神が創造した人間の善なる本性からは政治は生まれない。エデンの園には政治などなかった。政治（戦争や、刑罰、奴隷制度を含む）は人間の罪深さを制御するための必要悪なのである。

人間が行う政治に向けられたアウグスティヌスの峻厳なリアリズムは、アレクサンドロス大王と海賊の逸話に対する評価に明確に表れている。アレクサンドロスは、強大な艦隊を率いて航行していたとき、一隻の海賊船に出会った。彼は海賊に「海を荒らし回るとはどういうつもりだ？」と尋ねた。海賊は答える。「そっちこそ世界を征服するとはどういうつもりだ？　俺が小さな船でやってることを派手にやってるだけじゃないか」と。アウグスティヌスは海賊の答えに同意する。「確かに、帝国は大規模な海賊と変わらないし、海賊の首領はまさに小さな皇帝だ」。

アウグスティヌスの政治的リアリズムは、政治的共同体の古典的な定義の見直しにも見て取れる。彼はキケロの「正義に関する共通の理解で結び付いた人間の共同体」という政体の定義を引用する。ただ、残念なことに、これまで真に正義を理解した異教徒の政体はなかったので、キケロの定義に合致する政体は存在しなかったことになる。そこで、アウグスティヌスは、次のような、より現実的な政体の定義を提案する。すなわち「愛の対象に関する合意を中心にして結び付いた理性的存在の集団」である。だが、このアウグスティヌスの定義は現実主義に傾きすぎている。この定義では、異教徒の政体だけではなく犯罪組織まで含んでしまう。

アウグスティヌスの政治的リアリズムの淵源は、聖パウロの『ローマ人への手紙』にある。その中で、パウロは「政府は、善人ではなく悪人が恐れるものであり、犯罪者に神の怒りを執行するものだ」〔『ローマ人への手紙』第一三章四節〕と言っている。ここに表れている政府の使命は、明らかに道徳的な徳や知的な徳を涵養することではなく、単に悪人を罰することである。

真の平和は「平穏な秩序」である

アウグスティヌスは、「自由意志について」という論文の中で、徳は私たちの意図が内面においてどういう性質を持つかで決まると言っている。つまり、徳とは、正しい理由に基づいて正しい行いをすることなのである。ところが、市民法〔古代ローマでローマ市民だけに適用された法〕の効力が及ぶのは外的な行為までであり、行為者の動機は問われない。だから、人の外的な行為は人間の作る法が規制し、心の奥底にある意図や動機はもっぱら神の永遠の法が審判するのだ。

市民法で禁止できるのは犯罪だけだが、神の永遠の法はあらゆる罪を禁止できる。よって、人間の政体は、徳や正義を生み出そうとするのではなく、ただ平和を志向すべきであるとアウグスティヌスは言う。平和は誰もが求めるものだからだ。あとの章で言及するが、トマス・ホッブズは、アウグスティヌスの法理論を継承して、市民政府の究極の目的は平和を確保することだと主張した。

アウグスティヌスがたどり着いたのは、真の平和は「平穏な秩序（the tranquillity of order）」

であるという認識だった。一人ひとりの魂の内部が調和し、人々のあいだに正義が浸透している状態である。しかし、市民法的な平和はただ争いがないことを意味するだけなので、少なくとも真の平和を築くための活動は教会に委ねる必要があったのだ。

『神の国』で、アウグスティヌスは、「地の国」は自己愛の上に築かれているが、「神の国」は神への愛の上に築かれている、と述べている。また、キリスト教会が代表しているのが「神の国」であり、異教徒の帝国が代表しているのが「地の国」だとも言っている。しかし、こうした区別は決して完全ではないと明言する。キリスト教会の外にも「神の国」に属す者はいるし、キリスト教会の中にも「地の国」に属す者がいる。アウグスティヌスは、かつて、皇帝を戴く「地の国」がキリスト教化された「キリスト教ローマ帝国」の構想に魅力を感じたことがあった。だが、次第に、キリスト教帝国というビジョンに希望を失っていく。

結局、彼がたどり着いたのは、実現し得るキリスト教社会は一つしかなく、それは教会であるという認識だった。だから、キリスト教徒は、異教徒の政体がキリスト教会の独立を尊重するかぎり、多様な宗教を含む政体の下で暮らすことに慣れるしかないのだ。アウグスティヌスにとっての理想の政体が、キリスト教徒の政治家が先導するものであることに変わりはないが、キリスト教徒の政治的共同体という理想は取り下げたのである。

キリスト教の神学者が、どうやって政治という世俗的概念を教理の中に位置付けたのかを理解するためには、アウグスティヌスの政治思想の根幹となった、小麦と雑草についての聖書の寓話〔『マタイによる福音書』第一三章〕を思い起こす必要がある。ある農場労働者が農場主に、小麦畑の中に雑草が生えていることを伝える。「雑草を抜いておきましょうか？」と労働者は尋ねる。だが、農場主は答える。「いや、雑草も小麦も伸びるままにしておきなさい。雑草を抜こうとしたら、小麦を傷めてしまうだろう」。そして農場主は続ける。「収穫したときに、小麦と雑草を選り分ければいいのだ」。

アウグスティヌスは、この寓話を次のように解釈した。人間は「神の国」に属す者と「地の国」に属す者とを見分けられない。人の心の中にある愛の性質を見分けられるのは神だけである。だから、キリスト教徒と非キリスト教徒を峻別しようとする政治的努力は、おそらく利益よりも多くの害をもたらすだろう。歴史が終わったとき、神が手ずから「神の国」を創れるように、私たちは、宗教的に多様な共同体の中で、小麦も雑草も伸びるに任せなければならない。

しかし、アウグスティヌス自身は、この宗教的寛容の原則を常に守ったわけではなかった。よく知られているのは、ローマ帝国が北アフリカの異端〔キリスト教の分派だったが異端宣告を受けたドナトゥス派のこと〕を法的、政治的に弾圧したとき、彼がしぶしぶ容認したことである。それは、結果として、中世や近世のヨーロッパで行われたもっと苛酷な宗教的弾圧の先例になってしまった。

キリスト教徒は、公正な政府には従わなければならないという宗教的義務感を持っているので、良い市民になるはずだとアウグスティヌスは言う。彼らが公共の利益を追求する動機には、異教徒のような強い名誉欲はない。しかし、アウグスティヌスが考える理想のキリスト教は、しばしば公民的徳の根幹となるある種の忠誠心を侵食する可能性がある。

例えば、アウグスティヌスはこう問い掛ける。「人生の短さを考えれば、邪神崇拝を強制されないかぎり、どんな体制の下で暮らすかということは大きな問題だろうか?」。だが、共和制や民主制を支持する人々にとってはいうまでもなく大問題である。もし、アメリカを建国した愛国者たちがアウグスティヌスと同じ見解を持っていたら、アメリカはイギリスの植民地のままだっただろう。

アウグスティヌスは戦争にも言及している。「戦死したのが同胞なのか敵なのかは問題だろうか? 人の血が流されたことに変わりはない」。これもまた、愛国者にとっては大きな問題だ。もし私たちがアウグスティヌスの助言に従うなら、戦死した自国の兵士だけではなく、敵の戦死者のためにも記念碑を建てなければならない。「神の国」の視点から見れば、体制の違いは取るに足らないものであり、すべての戦争は内戦にすぎないからだ。だが「地の国」の公民的徳が求めているのは、もっと狭い意味での忠誠心なのである。

とはいえ、アウグスティヌスが、政治を、人間の最高の美点として広く称賛される地位から、単に必要悪と見なされる地位に引きずり下ろしたことは、私たち現代人の政治に対する態度に影響を与え続けている。トマス・ジェファーソン〔実際はアメリカのジャーナリスト、ジョン・オサリヴァン〕が「最も統治しない政府が最良の政府である」と言ったとき、あるいは、ジェームズ・マディソンが「人間が天使だったら、政府など必要ないだろう」と言ったとき、彼らの言葉の中にはアウグスティヌスの声が響いていた。

第五章　中世

アル＝ファーラービー

先導者《イマーム》

イスラム帝国のアレッポ〔現在のシリア北部の町〕でアル＝ファーラービーの後援者だった有名な太守〔ハムダーン朝のサイフ・アッ＝ダウラ〕は、彼の支援を数年続けた末、ついに我慢の限界に達した。どこに行くにも同じ、くすんだ茶色の長衣をまとったアル＝ファーラービーが、常にふざけたことしか言わなかったからだ。例えば、「徳のある人間はどこにいても不幸なよそ者で、生きているより死んだ方がましだ」といった具合である。これでは宴会の盛り上げ役にすらならないと太守が思ったのも無理はなかった。

あとから考えれば、社交下手なことや、みすぼらしい格好や、禁欲的な生活は、彼の天職が哲学者であることの紛れもない印だったと、容易に理解できる。アル＝ファーラービーは、一切の金銭的利益や政治権力から距離を置いて慎ましく暮らしていたので、著作以外に知られていることはほとんどない。まさにこうした性質が、彼の思想家としての自由と独立を守ったのだ。私たちは、イマームと聞くとイスラム教の聖職者の一種だと考えるが、アル＝ファーラービーは、大胆にも、真の先導者《イマーム》は哲学者だと主張した。

八七〇年に、現カザフスタン領のファーラーブ〔今は廃墟になりオトラルと呼ばれている〕近郊で生まれたアル＝ファーラービーは、ダマスクス（ダマスカス）で育ち、バグダード（バグダッド）で数十年暮らし、アレッポで〔正確には旅行でダマスクスを訪れていたときに〕八〇年の生涯を閉じた。今日、彼は、最も偉大なイスラム哲学者として尊敬されており、中世のキリスト教、ユダヤ教、イスラム教の哲学者たちから（アリストテレスに次ぐ）「第二の師（Second Master）」の尊称を贈られている。その一方で、中世を代表するイスラム神学者アル＝ガザーリーからは、不信仰者と批難された。アル＝ファーラービーの謙虚な態度の裏には、大胆な先導者《イマーム》としての姿があった。彼は、哲人王という古代ギリシャの理想を、イスラム政体というまったく新しい文脈に取り入れようとしたのだ。

哲学は常に宗教的信念に脅かされてきた。ソクラテスが処刑された理由の一つは不信心の容疑だった。しかし、宗教が哲学に与える脅威は、アブラハムの宗教〔旧約聖書のアブラハムの信仰に端を発する一神教。ユダヤ教、キリスト教、イスラム教など〕が勃興すると飛躍的に大きくなった。それらの宗教はすべて、哲学とは無関係に、神が啓示した真理を知っていると主張していた。もし、真理が『聖書』や『クルアーン（コーラン）』に書かれているのであれば、哲学者による真理の探究は必要だろうか？

すべてのアブラハムの宗教には、聖典以外に真理を知る手段はないと主張する原理主義者《ファンダメンタリスト》が必ず存在する。異教徒の哲学者たちが行った、誤りを免れない人間による探究が、どうして啓示された神の言葉と比べられるだろう？　一方で、どのアブラハムの宗教にも、私たちを確実に真理に導いてくれるのは哲学だけだと考える合理主義者もいる。彼らは、聖典に記された神話や伝説の真実性に疑問を抱いている。アル＝ファーラービーは原理主義者でも懐疑的な合理主義者でもなかった。

宗教的原理主義と懐疑的合理主義のあいだ

哲学と宗教の主張を、中立的な観点から比較することは可能だろうか？　あるいは、哲学的な理性をもって宗教の主張を評価したり、宗教的な信念をもって哲学の主張を評価したりせざるを得ないのだろうか？　中世の哲学者の中には、聖典に書かれていることを真実だと仮定して、哲学者の見解がそれに一致するかどうかを確かめようとする者もいたし、理性を全面的に信頼することから始め、理性の光の下で聖典を評価しようとする者もいた。アル＝ファーラービーは、明らかに、あらゆる真理を判定する基準は哲学だと考え、さまざまな論理を駆使して、預言者ムハンマドへの神の啓示が哲学的真理の基準に適うことを確かめようとした。

アル＝ファーラービーは宗教的原理主義と懐疑的合理主義のあいだに進路を取った。彼は、啓示されたクルアーンの知恵と、古代ギリシャの理性的な知恵を、どちらも高く評価した。彼の立場は「イスラム教ヒューマニズム（人文主義）」と呼び得るものだったので、イスラム原理主義者からも人文主義者からも攻撃された。では、アル＝ファーラービーはどうやってイスラム教と哲学を調和させたのだろうか？

彼はムハンマドを哲学者と捉え、「神聖なプラトンの著作」を聖典と見なした。つまり、ムハンマドには自分の預言の哲学的根拠がわかっていたし、プラトンの著作はクルアーンのように綿密に解釈しなければならないと考えたのだ。もちろん、プラトンの対話篇は、修辞学的に見ればクルアーン〔詠唱することを前提に詩のような美しい文章で書かれており、文学的価値がきわめて高い〕とはかけ離れている。だが、その修辞学的な懸隔は、プラトンとムハンマドの思想の違いというより読者の違いを反映しているように思える。プラトンは「人間ではなく、神が万物の尺度である」と書いた。おそらく、プラトンは古代ギリシャ語を話すムハンマドだったのだ。

イスラームにおける新プラトン主義の創始者

前に書いたように、アリストテレスはプラトン哲学（政治哲学を含む）の中心思想を受け継がなかったが、アリストテレスの死後、「新プラトン主義者」たちはプラトンとアリストテレスの思想を調和させ、統合しようとした。アル＝ファーラービーは、イスラームにおける新プラトン主義の創始者であり、両者の統合を図ることに生涯を費やした。

彼は「第二のアリストテレス」と尊称されたが、政治哲学に関しては、アリストテレス学派の人々よりもずっとプラトンに近かった。実際、アリストテレスの大部な学術書『政治学』は、近代になるまでアラビア語に翻訳されなかった〔遅くとも一三世紀にはアリストテレスの全著作がアラビア語訳されている〕。アル＝ファーラービーが『政治学』の存在を知っていたのは間違いないが、その内容は彼の著作に反映されていない。結果的に、その後のイスラム政治哲学は彼のプラトン主義から決定的な影響を受けることになる。

これまでに述べたように、哲学的知識と政治との関係について、プラトンとアリストテレスは見解を異にしていた。アリストテレスは、哲学者の理論的な知恵と政治家の実践的な理性を対比させた。彼は、優れた統治者に必須なのは理論的な知恵ではなく実践的な知恵だと言い、政治家が哲学者であることも、哲学者が統治することも求めていない。

それに対し、プラトンは理論的な知恵と実践的な知恵を明確に区別しない。プラトンは、理論的な知恵に精通した者（つまり哲学者）が統治者にならないかぎり、都市《ポリス》から悪はなくならないと言った。もちろん、彼は、政治における実践経験の重要性もわかっていたので、哲人王は統治者になる前にそれを身に付けておかなければならないと言っている。

アル＝ファーラービーは迷わずプラトンの側に付く。政治的共同体の理想の統治者は、理論的な知恵と実践的な知恵の両方を持っている必要があると、彼は強調する。哲人王は、幾何学や、物理学、天文学、音楽、形而上学、論理学などを修めていなければならないのだ。人間に関する実践的な知識は、宇宙の摂理と、そこに人間がどんなふうに組み込まれているかを示す真理に基づいていなければ意味がないし、その真理は証明できるものでなくてはならないと、アル＝ファーラービーは考えていた。

彼の倫理学と政治学は、宇宙、魂、肉体、そして政体の構造に関する一連の子細な類似性を中心に展開されていた。政治における階層は、宇宙や人間の魂に見られる階層を反映していなければいけないと、彼は言う。例えば、宇宙は唯一神が統べているのだから、政体は一人の哲学者が統治すべきであり、理性が肉体を支配するように、哲学者が社会を支配すべきなのだ。アル＝ファーラービーは、プラトンやアリストテレスと同様に、人間のあいだには自然の不平等があると考えていた。生まれたときから支配者になることを運命付けられた人間もいれば、奴隷になる運命の人間もいるということだ。

プラトンと同様、アル＝ファーラービーは、現実のどんな政治体制も理想から大きくかけ離れているという認識を持っていた。実際、これまでに哲学者が統治者になった例があっただろうか？　彼は、知恵を欠き、邪悪で、誤りを重ね、信仰に背いた体制を漏れなく列挙し、その支配者たちが、真理への愛ではなく、富や、名誉、領土、快楽といったものの追求に没頭していたことを指摘する。そういう事実を前にしても、アル＝ファーラービーは、政治を改革するためには、政体を必ず哲学に基づいたものにしなければならないと主張する。たとえ統治者自身が哲学者でなくても、少なくとも哲学者の助言に従うことはできるはずだと。

アル＝ファーラービーの政治学的な天才が発揮されたのは、統治は哲学者だけではできないと気づいたことである。哲学者は、統治者として成果を上げるには、一般の人々との共通点が少なすぎるのである。哲学者の役割は、宗教や、法律、修辞学、文学、音楽などに携わる人々の協力を得て、真理が求めるものに合致するように人々の行動を形作ることなのだ。ほとんどの人は抽象的な概念を理解できないし、論理的な証明の筋道をたどれない。彼らが真理に近づくためには視覚的なイメージや物語が必要なのである。神学者や、法律家、芸術家、作家、音楽家らは一致協力し、哲学が見いだした真理を、それぞれの手段で人々が理解できるものに変えなければならない。アル＝ファーラービーは、プラトンと同様に、詩人に頼って哲学的真理に魅力的な装いをまとわせたのだ。

しかし、哲人王というプラトンの理想を擁護することで、アル＝ファーラービーは預言者の権威に疑問を突き付けることになった。モーセや、イエス、ムハンマドは、聖典の中で、神がそれぞれの民族の指導者として指名したと書かれている。これらの預言者はすべて、人間に関わるさまざまなことに対処してきた実践的な賢人だが、哲学者と呼ぶにはほど遠い人々である。もし、真の政治的権威が哲学に基づくなら、アル＝ファーラービーは預言者の権威をどうやって説明するのだろう？

一九世紀のドイツの哲学者フリードリヒ・ニーチェはキリスト教を、わかりやすい「大衆向けのプラトニズム」〔『善悪の彼岸』より〕と嘲弄した。だが、アル＝ファーラービーは、一般の人々にプラトン主義の真理を伝えるという理由でイスラム教を称賛する。彼にとって真の預言者とは、自分の理性と道徳を完全なものにすることで神の心に近づく人々のことである。神は、哲学的知識のすべてを開示することで預言者の知的な徳に報いる。普通の哲学者は、手間の掛かる研究や討論を通じて少しずつ知恵を獲得していかなければならないが、預言者は神から直接、哲学的な知恵を授けられる。だから、預言者が聖典の中に書いていることは、神から啓示された哲学的な原理を具体的に表現したものにすぎない。聖典が人々の行動を導くためにあるなら、物語と戒律しか理解できない一般の人々に訴えるものにする必要があるからである。だが、論理的には、こうした物語や戒律はすべて、神の啓示によって預言者に示された哲学的真理に基づいている。

聖典とそこに含まれる戒律が預言者たちの絶対的な哲学的知識に基づくのであれば、聖典を解釈し、人間の行動に適用するのは哲学者の役目になる。アル＝ファーラービーが哲学者を真の先導者《イマーム》だと考えた理由はここにある。すべての哲学的真理は抽象的な原則に基づいており、それを知り得るのは真の預言者とその後継者、つまり哲学者だけなのだ。

国民の一体性の基盤

アル＝ファーラービーは、哲人王というプラトンの理想をアブラハムの宗教の預言者である統治者に適用しただけではなく、徳の高い都市国家というプラトンやアリストテレスの理想を、広大な中世帝国〔ここではアッバース朝イスラム帝国を指す〕に適用した。

プラトンやアリストテレスにとっての理想の政体は、道徳的な徳と知的な徳の理想を共有する小規模な市民の共同体である。ギリシャ人の考えでは、市民の普通教育に取り組める政体はきわめて小さく、人口が五〇〇〇〜一万人でなければならなかった。アル＝ファーラービーは、普通教育を国家や帝国全体に拡大することを提案した初めての政治哲学者だった。それどころか、彼は、政治の基盤としての国民という考え方を先取りしていた。

では、何が国民の一体性の基盤になるのだろう？　共通の言語だろうか、民族や、宗教、文学、音楽だろうか？　イスラームにおいて「国（nation）」という言葉は、特定の民族や文化を持つ共同体を指すと同時に「イスラームの国」を意味する。アル＝ファーラービーは、すでに、統一されたイスラム帝国の夢が破れる〔八世紀末に最盛期を迎えたアッバース朝は一〇世紀前半には衰退する〕のを目の当たりにしていたが、高い徳を持つ可能性のある政体として、複数の国からなる帝国を想定していた。

アリストテレスは『政治学』の中で、国や帝国は大きすぎ、多様性が高すぎて、徳を共有する共同体にはなれないと書いている。教育を行う政体は、言語や、宗教、文学、学校制度、文化を共有する必要がある。市民が統治する側になったり統治される側になったりする機会がなければ、どうやって公民的徳を身に付けられるのだろう、と彼は疑問を呈する。アリストテレスは、政治においては規模が重要であり、国や帝国といった規模の政体は、いずれ退廃し、専制化する運命にあると考えていた。

だが、鋭い現実的洞察力を持ったアル＝ファーラービーは、統治者が徳の高い帝国を建設すれば、多様な国の集まりを、それぞれの国独自の言語や、宗教的慣習、文学などに基づいて支配できるのではないかと考えたのである。

現代に残るアル＝ファーラービーの遺産は何だろう？　もし彼の目標が、哲学がイスラームの学問の世界で名誉ある地位を占めることであったなら、少なくとも中世のあいだは成功したと言って間違いない。一方、彼の目標が、哲学をイスラームの宗教や政治の中心にすることであれば、うまくいったとは言いがたい。イスラム教はユダヤ教と同じく、基本的には律法宗教〔律法や戒律などを信仰や生活の指針とし、それに基づいて集団や社会が運営される宗教〕なので、最高権威は常に法学者だった。イスラム教においては、神学や哲学ではなく、法学が学問の女王なのである。

アル＝ファーラービーの影響もあって、中世のイスラム政治哲学は、アリストテレス的というよりプラトン的なものだった。これは重要な点だ。アリストテレスの『政治学』には、彼の理想とは違って、人民による民主的統治を支持する見解が多く含まれている。アラビア語で読めるアリストテレスの『政治学』がなかったこともあって、この問題は、中世のイスラム哲学者たちのあいだで論争に発展しなかった。実際、一九世紀になるまで、イスラム世界では人民による政治を主張する議論はほとんど起こらなかった。もしかすると、今、イスラム世界のあらゆる場所で民主主義的な制度が行き詰まっているのは、このことが関わっているかもしれない。

変われば変わるほど変わらない〔一九世紀フランスの作家アルフォンス・カーの言葉。うわべはどれほど変わっても本質は変わらない、という意味〕のだ。中世のイスラム教は、まさに現在のイスラム教のように、宗教的原理主義者と合理的懐疑主義者に分裂していた。二〇世紀の非宗教的ヒューマニストたちは、宗教は無知や貧困とともに消え去ると固く信じていた。だが、今のところ宗教が消え去る気配はない。

アル＝ファーラービーは、宗教的原理主義と非宗教的ヒューマニズムのあいだに道を切り開いた。彼のイスラム教ヒューマニズムは、のちに登場するモーセス・マイモニデスのユダヤ教ヒューマニズムや、トマス・アクィナスのキリスト教ヒューマニズムのための地固めとなった。これらの哲学者たちは、宗教は理性の光の下で改革されなければならないし、理性は宗教の光の中に注ぎ込まれなければならないと、それぞれ違った形で主張した。

中世以来、私たちは、おびただしい政治的暴力が、非宗教的なファシストや共産主義者だけではなく、宗教的原理主義者によってももたらされるのを経験してきた。アル＝ファーラービー、マイモニデス、アクィナスはすべて、宗教的ヒューマニズムが、穏健で良識的な政治にとって最良の基盤になると信じていた。まだ、歴史は彼らが間違っていることを証明していない。

第六章｜中世

マイモニデス
立法者

一一六〇年代の初め、モロッコのフェズに住んでいたユダヤ教のラビ〔ユダヤ教の律法に通じた宗教指導者〕モーセス・マイモニデスは、深刻な二者択一を迫られていた。スペイン南部と北アフリカのマグリブ〔現在のモロッコ、アルジェリア、チュニジアなどにまたがるアフリカ北西部の地域〕を新たに支配したムワッヒド朝が、すべてのキリスト教徒とユダヤ教徒に、イスラム教への改宗か死かという選択を迫ったのである。

同時代の歴史家によれば、マイモニデスはイスラム教への改宗を装い、イスラム教の祈りを唱え、クルアーンを学び、モスクに通ったという。ユダヤ教が黙認され、身の安全が図れるカイロに逃れると、ラビであるマイモニデスは、なおマグリブで迫害に直面しているユダヤ人の仲間に手紙を書いた。マグリブのユダヤ教徒の中には信仰を否定するより殉教を選んだ者もいたが、大多数は、少なくとも表面的にはイスラム教に改宗していた。

マイモニデスは、仲間たちの苦衷を察し、手紙を送って、殉教が称賛されることもあるが今それを選ぶ必要はないと説いた。ユダヤ教の信仰を否定しなくともイスラム法の要件は満たせる。ただし、イスラム教に「改宗」したあとも、その土地を去ってユダヤ教が許容されている場所に移動すべく努めなければならない。それを守れば、神はあなた方を見捨てないだろうと、マイモニデスは説いた。彼を偽善だと批難することは誰にもできない。言動が完全に一致していたからである。

聖書に最初に現れる偉大なユダヤ教の立法者〔旧約聖書に登場するモーセのこと〕にちなんでモーセスと名付けられたマイモニデスは、現在、ユダヤ教の哲学者や法学者の中で最も偉大な人物として広く崇敬されている。だが、彼が目指していたのはそれ以上の存在だった。マイモニデスは、伝統的なユダヤ教の律法を廃止して自分の作る律法に置き換え、それによって第二のモーセになろうとしていた。これを傲慢と見なしたヨーロッパのユダヤ教伝統主義者たちは、彼の本を禁書にし、中には焼き捨てる人々もいた。

マイモニデスは一一三八年にスペインのコルドバで生まれた。当時のコルドバはヨーロッパで最も大きく最も豊かな都市で、イスラム教とユダヤ教の学問の中心でもあった。二世紀にわたる開明的で寛容なイスラム王朝〔後ウマイヤ朝〜ムラービト朝〕の支配の下、そこは、ユダヤ教徒、キリスト教徒、イスラム教徒が交流する学問と芸術のメッカになっていた。有名な学者の息子だった少年時代のマイモニデスは、たちまちユダヤ教の律法とイスラム教哲学を吸収した。

しかし、彼がまだ一〇歳のとき、スペインのユートピアは新たな支配者であるムワッヒド朝によって打ち砕かれた。ムワッヒド朝はキリスト教やユダヤ教を弾圧したのである。それから一八年間、彼の家族は、アンダルシアの町から町へ、北アフリカの国から国へと逃亡を続け、ようやくカイロにたどり着いた。その地で、幼い彼にトーラー〔人が生きる上での規範を示したユダヤ教の律法〕を教えてくれた父親が亡くなった。コルドバを去ったあと、マイモニデスは二度と知的な仲間たちとの交流を楽しむことはなかった。

彼は、三〇年間カイロで幸福に暮らし、最後にはスルタンであるサラディン〔エジプトのアイユーブ朝の創始者〕の侍医まで務めた〔若い頃から医学を勉強していたマイモニデスは、カイロで生計を立てるために医師を開業していた〕が、それでも自分はスペイン人だと言っていた。

ユダヤ民族の内政に関する政治哲学

驚くべきなのは、ユダヤ人の政治哲学者がわずかしかいないことではなく、いくらかでも存在することの方だ。政治哲学は、詰まるところ支配の技術に関する実践的な学問である。ところが、歴史上のほとんどの時代においてユダヤ人は国家のない民族であり、他民族に支配されてきた。

そのため、ユダヤ人の政治思想の大部分はユダヤ民族の内政に関するものだった。異教徒の政体で、どうやってユダヤ人コミュニティーを維持していくかとか、どうすれば複数の政体をまたいでユダヤ民族のアイデンティティーを育成できるか、といった問題である。ユダヤ人は自分たちの政治的共同体を持ったことはないかもしれないが、自分たちの法律や、裁判所、統治機構をずっと維持してきた。

この意味で、マイモニデスは模範的なユダヤ人の政治的リーダーだった。カイロに着くとすぐ、彼はエジプトのユダヤ人コミュニティー全体の首長《ナギド》に任命された。この役職は、エジプトに暮らすユダヤ人の生活を管理するだけではなく、外国のユダヤ人コミュニティー、とりわけレバント〔トルコ南部からシナイ半島に至る地中海東部の沿岸地域。ユダヤ人にとっての「約束の地」が含まれる〕のユダヤ人コミュニティーとの緊密な結び付きを維持する責任を持っていた。

確かに、マイモニデスには完全な統治権は行使できなかった。指揮する陸海軍もないし、支配する国土もなかった。しかし彼は、税を徴収し、貧しい人々を救済し、宗教的な典礼を改革し、エジプトのみならずレバントのユダヤ人居住地域で起きた争議を解決する最高裁判所の判事を務めた。マイモニデスが首長職に就いていたのはわずか数年だったが、ほとんどの有名な哲学者よりも多くの政治経験を持つことになった。

前の時代に生きたアル＝ファーラービーや、あとの時代に現れるトマス・アクィナスと同じく、マイモニデスも宗教的原理主義と合理的懐疑主義の中間を進もうとした。だから彼は、イスラム教徒であるアル＝ファーラービーの新プラトン主義と、キリスト教徒であるトマス・アクィナスの新アリストテレス主義をつなぐ架け橋だと考えるのがふさわしい。

マイモニデスについて、よく、心はイェルサレム（彼の信仰の故郷）にあり、頭はアテナイ（彼の哲学の故郷）にあったと言われる。実際、彼はアリストテレスの思想を使ってユダヤ教の土台を削り、ユダヤ教を使ってアリストテレスの思想を蝕んだと批難されてきた。詰まるところ、彼が何に対して忠実であったのかについては、今も学者たちの意見が一致していない。

だが、マイモニデス自身は大きな葛藤を感じていなかった。ユダヤ教には以前からアリストテレス的な思想が暗に含まれているし、アリストテレスの思想にはユダヤ教的なものが潜在していると、彼は主張している。何しろ、アリストテレス自身が、人間が持つ美徳の精華は神への知的な愛だと言っているのだ。マイモニデスによれば、それはユダヤ教の律法の精髄に他ならない。

信仰は知識を希求する

アウグスティヌスに倣い、アクィナスを先取りして、マイモニデスは、聖書への信仰が深まると人は自ずと聖書を合理的に理解したくなると言う。神を信仰する人々の多くが、「神とは何か？」とか「神がきわめて善なるもので、大いなる力を持っているなら、なぜこの世にあれほど多くの悪が存在するのか？」といった哲学的疑問に逢着するからである。聖書への信仰は、常にそうした深い内省に結び付いてきた。

古代ヘブライの預言者たち〔ユダヤ教の聖典『ヘブライ語聖書』に現れるモーセをはじめとする預言者〕の中にはすでに哲学者が胚胎していて、聖書の律法や契約に冷徹な批判や分析を加えていた。また、ユダヤ人が営々と続けてきた、聖書の律法に注釈を施す作業によって、個々の律法に命を吹き込む普遍的な道徳原則が明らかになってきた。だから、マイモニデスは、ギリシャ哲学はユダヤ教の伝統とまったく関係がないという主張を否定する。

信仰は知識を希求する。そして、人類の知識の頂点にいるのはアリストテレスだと、マイモニデスは言う。そのアリストテレスは、神は純粋な概念であり、目に見える特性はおろか感情すらないと主張した。マイモニデスによれば、聖書の神も同じで、どんな形であれ自らの似姿を描くことを汚らわしい偶像崇拝として禁じた。

だが、もし聖書の神が純粋な概念だとしたら、なぜ聖書で、神が「右腕」や「玉座」を持っているとか、「怒り」に満ちているなどと、人間のように描かれるのだろう？　マイモニデスは、ほとんどの人間は目に見えない神の存在を理解する知力がないから、神を人間のようなものとして想像するのだと説明している。

アリストテレスと同様、マイモニデスは、美徳はそれ自体が報酬であり、悪徳はそれ自体が罰であると考えた。しかし、彼によれば、神の怒りへの畏怖がなければ、ほとんどの人間は美徳を追求したり悪徳を避けようとしたりしない。実際は、神には感情がないのにもかかわらず、そうなるのだと彼は言う。マイモニデスはユーモアがある人間と思われていなかったが、こんな戯言を残している。「神に怒りがあると言ったりしたら、神を怒らせてしまうかもしれないぞ！」

学者の中には、マイモニデスはユダヤ教の律法の解釈においては純粋なユダヤ人であり、哲学においては純粋なアリストテレス主義者だった、と主張する者もいる。逆に、彼が、法学においてはアリストテレス主義者で、哲学においてはユダヤ人的であったということもできるだろう。

アリストテレスは次のように主張した。法の中には自然に定められたもの、つまり普遍的な合理性を持つものがある。例えば「両親を敬いなさい」とか「借りたお金は返さなければいけない」といったものだ。その他の律法は、どんな動物を神への生け贄とするかといった単に慣習的なもので、政体ごとに異なる。

マイモニデスは、こうしたアリストテレスの思想を使ってモーセの律法を分析する。モーセの律法の中にも（人殺しや盗みの禁止など）自然に生まれた合理的なものがある。一方、その他の律法は、どんな動物を何頭犠牲にするかといったまったく慣習的なものだ。アリストテレスは、私たちは自然法の合理的な目的は理解できるが、慣習法のすべてに納得するわけではないと言っている。

マイモニデスは、これに同調して次のように主張する。私たちは、人殺しや盗みの禁止など、聖書の律法の多くについては合理的な目的を理解できる。しかしその他の、ミルクと肉や、亜麻糸と毛糸を混ぜてはいけないといったものについては合理性が理解できない。つまり、私たちが聖書の自然法に従うのは（神だけではなく）理性がそれを求めるからだが、慣習法に従うのはただ神が求めるからである。マイモニデスによれば、アリストテレスはユダヤ教の律法への最高の案内人なのである。

マイモニデスは、アリストテレスの思想を使って伝統的なユダヤ教の見直しを行ったのと同じように、ユダヤ教の信仰を使ってアリストテレスの思想を再検討しようとする。アリストテレスによれば、真の美徳はすべて極端な過剰と不足の中間に存在する。例えば、美徳としての自尊心は、尊大（過剰な自尊心）という悪徳と、卑下（不十分な自尊心）という悪徳の中間にあるとアリストテレスは言っている。

しかしマイモニデスは、聖書に基づいて、人はどれほど謙虚になってもなりすぎることはないと言う。わずかでも自尊心を持てば神の否定につながるからである。ある意味で、聖書は、美徳の中には中庸ではなく極端なものがあることをアリストテレスに「教えている」と言える。最も議論を呼ぶのは、マイモニデスが、世界は永遠だというアリストテレスの認識を退け、世界が永遠なのか創造されたのかは理性だけでは証明できないと主張したことだ。これらすべてと、さらに多くの議論において、マイモニデスは聖書への信仰という光を使って哲学者たちの主張を再検討し、哲学を使って聖書への信仰を見直すのである。

アリストテレスは、哲学者の理想的な知性と、政治家の理想的な道徳を明確に区別した。アル＝ファーラービーは、それを受けて、真の預言者は理想的な知性と理想的な道徳の双方を実現し、哲学者や政治家よりも高次の存在になると主張した。さらに、預言者は、哲学者の理想的な知性と詩人の理想的な想像力を併せ持つ、とアル＝ファーラービーは言う。なぜなら、預言者は、あらゆる人々にメッセージを届けるために、抽象的な真理を鮮やかな修辞法で飾る必要があるからだ。

マイモニデスはまた、理想的な知性と理想的な想像力を区別することで、アル＝ファーラービーの預言者論を発展させる。理想的な知性だけだと哲学者になり、理想的な想像力だけだと政治家になる。唯一、預言者だけが、哲学者の理想的な知性と政治家の理想的な想像力を結び付けられる。言い換えれば、預言者だけが哲人王になる資格があり、それで預言者モーセは真にプラトン的な統治者になれたのである。

アル＝ファーラービーと同様、マイモニデスは、預言者は神から恣意的に奇跡的な能力を与えられた者ではなく、知的な美徳と道徳的な美徳を自ら完成した神のような存在なのだと言う。不思議なのは、神がそれほどの人物に啓示を与えないことだ。アル＝ファーラービーは真の預言者としてムハンマドをモーセやイエスになぞらえたが、マイモニデスはモーセだけが最高の預言者であり立法者だと主張している。

ユダヤ教の律法全体を体系化

何世紀にもわたってモーセの律法に加えられた注釈は、『タルムード』と呼ばれる本にまとめられた。タルムードには、特定の事案にどのように律法を適用するかについてのラビたちの議論や、投票、判決が記録されている。マイモニデスは、大胆（あるいは傲慢）にも、この膨大で無秩序な法的資料の山を整理統合し、一般原則に基づいて論理的に分類しようとした。ユダヤ教の律法全体を包括的に体系化することを試みた者は、彼の後にも先にもいない。

一四巻からなるマイモニデスの偉業『ミシュネー・トーラー』に比肩し得るのは、ユスティニアヌス帝による古代ローマ法の法典化と、ナポレオンによる近代フランス法の法典化ぐらいだろう。しかも、これらの金字塔を打ち建てるのには何十人もの法律家の労力を要したのだ。

ユスティニアヌス法典とナポレオン法典は正式に制定されたもので、初めから、それまでの法律や、判決、注釈を無効にして置き換えることが目的だった。ところが、マイモニデスの取り組みには、新しい法典をユダヤ人コミュニティーに強制する政治権力が伴わなかった。そのため、彼の法典は単なるユダヤ教の律法の法規類纂か論理的要約として世に出ることになった。だが、古今のユダヤ教の法律家の多くは、マイモニデスが伝統的なタルムードの律法を廃止し、彼の新しい法典に全面的に置き換えることを狙っていたのではないかと考えている。自分が新しいモーセに、つまりユダヤ教で二番目に偉大な立法者になろうとしたというのだ。実際、彼の法典の表題『ミシュネー・トーラー』は「第二のトーラー（モーセの律法）」を意味している。

政治思想家のマキャヴェッリは、政治体制の創設者と、彼が「再創設者」と呼ぶ、のちの改革者を対比している。アメリカの歴史に当てはめると、アメリカの政治体制を作った「建国の父」〔独立宣言の起草や憲法の制定に携わったフランクリン、ワシントン、ジェファーソン、マディソンらのこと〕たちと、エイブラハム・リンカーンがそれに当たる。いうまでもなく、リンカーンは人種間の平等と強い連邦政府という原則に則って、アメリカ合衆国を抜本的に改革し、「再創設」した政治家である。マキャヴェッリによれば、再創設者は当初の原則に立ち戻ることで体制を改革する。「すべての人間は生まれながらにして平等である」〔アメリカ「独立宣言」より〕という原則にアメリカを立ち返らせることでリンカーンが行ったのは、まさにそういうことだった。

同様に、モーセス・マイモニデスは、モーセを政治的共同体としての古代イスラエルの創設者と見なし、その再創設者になることを夢見たのだ。金の子牛を崇拝したイスラエル人たち〔モーセが十戒を授かるためにシナイ山に登っているあいだに、不安になったイスラエル人たちは黄金で子牛像を作ってそれを拝んでいた〕を、偶像崇拝だとしてモーセが暴力的に弾圧したのと同じように、マイモニデスは人間の姿をした神を拝むのは偶像崇拝だと激しく批難した。聖書のモーセが新たな法典によってイスラエル人の宗教を純化しようとしたのに倣って、第二のモーセを自認するマイモニデスも同じことをしようとしたのだ。

マイモニデスはタルムードの伝統に終止符を打てなかったが、彼の法典はユダヤ教の律法の解釈や適用の仕方を永久に変えた。また、マイモニデスは、ユダヤ人のあいだに広がっていた信仰から聖書の表象を排除することはできなかったが、聖書信仰に対する哲学からの核心を突くような批評と、哲学に対する聖書信仰からの本質を暴くような批評の両方に道を拓いた。

現在、国としてのイスラエルは、非宗教的なヒューマニストと宗教的な原理主義者、つまり、科学や哲学の中だけに真理を見いだそうとする人々と、聖書の律法の中だけに真理を探ろうとする人々のあいだで引き裂かれている。崇敬されるユダヤ教のラビであり、偉大な哲学者でもあったマイモニデスは、「啓示の光」〔超自然的な存在や現象を認識する能力。宗教で用いる〕とともに「自然理性の光」〔自然界を認識するために人間が生得的に持っている能力。哲学で用いる〕も使って真理を追究した。

また、現在のイスラエルは近隣のイスラム諸国との紛争を抱えている。自身の哲学的著作をアラビア語で書いたユダヤ教の思想家として、マイモニデスはユダヤ教徒とイスラム教徒とのあいだの架け橋になった。彼の著作の特徴は、伝統や信仰をまたいだ、相手への敬意を持った対話が含まれていることである。出口の見えない紛争に希望を与えるのは、こうした対話なのだ。

第七章―中世

トマス・アクィナス

調停者《ハーモナイザー》

一二四四年、一九歳のトマス・アクィナスは、創設されて間もないドミニコ修道会で聖職に就くことを決心した。ナポリ大学の彼の友人や教師たちは、貴族の若者が托鉢修道士〔衣服以外の財産を持たず、人々の施しによって清貧な暮らしをする修道士〕の粗末な僧衣をまとう姿を想って仰天した。

聖ドミニクスが修道会を設立したのは、福音を説き、異端思想と闘うことが目的だった。そのため、ドミニコ会の修道士は一三世紀を通じて思想界の最前線にいた。アクィナスの母親は息子が選んだ職業に反対し、広大な領地を持つ貴族としての務めを果たすよう諭した。神聖ローマ帝国に仕える騎士だった兄たちはトマスを拉致し、翻意を促すためにロッカセッカ〔ローマ

〔とナポリのほぼ真ん中にある山あいの町〕にある一族の城館に二年近く幽閉した。彼らは若い女性をトマスの個室に送り込んで禁欲を試そうとさえした。だが、聖職に就きたいという若いトマスの意志はどんなに手を尽くしても揺らがず、ついには家族の方が折れた。

幽閉中も哲学や神学の本を読むことを許されていたアクィナスは、解放されるとパリやケルンで本格的な勉強を再開した。後年、高名な神学者、哲学者となったアクィナスは、フランス王ルイ九世や何人かの教皇が心を許す助言者となった。彼は、哲学的代表作である『神学大全』の中で、子に対する親の権限は制限されるべきだと述べている。成人した子どもが結婚や聖職に就くことを決めたとき、親にはそれを拒否する権限はないということだ。

中世はしばしば「権威の時代」と呼ばれるが、正確には「複数の権威の時代」と言うべきである。影響力を競ういくつかの権威があったからだ。一三世紀の二つの主要な知的権威は、その源流をアテナイとイェルサレムに持っていた。中世ヨーロッパが古代ギリシャから受け継いだのは、プラトンやアリストテレスの哲学や科学である。古代イスラエルからは「聖書の宗教」〔旧約聖書や新約聖書を根拠とする宗教。「アブラハムの宗教」に同じ〕、とくにキリスト教の遺産を受け継いだ。実際、アリストテレスの著作が、ユダヤ教やイスラム教による膨大な注釈とともに西欧に入ってきたのは一二世紀のことだった。

ヘブライズムとヘレニズムの統合

若きアクィナスは、ケルンに行って、アリストテレスの科学、哲学研究の先駆者アルベルトゥス・マグヌスの教えを受けると、アリストテレスの科学や哲学と「聖書の宗教」の教義を統合するという、生涯をかけたプロジェクトに着手する。確かに、西洋文明は、ヘブライズムとヘレニズムの混合物と定義するのが最もふさわしい。

主張が競合するアテナイの哲学とイェルサレムの信仰は、中世のユダヤ教、イスラム教、キリスト教の中で激しい争いを繰り広げた。アル＝ファーラービーとマイモニデスの足跡をたどりながら、アクィナスは、人間の理性と啓示は、ともに神が生み出したと主張する。だから、科学を通じて「自然という書物」から学ぶことは、信仰を通じて聖書から学ぶことと原則的に矛盾しない。もし、科学が教えることが聖書の教えと矛盾するなら、科学の主張か聖書の主張のどちらかについて、私たちが誤解しているのだ。

アクィナスが学究生活のすべてを使って示したのは、アリストテレスが発見した真理は、聖書の中に見いだされる真理と一致するということだった。アテナイとイェルサレムを一つにしようとするアクィナスの努力は、非宗教的ヒューマニズムと宗教的原理主義のあいだに、「キリスト教ヒューマニズム」と呼ばれる第三の立場を生み出した。一三世紀のスコラ哲学はキリスト教ヒューマニズムの一つの開花であり、イタリア・ルネッサンスはもう一つの開花だった。

物理学や生物学に始まり、倫理学や心理学、神学に至る無数の議論の中で、アクィナスは、聖書の信仰とギリシャ哲学は一致するという見解を確立した。彼の一貫した基本理念は次のようなものだ。「信仰は、理性を侵害したり、それに取って代わったりするのではなく、むしろ理性を完成させる」〔一般には「恩寵は自然を破壊せず、むしろこれを完成する」という言葉で知られている〕

「正義、知恵、勇気、節制」と「信仰、希望、愛」

アクィナスのキリスト教ヒューマニズムが道徳や法の分野でどのように現れているのかを、ここで簡単に見ておこう。彼はギリシャ哲学から、道徳的な美徳、とくに彼が「自然の徳」と呼ぶ、「正義」、「知恵」、「勇気」、「節制」〔古代ギリシャの「四元徳」と呼ばれる〕といった美徳についての理論を導き出した。聖書に「徳（virtue）」という言葉そのものは出てこないが、これらの基本的な価値については確かに言及されている。それは人類のどんな文明でも同じだ。文化を異にする多くの賢人たちが、人間社会は、成員がこうした美徳を持つかどうかに懸かっていると結論づけている。十分な数の人がこれらの美徳を実践しないかぎり、私たちは集団で平和に暮らしていけないし、自分が正義、知恵、勇気、節制をもって行動すれば、個人としての生活も向上するだろう。

アクィナスは聖書に特有な美徳も発見した。「信仰」、「希望」、「愛」〔キリスト教の「三元徳」と呼ばれる〕である。彼はこれらを「超自然の徳」と呼んだ。理性だけでは見つけられず、聖書の啓示を信じるかどうかに懸かっているからである。

今日、非宗教的ヒューマニストは、善く生きるためには「自然の徳」さえあればいいと主張し、宗教的原理主義者は、必要なのは聖書の「超自然の徳」だけだと主張している。アクィナスは、どちらも必要だと言う。「信仰、希望、愛」は、「正義、知恵、勇気、節制」に取って代わるのではなく、それらを完成させるのである。確かに、宗教的狂信者は、私たちに必要なのは信仰と、希望と、愛だけであって、正義や、知恵、勇気、節制は必要ないと主張する。自然の徳を伴わない超自然の徳は盲目的であり、超自然の徳を欠いた自然の徳は厳しく、棘がある。

理性に基づく人定法と、聖書で示された神定法

アリストテレスの著作に加えて、六世紀にユスティニアヌス帝によって法典化された古代ローマ法も、一一世紀の終わりに西欧に再発見された。ヨーロッパで最初の大学がボローニャに設立されたのは、まさにローマ法を学ぶためだった（そう、ヨーロッパの歴史で最初の大学はロースクールだったのだ）。ローマ法に刺激されて、非宗教的な統治者と教皇の双方が法典の編纂に着手した。

アクィナスは、ローマ法を理性に基づく人定法〔人為的に作られた法。一般的には自然法の対立概念〕の模範だと考え、どうすればそれを聖書で示された神定法〔モーセの十戒など、神の意志によって作られた法〕と一致させられるのかを追究した。アクィナスによれば、人定法と神定法は、ともに神の「永久法」から発生した。私たちは神の永久法を直接に知ることはできないので、人間の良心と

いう自然法や、聖書という神定法を通じて間接的に理解する。すべての人類は、善悪を見分けられる良心を生まれながらに持っている、とアクィナスは言う。

その上、神は聖書の中で、つまり、古いモーセの律法〔旧約聖書〕と新しいイエスの律法〔新約聖書〕において、多くの基本的な道徳的真理を示している。だが、もし私たちに生得的な良心があるなら、なぜ聖書の律法が必要なのだろう？　アクィナスは、私たちの良心は無謬ではないと言う。個別の判断を間違うこともあるし、文化によって良心の一部が堕落することもある。だから聖書の律法によって良心をチェックするのだ。同時に、私たちが神定法の解釈を間違うこともあるので、自然法的良心によるチェックが必要なのである。このようにして、神は人類に道徳のための二つの独立した基準、自然法的良心と聖書の律法を与えたのだ。

もちろん、人々の暮らしは複雑なので、良心や聖書の中に見いだせるものよりも、もっと具体的な基準が必要になる。私たちの良心は罪人が罰せられることを求めるが、そのためには、人間の立法者が罪とその重さを細かく定義する必要がある。良心は私たちに安全運転を求めるが、そのためには子細な交通法規がなければならないということだ。同じような分析をすれば、キリスト教会の教会法は、聖書に示された、より一般的な原則から導き出されたものだ。例えば、聖書には「安息日を聖別しなさい」〔『出エジプト記』第二〇章八節など〕と書かれているだけだが、教会法は、日曜日にはミサに行きなさいと、もっと具体的な指示をしている。

人間の立法者は、自然法（良心）の一般原則を実際的な知恵によって具体化し、人定法の個別の規則を作り出さなくてはならないと、アクィナスは言う。彼によれば、すべての人定法が道徳的な力を持つのは、良心という自然法の中にある真の道徳原則から導き出されるからである。逆に言えば、正当な人定法は基本的な道徳原則まで遡れるからこそ、私たちの良心はそれに従う義務を負うのだ。一方、不当な法とは道徳原則にそむく法のことで、そうした法はいずれ道徳的な力を失う。

キング牧師は、有名な「バーミングハム刑務所からの手紙」〔非暴力運動のために逮捕され、バーミングハム刑務所に収監されたキング牧師が書いた公開書簡〕において、自身の市民的不服従〔納税などの義務を拒否することによる非暴力的な抵抗運動〕の正しさの裏付けとして、次のようにアクィナスを引用している。「聖トマス・アクィナスによれば、不当な法とは、永久法や自然法に根拠を持たない人定法のことである」〔『黒人はなぜ待てないか』より〕。人種的服従を強制する実定法〔人定法に同じ〕は人間の尊厳を冒瀆するので、自然法に反すると、キング牧師は訴えた。

一四世紀のダンテの一大叙事詩『神曲』は、アクィナスの著作に影響を受けており、キリスト教ヒューマニズムの劇的表現と見ることができる。作品の中で、ダンテは、古代ローマの詩人ヴェルギリウスに導かれて、恐ろしい地獄や煉獄を遍歴する。ヴェルギリウスは人間の自然理性の象徴である。ヴェルギリウスに導かれたダンテは、はるばる天国の門にたどり着くが、中に入るためには、キリスト教の徳の象徴であるベアトリーチェという女性の案内が必要だった。

自然理性は欠くことのできないもので、私たちをはるか遠くまで連れて行ってくれるが、永遠の命の世界に入る最後の一歩には、信仰と希望と愛が必要になるということだ。ヴェルギリウスが成し遂げたことをベアトリーチェが完成させるのは、まさに、アテナイの成果をイェルサレムが完成させるのと同じである。

非宗教的ヒューマニストと宗教的原理主義者の激しい争いを考えると、現代ほどアクィナスのキリスト教ヒューマニズムが必要とされる時代はないだろう。（とくにアメリカの）多くのキリスト教徒が、ダーウィンの進化論は『創世記』の生物創造の説明と一致しないと主張している。神が六日間で宇宙を創造したという聖書の物語は、文字どおりに読めば理にかなわない。四日目まで太陽が造られないからである。だから、聖書の「一日」は、私たちが意味する「一日」〔日の出から次の日の出までのあいだ〕ではあり得ない。聖書は、正しく解釈すれば科学と矛盾しないのだ。

一方で、多くの非宗教的ヒューマニストが、現代の科学は神が存在しないことを証明してきたと主張している。科学が扱えるのが、観察や実験を必要とする実証的問題だけならば、どうしてそんな証明ができるのだろう？　明らかに、科学もまた、科学者にさえ誤った解釈をされているのだ。何世紀にもわたって多くの激しい論争が行われてきたにもかかわらず、信仰と理性、宗教と科学は、人間の誤解以外では衝突しないというアクィナスの確信は変わらなかった。神は、自然という書物の中で教えたことを聖書で否定したりはしないのだ。

第八章―近代

ニッコロ・マキャヴェッリ

愛国者

今から五〇〇年前のイタリア・ルネッサンスの最盛期、フィレンツェのすぐ南のサンタンドレーア・イン・ペルクッシーナという小さな村に、こぢんまりとした農園があった。その家屋の書斎に一人の失職した官僚が座り、統治術について知るかぎりのことを書き出して、論文にまとめようとしていた。フィレンツェの新たな統治者〔ロレンツォ・ディ・ピエロ・デ・メディチ〕にそれを献上すれば、愛してやまなかった仕事に戻れるのではないかと期待したのだ。しかし、君主は、フィレンツェから追放された名もない官僚が、統治術の原則について書いたものなどに関心がなく、煩わしげに捨て置いた。

その論文が『君主論（Il Principe）』のタイトルの下についに出版されたのは、ニッコロ・マキャヴェッリの死から五年後のことだった。彼は一四年間、祖国フィレンツェ〔当時のフィレンツェはフィレンツェ共和国という都市国家だった〕のために、外交官、官僚として、倦むことなく献身的に働いた。マキャヴェッリはフィレンツェの代表として、しばしばヨーロッパ各地の宮廷や君主の城館を訪れ、教皇や、王侯、元首などと会見した。

だが、こうしたことはメディチ家には何の意味も持たなかった。マキャヴェッリが忠節を尽くしたフィレンツェ共和国を転覆させたのは、他ならぬメディチ家だったからだ。彼はたちまち免職され、逮捕され〔反メディチ家の陰謀に加わったという嫌疑をかけられた〕、拷問され、フィレンツェから追放された。

マキャヴェッリが受けた拷問は六回の「ストラッパード」（後ろ手に縛った状態で、天井に取り付けられた滑車で高く吊り上げ、肩を脱臼させる）だったが、彼は見事に耐え抜いた。そればかりか拷問を笑いにしたソネットまで書いている。彼がすんでのところで処刑を逃れたのは、フィレンツェの新たな統治者の叔父〔レオ一〇世となるジョヴァンニ・デ・メディチ〕が教皇に選ばれた際に、大赦が認められたからである。

だが、彼はほとんど恨みを抱いていないようだった。ルネッサンス期の政治において拷問は正当な行為であり、マキャヴェッリ自身、『君主論』ではもっと残酷な行為を推奨している。彼にとって拷問より耐えがたかったのは、夢中になっていた活動的な政治の世界から締め出され、

「自分の魂より」愛していたフィレンツェから追放されたことだった。マキャヴェッリは、都市の暮らしが与えてくれた興奮や、スリル、絶え間ない刺激がやるせないほど恋しく、毎日が同じことの繰り返しで終わる田舎暮らしに倦み果てていた。彼は、読書や執筆で単調さを紛らせ、ツグミを追いかけたり村の宿屋の主人とバックギャモンに興じたりして、田園生活のうんざりするような退屈さを忘れようとした。

ほんの少し前まで働いていたフィレンツェの政治の中心、ヴェッキオ宮殿は、もどかしいほど近くにあるのに、追放されたマキャヴェッリにとっては月の裏側に住んでいるのと同じだった。彼は甥に、体は健康だが「ほかはすべて」病んでいると漏らしている。最愛のフィレンツェと離ればなれになっていたからだ。また、ある友人には、フィレンツェに帰れないために「腐っていきつつある」とこぼしている。海よりも深く国を愛していたフィレンツェ人マキャヴェッリは、富と権力を持ったローマの貴族から、一二〇〇ドゥカートという破格の給金で顧問に招かれたときも言下に断った。奉公したい場所はフィレンツェ以外になかったからである。

人生の終わり間近になって、彼は部分的に名誉を回復されたが、ほとんど意味がなかった。彼の輝ける日々は終わっていた。よく知られた言い伝えによれば、マキャヴェッリは死の床で、ある夢を見たそうだ。夢の中で彼は、善と正義が実現された天国で永遠の退屈に耐えるよりも、地獄に残り、古代の偉大な思想家や統治者たちと政治について議論する方を選んだという。

政治思想史の名著『君主論』

マキャヴェッリは狭い意味での哲学者ではなかったし、優れて系統立った思考をする人間ですらなかった。一五一三年に非常に慌ただしく書かれた『君主論』も厳密な哲学論文ではなかったが、そのことが、逆に、根強い人気を保っている一因かもしれない。だが、『君主論』が、政治思想史の名著の中でも長らく高い地位を占めてきたのは、政治の全般的な性質に関する多くの鋭い洞察と、筆者の視点の際立った大胆さと独創性のためである。

マキャヴェッリは名前が形容詞になった〔形容詞Machiavellianは「マキャヴェッリ流の、権謀術数的な」を意味する〕数少ない著述家の一人だ。人々が彼に抱くイメージは、非情な権力の追求においては倫理を無視するよう政治家たちに助言した冷酷なリアリスト、といったものだろう。

こうした考え方は『君主論』の中にないわけではなく、同書では、殺人や、謀略や、戦争を、支配者が権力を維持したり名誉を獲得したりするための正当な手段として容認している。マキャヴェッリは、権力は獲得したものの統治のやり方が乱暴で短命に終わった専制君主を批判する一方で、持続する国や帝国を建設し、名誉を獲得した数少ない政治家を誰よりも称賛している。

だが、彼にとっては、名誉を得られなかった権力でさえ、歴史における政治の標準、つまり失敗よりはるかにましなのだ。歴史には失敗した政治家や支配者がゴロゴロしている。彼らは、政治に関する厳しい事実を正しく理解できなかったために権力を失ったか、厳しい事実を知ったときに、それに基づいて行動しようと思わなかったか、行動できなかったために権力を失ったのである。

自分は、プラトンやアウグスティヌスのように、読者に「架空の共和国」を見せたいのではないと、マキャヴェッリは言う。実際に自分が間近で見てきた、政治に関する厳しい真実を教えたかったのだ。

確かに、プラトンや、アリストテレス、アウグスティヌスも、同じように政治を間近で見て、その残酷な現実をよく知っていた。アリストテレスは、僭主が権力を維持する方法を『政治学』の中で列挙しているが、そのリストにはマキャヴェッリが推奨している手法がすべて含まれている。

より大きい悪を退け、より小さい悪を選ぶ

違うのは、古代の思想家たちが、残酷さや不道徳は自滅につながると考えていたのに対して、マキャヴェッリは、それを自己防衛のためと捉えている点だ。マキャヴェッリにとって、中途半端な残酷さは、最後には確実に政治的敗北につながるものであり、ルネッサンス期のイタリアでは、しばしば早世にもつながった。彼は、イタリア・ルネッサンスの最盛期を生きただけではなく、非情な政治をその目で見てきた。

ルネッサンスは、きわめて洗練された文化ときわめて低劣な政治の時代、つまりミケランジ

エロとチェーザレ・ボルジアがともに生きた〔二人は同じ一四七五年に生まれている〕時代だった。当時『君主論』に関して最も衝撃的だったのは、支配者の家族を皆殺しにするといった戦術そのものではなかった。それは当時の政治では珍しくなかったからだ。むしろ、マキャヴェッリが利己的な方便を推奨する際の、あまりのためらいのなさに人々は驚いたのである。

しかし、マキャヴェッリの主張は、政治が成果を出すためには、どれほど抵抗があっても倫理は脇に置かなければならない、といった単純なものではない。当時、現実の政治の世界は残酷であることが当たり前だった。統治者はしばしば、二つの善や、善と悪からではなく、二つの悪の中から選択することを迫られた。そうした悲劇的な状況においては、より大きい悪を退けてより小さい悪を選ぶことが倫理的に正しい選択なのである。小さい悪がどれほど残酷で嫌悪すべきものであっても、それは変わらない。

これは、政治倫理学の古典的なジレンマであり、現在では「汚れた手の問題」〔アメリカの政治哲学者マイケル・ウォルツァーが一つの主題として確立した〕と呼ばれている。意味しているのは、手中にある選択肢のすべてが道徳的に批難すべきものだが、その程度には差があるという、政治家がしばしば直面する状況である。『君主論』のすぐあとに書かれた『ディスコルシ』の中で、マキャヴェッリは、この問題とそれに対する自身の考え方について、次のように簡潔に述べている。「たとえ行為によって告発されても、結果によって弁護される」。実際、マキャヴェッリにとっては、より大きな悪を避けるために進んで悪（例えば、謀略や、拷問や、殺人）を実行する志操堅固な統治者は称賛や尊敬に値するのだ。

マキャヴェッリは、結果が手段の善悪を決めると考える倫理的な結果主義者であり、多くの人が思っているような、道徳意識のない、あるいは反道徳的な人物ではなかった。彼が主張していたのは、政治目的を達成するためには倫理を顧みないということではなく、道徳が招来する結果を元に、その道徳を再定義すべきだということだった。政治の世界では、手段に潔癖すぎたために良い結果につながらなかったということがよくある。それこそが、マキャヴェッリにとって何よりも重要だったのだ。

この考え方が正しいことをマキャヴェッリがはっきりと悟ったのは、彼がトスカーナにあるピストイアの町に赴いたときのことだ。その訪問のことは『君主論』の中に記されている。当時フィレンツェの植民地だったピストイアは、敵対する二つの家によって引き裂かれ、今にも内戦が始まろうとしていた。そこでフィレンツェはマキャヴェッリを派遣し、両者の和解を図ろうとした。マキャヴェッリは、事態は和解が不可能なところまで進んでいるので、フィレンツェが武力で介入すべきであり、場合によっては流血もやむを得ないと本国に報告した。

だが、残忍だという評判が立つのを恐れたフィレンツェは、マキャヴェッリの進言を無視した。彼の懸念はすぐに現実のものとなった。ピストイアは広い範囲で無秩序状態に陥り、大規模な暴力と破壊が起こった。それは、フィレンツェが彼の進言を受け入れて早い時期に介入に踏み切った場合よりも、はるかに悲惨なものだった。武力介入の方がより小さな悪だったのだ。

そして、哲学者のカイ・ニールセンが言うように「悪か、別の悪か、という選択しかできない場合、より小さな悪を選ぶのは決して間違いではなく、常に正しいことである」。

つまり、それ自体は嫌悪すべきものでも、より大きな悪を避けるという意味で結果的に善となる行動を選ぶことは、道徳的に正しく、場合によっては義務ですらある、ということだ。残酷な手段を取ることで、さらに残酷な事態が避けられたとき、統治者がそれを「うまく使った」とマキャヴェッリが言うのは、そういう意味である。予防的な残酷さは「君主の慈悲」なのだ。

マキャヴェッリ的な政治は、一種の「暴力の節約」だと言える。その考えに従えば、優れた君主は、適切な時期に適切な規模の行動を起こし、小さな悪を賢明に使って自分たちの国を守り、より大きな悪を抑制するのである。

徳という概念の再定義

マキャヴェッリが『君主論』に取り入れた考え方で最も重要なものの一つは、徳という概念の再定義である。彼は、政治的成功に必要な資質やスキルとして、非情さ、狡猾さ、謀略、そして、従来の基準では悪とされていた行為を実行する意志を挙げているが、徳の再定義をそれらと同等に位置付けている。

マキャヴェッリが退けた古典的な徳の理想は、古代ローマの政治家キケロが示したものだった。キケロの『義務について』は、古典ラテン語散文の単独の著作としてルネッサンス期で最も多く読まれ、最も多く筆写された本である。キケロは、統治者が成功するのは道徳的に正しいときだけだと主張した。道徳的に正しいとは、知恵、正義、節制、勇気という四つの「枢要徳」、および正直という価値に忠実であるという意味である。倫理的な善に反する利己主義や打算は、キケロにとって間違っているだけでなく、社会生活や道徳を深く蝕むものだった。

ルネッサンス期のヨーロッパでは、こうした理想主義的な政治観が、この世で犯した罪や不正は来世で神に罰されるというキリスト教信仰によって強化されていた。また、枢要徳には、信仰、希望、愛の三つの神学的徳が追加された。倫理に関するキケロとキリスト教の見解は、どちらも硬直的で現実性がなく、実際には、防ぐよりも多くの害をもたらすとマキャヴェッリは考えていた。狼であふれる不完全な政治の世界で、こうした道徳に羊のように忠実に従っていては悲惨なことになる。

マキャヴェッリの言葉を借りると、人間は「恩知らずで、気まぐれで、嘘つきの偽善者で、脅威に弱く、欲深い」（『君主論』より）ので、それを前提として扱わなければならない。マキャヴェッリの政治学は「マッチョ」な政治学である。最大の報酬は最も大胆なギャンブラーに、つまり新たな仕組みを持ち込んだ者に与えられ、既存の権力にしがみついているだけで、独創的で持続するものを何一つ生み出さない統治者は、消え去るしかないのだ。

マキャヴェッリは神の摂理というキリスト教の概念を捨てて、運命や幸運といった異教徒の概念を支持する。徳は、彼にとって「男らしさ」であり、幸運は「女らしさ」だった。多くの批判を受けているように、『君主論』の中でマキャヴェッリは、幸運を、真に男らしい男が力ずくで「征服」すべき女性として描いた。真の男は自分の意志で幸運を獲得するからである。幸運の象徴は伝統的に女性（幸運の女神《フォルトゥーナ》）だったが、その多くは、とても柔和なトリックスター〔神話や民話に登場する、社会の秩序をかき回して新たな価値を生むいたずら者〕だった。

ところが、幸運《フォルトゥーナ》は、マキャヴェッリの手によって、人々の計画を覆し、人々を混乱と災難に導いて面白がる女神に変えられた。キリスト教が、神の意志を甘んじて受け入れるよう説いたのに対し、マキャヴェッリは、「徳の高い」統治者、つまり流血を恐れず、大胆で、志操堅固な統治者は、自分の意志を少なくともある程度は運命に押しつけられると主張した。

マキャヴェッリは、「汚れた手」は日々の政治の避けがたい要素であると公言し、この厳しい事実が持つ厄介な倫理的意味を、ひるむことなく受け入れた西洋で初めての著述家の一人である。「汚れた手」を否定する政治家は、現実性を欠くだけではなく、市民を、必要以上に大きな害悪と災難に続く道に引きずり込むだろうと、マキャヴェッリは考えた。

これは、今でも心に留めておく価値がある。なぜなら、私たちには、政治家を、完全な世界では間違いにあたることをしたと言って批難する傾向があるからだ。政治の世界が完全であるわけがないし、今後もそうなることはないだろう。戦争のような状況では善のために悪を行う必要が生じるし、マキャヴェッリにとって政治は一種の戦争だったのだ。

とは言っても、彼がイタリア・ルネッサンスの弱肉強食の世界で必要だと思ったことが、そのまま現代に当てはまるわけではない。現代は、法が支配し、報道の自由が保障された、民主主義と開かれた社会の時代であり、政府は常に監視され、調査され、異議を申し立てられ、曝かれている。もちろん、政治家は今でも虚偽や、腐敗や、戦争に関わっているし、発覚を逃れる手だてはいくらでもあるが、そういうことをするリスクは、マキャヴェッリの時代よりはるかに大きくなっている。この落差のせいで『君主論』の一部は時代遅れになっているが、それはどんな政治の本にもある程度言えることであり、隅から隅まで同意できるような本は存在しない。本によって異なるのは、文脈に関係なく妥当な、重要な洞察や助言を含んでいるかどうかである。『君主論』は、貴重な示唆に満ちた著作の中でも間違いなく最高の部類に入る。

第九章　近代

トマス・ホッブズ

絶対主義者

トマス・ホッブズの長い生涯における決定的な出来事は、彼が五〇代半ばだった一六四二年に勃発したイングランド内戦〔ピューリタン革命の中で、国王派と議会派のあいだで行われた三回の武力衝突を指す〕である。その時までの彼は、家庭教師と顧問を兼ねて貴族に仕えながら個人的に研究を続けるという、穏やかで波乱のない生活を送っていた。ところが、オリヴァー・クロムウェルとその支持者たちが国王チャールズ一世の支配に反旗を翻し、イングランドを内戦に陥れると、それまでの生活すべてが脅かされることになった。

常に恐怖心を抱いていたホッブズは、きな臭い匂いを早々に嗅ぎつけると、祖国が全面的な紛争に陥る前に「亡命者第一号」として安全なフランスに避難した。彼は、三十年戦争（一六一八～一六四八年）の最中に、すでにフランスに滞在したことがあり、戦争がヨーロッパを分断し、未曾有の荒廃をもたらすのを目にしていた。恐怖心の強いホッブズは、同じような状況が迫ってくるときに、イングランドでうろうろしていたくなかったのだ。

恐怖は、ホッブズの人生と仕事双方における一貫したテーマだった。アリストテレスは、人間が政治に引き付けられるのは、生得的な性質と、正義を求める情熱のためだと言ったが、ホッブズは、私たちを政治に向かわせるのは「自然状態」への恐怖だと考えた。人間は、政治が存在する前の野蛮な世界から叫び声を上げて逃げ出し、何であれ自分たちを恐怖から守ってくれる政体の腕の中に飛び込んだのだ。

情動、とりわけ恐怖が理性を支配する

彼は、理性を支配するのは情動であり、情動の中で最も強いものが恐怖だと言っている。ホッブズがイングランドで生まれたのは、スペインの無敵艦隊がイングランド侵攻に出発した年だった。当時の人が記した本〔ジョン・オーブリーの『名士小伝』〕によれば、一五八八年四月五日の朝、ホッブズの母親は「スペインが攻めてくるという恐怖で陣痛が始まった」。そのことで彼は、自分と恐怖は双子として生まれたと考えるようになった。

クロムウェルが（ホッブズが当初支持していた）国王派を破り、イングランドの護国卿〔ピュ

ーリタン革命時の独裁政権における最高権力者〕に就任すると、ホッブズは亡命していたフランスから密かに帰国し、新政権と和解した。だが、クロムウェルが死に、最終的に新国王（チャールズ二世）がイングランドに戻って〔ホッブズと同様にフランスに亡命していた〕王位を要求すると、ホッブズは再び難しい立場に立たされた。彼は、一方では亡命によって君主制を捨てたと攻撃され、他方では無神論者だと取り沙汰されて批判を浴びた。一七世紀のイングランドでは無神論は危険思想と見なされていたのだ。

それまでもホッブズには、非正統的な政治思想に批判的な多くの敵がいた。今度は、議会から異端の疑いで調査されたが、かつての教え子である新国王チャールズ〔ホッブズはフランスでチャールズ皇太子の家庭教師をしていた〕が恩師をかばってくれた。王はまだ好意を持っていてくれたのだ。ホッブズは、命の危険さえ感じながら物情騒然とした時代を生き、物事が何度も裏目に出たにもかかわらず、無傷で九一歳まで生き延びた。一七世紀が危険に満ちた時代だったことを考えると驚異的な長寿である。

ホッブズは生活者としては臆病だったが、著作においては驚くほどの知的勇気を発揮し、当時支配的だった正統的学説に異議を唱えた。例えば、宗教や道徳が社会に深く浸透していた時代に、彼は、そもそも道徳や宗教に関して真理を見つけることができるのかという、根本的な疑問を提起した。理性で見つけられる客観的な道徳的真理などない、とホッブズは言う。なぜなら「人が正しい理性と言うときは、その人自身の理性を意味している」からである。

誰もが自分の好きなものを「善」や「正義」と呼び、嫌いなものを「悪」や「不正」と呼ぶのだとホッブズは主張する。正統的学説が自然的正義や自然的理性といったものを持ち出すのに対して、ホッブズは慣習的なルールに目を向ける。彼は、正しいとか善いとかいった道徳的な言葉と、ポンドとかクォートといった任意の計量単位を表す言葉を比較する。自明なことだが、自然的理性では「真の」ポンドや「真の」クォートは定義できない。そんなものは存在しないからである。

ところが、純粋な慣習の世界では、問題になるのは、ある慣習が「正しい」かどうかではなく、単に、その慣習に関して人々の合意があるかどうかなのだ。それと同じように、重要なのは、道徳や、宗教や、政治に関する意見の不一致が解決されていることであって、それらが客観的な意味で「正しく」解決されていることではないとホッブズは言う。

一ポンドや一クォートを、何が善くて何が正しいかを、人々が納得するように定義する権限があるのは主権者〔国家を統治する最高権力者〕である。もし、私たちが少しでも平和な国に暮らしたいと思うなら、人間の知識には根本的な限界があることを受け入れなければならない。理性は、道徳や、宗教や、政治に関わる暴力的な衝突から私たちを守ってくれない。それができるのは主権だけである。ホッブズにとって重要なのは、支配するのは誰か、あるいは何かということよりも、支配が「存在する」かどうかだった。それがなければ、私たちは混乱と死に直面するからである。

すべての権力を握る国家「リヴァイアサン」

政治理論におけるホッブズの大きな革新は、正しさが善に優先すると主張したことだと、しばしば言われる。プラトンやアリストテレスの古典的な政治理論では、真っ先にすべきことは、幸福で豊かな人間生活の基本となる善を定義することだった。それが定義されれば、その善に対する私たちの権利が、正義に基づいて決まるのだ。ホッブズは人間生活での善に疑問を持ち、正しさよりも善を優先する古典的な価値観を否定した。人間の善や徳に関して意見が一致することはあり得ないが、理性のある人々なら何が最悪かについては合意できるとホッブズは言う。すなわち、暴力による死である。

そうした消極的な合意に基づいて、ホッブズは「リヴァイアサン」という概念を生み出す。リヴァイアサンとは聖書に出てくる海の怪物で、すべての権力を握る国家を象徴している。とは言っても、正しさと善の優先順位を入れ替えたわけではない。善の古典的な概念を退けて、善に関する別の概念を提示したのだ。

生命それ自体である。ホッブズが実際に私たちに示したのは、道徳的な徳などの議論が分かれる善よりも、合意された善を優先させることである。道徳的な徳に関して私たちが合意することは永遠にないからだ。これは、「一番大切なことは、ただ生きるのではなく、善く生きることである」と宣言したソクラテスとまったく逆である。

この、生命に関する不可譲の自然権は、政府がなければきわめて脆いものになる。なぜなら、私が自分の命を守るために必要だと判断した手段が、ほかの人には命を脅かすものに思えたり、その逆のことが起きたりする状況が生じるからである。私が防御だと考えたことが、あなたには攻撃に思えるかもしれない。そして、私があなたの意図を疑えば先制攻撃を仕掛けるかもしれないし、あなたが抱いた疑念が私に対する攻撃性に火を点けるかもしれない。あらゆる人々を「畏怖」させる主権が存在しなければ、すべての人がすべての人を恐れるようになる。これはいつ暴発が起きてもおかしくない状況であり、ついには暴力的な衝突に至るだろう。

　事態をさらに（格段に）悪くするのは、とホッブズは言う。人間が生まれつき「社会への適性を欠いている」だけでなく、他人を支配し従属させたいという自然な欲求を持っていることだ。私たちは、ただ非社会的なのではなく、反社会的な生き物なのである。その上、人間は貪欲な存在で、名誉や権力への「死によってしか消えない」飽くなき欲望を持っている。これは、私たちの自然状態が闘争であること、つまり、常に暴力による死の恐怖に怯えながら生きていることの、もう一つの理由である。

　秩序を押しつけて平和を維持する圧倒的な力を持つ政府が存在しない、政治以前の自然状態に私たちが放置されれば、私たちは文明がもたらす善を実現できないだけではなく、永遠に生命の危険を感じながら生きていかなければならない。お互いへの耐えがたい恐怖と不信が常に存在する状況では、人生は「孤独で、哀れで、汚らしく、野蛮で、短い」ものになる。理性のある人間は、やむを得ないのでなければ、そんな状況に留まろうとは思わないだろう。そして、合理的な人間なら誰でも、それを回避するためには命以外のどんな代償でも払うだろう。

ホッブズによれば、主権を確立するのは、一七世紀のイングランドを内戦に陥れたような暴力的な抗争から私たちを守るために他ならない。そのために、主権者は必要な権限をすべて持たなければならないが、それは、抗争の原因にかかわらず、主権者が解決のために必要とする権限に限られる。この権限とは、基本的に、大学や、教会、家族、企業、都市などに対する無制限の権限、および論争を招くようなすべての発言や表現に対する権限を意味する。

しかし、宗教や、道徳、政治に関する論争に、暴力的な抗争に発展する危険がなければ、ホッブズが想定する主権者は介入する根拠を持たない。主権者は大前提として自由を尊重しなければならないのだ。例外は、自由によって私たちの生命が脅かされるときだが、どういう状況がそれに該当するのかを判断するのは、主権者だけの権利であり責任である。

自由主義と権威主義が結合した政体

主権者は理論上は絶対だが、介入が許されるのは平和を維持する場合だけであり、それ以外は、国民がそれぞれの善と考えるものをそれぞれの方法で追求することを認めなければならない。強力なホッブズ的国家は広大である必要はない。実際、広すぎることで弱体化する可能性もある。結果として、ホッブズ的国家は、自由主義と権威主義が結合した、かなり奇妙な政体になる。

さらに、私たちに自己保存という自然権が存在することで、時には、主権者の命令に従わないことが正しい行為になる。ホッブズが処方した劇薬とも言える政治的治療薬の唯一の目的は、自然状態で常に闘争している人々に、平和を維持するための「調停者兼裁判官」を提供することである。

だから、あなたの安全を守ることができない主権者に従う必要はない。それは、あなたの生命を脅かすのがほかの人々でも、主権者自身でも同じである。例えば、主権者が正当な行為としてあなたの逮捕を命じたとき、あなたが逮捕を逃れようとするのも正当だ。だから、とホッブズは言う。主権者はあなたを逮捕するために武装した人々を派遣するのである。

もし、あなたが犯した犯罪の刑罰として主権者が死刑を宣告した場合、ホッブズの考えでは、あなたが逃亡を図るのは正当だということになる。「なぜなら、主権下の制度の中にいる人間は、自分の身体を保存する権利を放棄する必要はないからである」。確かに、死刑を宣告された犯罪者が逃亡しようとするのはきわめて合理的だ。生命そのものが人間にとって最も価値のある善だからである。ソクラテスが、アテナイの市民たちによって課された死刑から逃れることを拒んだ〔ソクラテスには死刑を免れる方法や機会がいくつもあった〕のは、ホッブズには、とても合理的な人間のすることとは思えなかっただろう。

同じように、もしあなたが主権者から徴集されて共通の敵と戦うよう命じられたら、あなたは「正々堂々と」拒否してかまわないとホッブズは考える。なぜなら、そもそもあなたが主権者の権力に身を委ねているのはあなたの命を守るためであって、それを危険にさらすためではないからだ。

ここでもまた、権威主義的な政治理論の核心に自由主義があるのが見て取れる。何よりも公共の利益のために献身する、愛国心の強い市民を理想としたマキャヴェッリとは違って、ホッブズは、主権者が統治する社会の中で、国民が生得的な利己心を超克することを期待しなかったし、求めもしなかった。こうした異議申し立てを認めていることで、ホッブズが想定した主権者の権威は、絶対とは言えないものになっている。

ホッブズは、ほぼすべての権力を握った主権者、つまりリヴァイアサンという国家を、人間にとって平和を確保する唯一の手段として示した。彼が提案したきわめて権威主義的な政治制度の基盤は、結果が同じ絶対権力であったにしても、国民であって神ではない。絶対権力以外の選択肢（戦争）を考えたとき、合理的な人間であれば、安定した政治秩序によって平和と安全を与えてくれる、何らかの統治者の保護の下に身を置くことに同意するはずだと、ホッブズは確信していた。考え得るあらゆる状況の中で「万人の万人に対する戦争状態」が最悪であるなら、それを避けるためにどれほどの代償を払っても惜しくはない。たとえそれが、大切にしていた善を手放し、すべての権力を握った支配者に身を委ねることを意味していたとしても――。

ホッブズは、度を外れた問題に、度を外れた政治的解決策を提示した。彼は、イングランド内戦を機に政治の基本に立ち返り、平和の維持と国民の生命を守ることを唯一最大の目的とする、全能に近い主権者が必要であると訴えた。それより弱い存在では社会秩序の崩壊を止められないとホッブズは言う。平和と安全はほかのすべての善のために必要な前提条件なので、さまざまな善を享受する前に、真っ先に確保しなければならない。現代の哲学者バーナード・ウィリアムズが書いているように、すべての合法的な国家が、いの一番に回答を求められる政治問題は、まず、どうやって秩序と安全を確保するかである。その他のことは二の次なのだ。

ホッブズは、理想を非常に危険なものだと考えていたので、彼の政治理論には理想の入る余地がほとんどない。理想は、既存の規則や制度への不満を生み、意見の対立を募らせ、容易に紛争や内戦にエスカレートさせるからだ。それが「史上最低の教師」アリストテレスを彼が軽蔑する理由の一つである。アリストテレスは、人間を生まれながらの政治的存在と捉え、美徳と幸福を政治的価値の中心に据え、（彼にとっての）「良い」政治形態と「欠陥のある」政治形態を区別し、女性の公的生活への参加を否定した。

ホッブズにとって、これらの影響力のある考え方は、すべてが間違っているだけではなく、秩序の形成に欠かせない強力で安定した政府を破壊するものだった。ホッブズの目に映ったアリストテレスは自覚のないアナーキストだった。アリストテレスの正義と徳に関する思想は、不完全なものとのズレを拡大し、やがてすべてを危険にさらす。思想には結果が伴うというのがホッブズの信念であり、ほとんどの政治思想は悪なので、社会に損害を与えるし、危険ですらあった。また、ホッブズは、西洋思想史の中で最も早く男女を完全に平等に扱い、女性が主権者であってはならない理由はないと考えた哲学者の一人でもあった。

　テロに対してきわめて脆弱な現代社会で、ホッブズの政治思想が多くの人の心に直接響くのは明らかだろう。テロの脅威（あるいは、少なくとも脅威を意識する機会）が増大するにつれて、人々は、自由やプライバシーといったほかの善と、国家の第一の義務である安全とのトレードオフを受け入れやすくなる。ホッブズは、抑制が働かない政治権力を支持する自分の主張を受け入れてくれるのは、彼が理性と考えるものと、暴力による死に対する思慮深い恐怖心を持っている人々に限られることを理解していた。

　しかし、その一方で、人々の中には、大義のために死ぬ覚悟のある人々のように、死を最もひどい悪だと考えない人もいることにも気づいていた。ホッブズは彼らが提起する問いに対する答えを持っていなかったので、ただ非合理だと批判するしかなかった。ホッブズの言う意味で「合理的でない」人々は、明らかに相当数存在する。彼らは、自分たちが信じるもののために、進んで人を殺したり命を投げ出したりするのだ。そういう人々を説得して、彼のリヴァイアサンの正しさを受け入れてもらうには、どうすればいいのだろうか？

第一〇章｜近代

ジョン・ロック

清教徒《ピューリタン》

　トマス・ホッブズが、イングランド内戦の危険を避けてフランスに亡命してから四〇年余りのち、哲学者のジョン・ロックが、イングランドを捨ててネーデルラントに亡命したのも同様の理由からだった。

　当時、彼は医学の学位を持つオックスフォード大学の学者だった。そのオックスフォードで、ロックは、のちにイングランドの大法官〔最高位の司法官で上院議長を兼ねる〕に任命されるシャフツベリー伯爵と出会い、伯爵の侍医兼秘書になった。ところが、シャフツベリーが、イングランドとスコットランドに君臨するスチュアート王家と対立したため、忠実な僕《しもべ》であったロックは、シャフツベリーとともにチャールズ二世から王政転覆の嫌疑をかけられる。

結局、シャフツベリーはプロテスタントのネーデルラント〔シャフツベリーは非国教会のピューリタンだった〕に亡命し、間もなくその地で亡くなった。有力なパトロン兼主人を失ったロックは、寄る辺ない状態でイングランドに残された。未遂に終わった国王と弟の暗殺計画〔チャールズ二世とのちにジェームズ二世となるヨーク公の命を狙った「ライ・ハウス事件」〕をきっかけに、政府はますます神経質になり、ピューリタンであるロックを追い詰めていった。

ロックは直接、事件に関与したわけではなかったが、国王派の牙城であるオックスフォード大学〔この頃のロックは大学の施設を自由に使える有給の特別研究員という立場だった〕で、絞首刑の縄が首のまわりで締まっていくのを感じ取った。大学が、ロックが支持しているとする「忌まわしい教義」のリスト〔ライ・ハウス事件を受けて大学が発表した布告には、同様の事件を防ぐために禁止する「有害な書物や忌まわしい教義」として二七項目が挙げられていた〕を発表したとき、彼は、とうとうその時が来たと思い定める。密かにイギリス海峡を渡り、比較的安全なネーデルラントに逃げる決心をしたのだ。

ロックの出国によって彼の忠誠心への疑念を深めた国王は政府を動かした。政府は、オックスフォードでロックが所属する学寮《コレッジ》の学生監宛てに手紙を書いて、すぐさま彼を免職するよう求めた。オックスフォード大学は、ロックの釈明を聞くために彼を召喚した。だが、賢明なロックは出頭する代わりに手紙を書き、自分はすべての嫌疑に関して潔白だと弁明した。

ジェームズ二世は、君主制の転覆を謀ったかどでネーデルラント政府に国外追放を求める著名人のリストに、ロックの名前を加えた。ところが、一六八八年、事態は劇的に展開し、ロックに有利な方向に動く。プロテスタントのネーデルラント国王〔正しくは国王ではなく「オランダ総督」〕ウィレム三世が、カトリックのイングランド国王ジェームズ二世を倒すために、軍を率いてブリテン島に上陸したのだ。ジェームズ二世はパニックに陥って逃走する〔いわゆる「名誉革命」である〕。ウィリアム三世（ウィレム三世）が王位に就いて安全に帰国できるようになると、ロックは海路イングランドへ戻った。

そこで彼は、自由と、宗教的寛容と、制限付き立憲政治〔基本的人権の保障や権力分立を伴う立憲政治。外見的立憲政治ではないことを強調する表現〕を擁護する数多くの本や評論を書いた。ロックの思想は、とりわけアメリカ建国の父たちに大きな影響を与え、彼らはのちに、ロックの思想に基づいてイギリスの主権者と論争することになる。一八世紀の後半に彼らが確立したアメリカの政治体制は、政府の権力の制限、自然権、自由、私有財産などに関して、ロックの思想の多くを取り入れている。だから、私たちが今生きている世界をアメリカ的世界と呼ぶなら、それは取りも直さずロック的世界なのだ。

先人のホッブズのように、ロックは政府の本質についての考察を、それがない状態の人間の生活がどういうものかを想像することから始めた。彼が想定する自然状態は、悲観的で恐怖心の強いホッブズが想像したような、耐えがたい「万人の万人に対する闘争」ではなかった。ホッブズが想像した悪夢のような状況の代わりに穏健なロックが想定した自然状態は、絶えず恐怖に苛まれているアナーキーな世界ではなく、ただ不安定で不便な世界である。

ロックは、政府のない生活はとうてい理想とは言えないが、不快ではあっても我慢できる範囲だと考えた。ロックが言う自然状態の人間は、自由であり、自分の身体に対する自然の所有権を持っている（言い換えれば、アリストテレスの考えとは逆に、生まれながらの奴隷などいないということだ）。だが、公権力が存在しないので、政府がない状態で利己的な人間が交流するときに必ず起きる論争や紛争を仲裁する術はない。だから、人間の自然権を守るために国家が強制する法体系がないと、人々の自由や生命は脆弱なものになってしまう。そこからロックが導き出したのが、自然状態でも耐えられなくはないが、治安を維持し、人間の自然権を守ることに役割を限定した政府があった方がもっと良くなるという考え方である。

財産を確実に保全するための政府

人々が政府を作る最大の目的は、自然状態では常に危険にさらされる「自分たちの財産を確実に保全する」ことだという考えは、ロックの政治思想の中で最も大きな影響を社会に与えた。ロックの言う「財産」には生命そのものも含まれる。私たちは自分自身を所有しているからだ。

元々、神が「すべての人類で共有するものとしてこの世界を与えた」のだから、自然状態では、誰もが自分の身体以外には何も所有していない。だが、神はまた、労働によって大地を征服すること、つまり「生活の便宜のために」土地を改善することを人類に命じた。「怠惰であってはいけない」とピューリタンであるロックは説く。世界が存在するのは「勤勉で理性的な人々」が利用するためである。私たちは、そのままでは役に立たない自然物を、労働を加えることで有用な物に変容させ、自分たちの富と福利を増大させる。これによって、その土地の地位は、神から与えられた人類共通の財産から、労働によって活用できるようにした人の私有財産へと変わるのである。

ロックによれば、私たちは、こうして生み出したあらゆる物の正当な所有者となる。だが、私有財産は、自然状態では生命や自由に劣らず非常に脆弱で、各個人は自分の責任で、それらを尊重しない人々から自分たち自身と財産を守らなければならない。政府が作られたのは私たちの財産をより確実に保全するためであり、その手段として、脆弱な自然権を守るための、法体系や、刑事司法、警察力などが設けられたのだとロックは言う。侵害者を罰し自然法を執行する個人の権利を、自らの意志で政府に引き渡した方が都合がいいということだ。政府が存在すれば、個々の人間が単独で行動するより、公平かつ効果的に法を執行することができる。その代償として、私たちは法を遵守しなければならない。これが政府の起源であり目的である。

私有財産という聖域にロックが設けた例外が、飢えのような「切迫した欲求」のために、最後の手段として他人の余剰から盗まざるを得ないケースである。彼は、この権利を「神は、人が他人の言いなりにされ、他人の意のままに飢えに追い込まれるようなことは許容しない」〔『統治二論』より〕という考えから導いた。

だから、もしあなたが、自分の家族が生きていくために、個人では食べきれないほどのパンを持っている人から一切れのパンを盗まなければならないとしたら、それは正しい行為として許されるとロックは言う。そういうケースを除けば盗みは悪であり、国家が責任を持って防止したり罰を与えたりしなければならない。この例外は、現在の世界中の貧しい人々にとって画期的な意味を持つかもしれない。飢餓に苦しむ人々が裕福な人々の余剰を要求するのは正当だ、ということになるからである。そして、飢餓に直面する人は、毎年、何百万人もいるのだ。ロックの言葉は、先進国から発展途上国への大規模な富の移転は当然だと言っているように聞こえる。

制限のある、憲法に基づいた政府

政府は、(アリストテレスが言ったような)自然な存在でも、神から与えられたものでもなく、ホッブズが言ったように、私たちの合意によって生まれ、私たちの利益に供するように設計された、人間の創造物だとロックは考えた。ただし、彼が望ましいとしたのは、ホッブズが主張した絶対主義体制のようなものではなく、制限のある、憲法に基づいた政府だった。

ロックの考える国家のない生活は、ホッブズが恐れたほど耐えがたいものではなかったので、ロックは自分たちを完全に主権者に委ねてしまう理由を見いだせなかった。主権者が暴政を行う可能性は、自然状態で私たちが互いに略奪し合う可能性よりずっと高いからである。そこで彼は、国家を作る契約は条件付きであるべきだと考えた。ロックにとって、自然状態がもたらす問題はホッブズほど深刻ではなかったので、解決策も極端なものでなくてよかった。

私たちの生命、自由、財産を守るために存在する主権者がそれらの善を保護しない、すなわち、そもそも主権者を生み出した契約に違反した場合は、私たちは主権者に従う義務がなくなる。言い換えれば、国民は、主権者が統治する社会に加わったときから、統治者に反抗する権利を保持しているということである。

アメリカ建国の父たちはこの論理に強く引き付けられた。国王のジョージ三世は圧制者になって自分たちの伝統的権利を奪い取ったのだから、政府を成立させるために結んだ暗黙の契約を破ったのだと宣言した。彼らは、アメリカに住む国民との戦争状態を作ったのは国王自身なので、自分たちはすでに国王に従う義務を解除されたと考えたのである。

ホッブズと同様に、ロックも、政府は被統治者の合意によって正当性を獲得すると考えていた。これは二人の哲学者以前の考え方から大きくかけ離れたものだった。二人にとって、政治は人民のあいだの契約によって生まれる人工的な創造物で、人民の境遇を改善するためのものだった。

しかし、ロックは、主権は選挙で選ばれた議会に従属すべきだと考えた時点で、ホッブズと袂を分かつ。ホッブズにとっては、国王という名の主権者だけが、自分の裁量で民主的な議会を廃止したり、その決定を覆したりできる最高権力者であるべきだった。ほかの権力に対して責任を負う主権者は本来の意味での主権者ではなかったし、主権者がいなければ、私たちは耐えがたい戦争状態に戻ってしまうと、ホッブズは考えていた。

また、ロックは、政府の解体は社会の解体を意味するというホッブズの考えにも与しなかった。ホッブズにとって国家への反抗は、社会の完全な崩壊という、起こり得る最悪の結果につながるものだった。一方、ロックにとっては、国家は社会をまとめるのに必要ではなかったので、政治的反抗を肯定するリスクが、ホッブズが感じるよりずっと小さかった。

宗教の多様性と国家

一七世紀のヨーロッパは、ホッブズとロックが直接経験したように、宗派間の闘争と暴力が絶えない時代だった。この争いの解決に対するロックの知的貢献は、社会に大きな影響を与えた本『寛容についての手紙』である。その中で、彼はホッブズと決別する。ホッブズの主張は、彼の思想から予測されるとおり、宗教的対立の唯一の解決策は、国家に属する全員が一つの国教（イングランドではイギリス国教会）を信奉することである、というものだ。

翻ってロックは、権力と信仰の結合に反対したのと同じ理由で、教会と国家の分離に賛同する。国家は宗教の多様性を受け入れるべきであり、信仰を強制すべきではないとロックは言う。魂の慰安は宗教の責任であって、国家の責任ではない。これは、ロックからアメリカ建国の父たちに受け継がれた教訓である。例えばトマス・ジェファーソンは、憲法によって教会と国家のあいだに法の壁を築いた。

ところがロックは、片方の手で与えたものを、もう片方の手で奪うように、無神論者は許容すべきではないと主張する。神への信仰がなければ、約束も、契約も、誓約もあり得ないという理由だ。また、彼が訴えた宗教的寛容は、ローマカトリック教徒を排除した。カトリック教徒の国家への忠誠心が、カトリック教会やローマにいる指導者に対する義務によって決定的に分断されるのを恐れたのである。ロックの「寛容」は非常に限られた形の寛容だった。それでも、寛容がまったく存在しないよりはましである。

権利、財産、取引、宗教的寛容といった、現代の政治の世界で日々目にする言葉のほとんどは、一七世紀のジョン・ロックの著作の中に見いだされる。その頃から国家の正当な活動の幅は大きく拡大したが、彼が擁護した自由主義の核心は、人権や、信教の自由、立憲政治といった形で残っている。

ロックの著作になかったのは、制限なく蓄財する絶対的な権利が、ほかの重要な権利や自由をどれほど脅かすかに関する認識である。彼が生きたのは産業資本主義〔産業革命によって成立した、産業資本の活動に基づく資本主義〕やポスト産業資本主義が興隆する前だった。だから、彼には、それがほとんど無制限に成長したときに、制御できなくなったマス・マーケットが生む歪みや、思いがけない結果を予見する術はなかった。

ロックの時代以降、自由主義の概念は、資本主義の性格が変わるのに応じて次第に変化し、市場の行きすぎを修正し、自力で生活できない人々に福利を提供するという、拡大した国家の役割まで含むようになった。しかし、ロックが国家権力を制限しようとしていたのは、それが個人に与えるリスクのためだったのだ。

今日、西側の民主的な世界で行われる議論の多くは、どこにより大きなリスクがあるかがテーマになっている。つまり、国家なのか市場なのか、ということだ。一七世紀のロックには答えはまったく明白だったし、一八世紀に、アメリカ建国の父たちが、専制的な政府がもたらすリスクを最小限にするために憲法を起草したときも同じだった。だが、暴君のような市場がもたらすリスクはどうすればいいのだろうか？　その問いの答えはほかの場所を探さなければならない。

第一一章｜近代

デイヴィッド・ヒューム

懐疑論者

デイヴィッド・ヒュームが生きた時代のスコットランドは、一八世紀啓蒙運動の中心地の一つであり、カルヴァン派〔詳しくは長老派《プレスビテリアンズ》〕の国教会を持つ敬虔な宗教社会だった。ヒュームは、宗教的寛容、科学、交易を重視するスコットランドの啓蒙運動の重要人物であり、影響力のある哲学者や科学者が集うサークルの中心だった。このサークルには、彼の親友の経済学者アダム・スミスもいた。

ヒュームは哲学や宗教における懐疑主義者として世に聞こえていたため、一八世紀スコットランドの文化的対立に否応なく巻き込まれ、神の存在や、奇蹟、魂の不滅、原罪などを疑った代償を払わされることになった。サミュエル・ジョンソン〔一八世紀のイギリスの文学者〕の伝記を書いたスコットランド人、ジェームズ・ボズウェルによれば、ヒュームは、ある人が信心深いという話を聞くと「そいつはろくなやつじゃない」と決めつけたという。

だから、ヒュームがエディンバラ大学の哲学教授に立候補したとき、スコットランドの聖職者組織が断固として反対し、彼を落選させたのは驚くに当たらない。数年後、今度は、アダム・スミスが辞めて空席になったグラスゴー大学の哲学教授になろうとしたが、彼の学者としての野心は宗教的な敵によって再び挫かれた。「偉大な不信心者」（ボズウェルが彼に付けた異名）を潰そうとする教会側のキャンペーンは止むことがなかった。

その最大の企てが、スコットランド国教会がヒュームの「不信心な著作」の調査に取り掛かったことである。証拠を集めてヒュームを破門し、さらには無神論者として告発〔世俗法ではなく教会法に基づく〕しようとしたのだ。危うく処刑されるところだったホッブズと同じ運命である。果たして、ヒュームはキリスト教を、ひいては道徳を破壊しようとしているとして告発された。ソクラテスがアテナイの市民に告発された状況とよく似ている。

ヒュームは（まったくの）無神論者ではなかったし、そう主張したこともなかった。彼は、宗教的懐疑主義者として神の存在に強い疑念を抱いていたが、合理的な思考に基づくかぎり、確信を持ってそれを肯定することも否定することもできないと考えていた。はっきりしているのはヒュームが反教権主義者だったことで、彼は、人類の歴史において組織化された宗教の有害な影響だと思えることを、容赦なく批判していた。とりわけ、キリスト教やイスラム教などの教条的な一神教は害が大きいと彼は考えていた。

結局、ヒュームに対する告発は教会によって取り下げられ、比較的平穏な時間が彼に訪れた。彼は自然宗教（自然を研究すれば神に関係することがわかるという考え）を攻撃する本を書いていたが、思慮深くその出版を控えた。現在、『自然宗教に関する対話』は、多くの哲学者によってヒュームの代表作と見なされている。このテーマに関しては、今も、「インテリジェント・デザイン（知的設計論）」〔進化論に反対し、宇宙や生命の複雑で精緻な構造の背後には何らかの「知的な設計」があったとする説〕と呼ばれるものの支持者と批判者のあいだで活発な論争が行われている。

今日、ヒュームの著書で最もよく知られているのは、彼が二〇代で書いた『人間本性論』である。この本は、当初、古今の大多数の学術書と同様に多くの読者を獲得できず、ヒュームは「印刷機から産み落とされたときにはすでに死んでいた」と落胆した。彼は「狂信的な国教徒のあいだでも、ざわめきすら起きなかった」と、友人にこぼしている。ヒュームは、彼らの敵意をあらわにした反応が、少なくとも「スュクセ・ドゥ・スカンダル」〔物議を醸して評判になること〕を引き起こすことを期待していたのだ。

実際、前に書いたように、ヒュームは、著作に激昂した狂信者たちによって、大学に職を得るのを二度も阻まれた。そこで、方向を変えて、六巻からなる『イングランド史（*The History of England*）』を書くと、これが大変なベストセラーになった。彼がグレートブリテン王国〔イングランドとスコットランドは一七〇七年に合同した〕駐フランス大使の私設秘書としてパリに着くと、生涯を通じてフランスびいきだったヒュームは、大物有名人としてサロンの花形になった。ヒュームはそこで、当時のフランスを代表する思想家や作家たちとの交流を楽しんだ。彼らは、この太ったスコットランド人を、優しい性格や、高潔な人格、寛容で思いやりのある人間性から、親しみを込めて「ル・ボン・ダヴィッド」（善良なデイヴィッド）と呼んだ。

哲学者のヴォルテールは、ヒュームの『イングランド史』を「あらゆる言語で書かれた本の中で、おそらく最上のものだ」と称賛した。イギリスの政治家ホレス・ウォルポールは、あまり感心しなかった上に、少なからず嫉妬したようで、パリでの日記に「フランス人が彼に払う敬意は信じがたい」とイライラした筆致で記した。そして意地悪く、ヒュームが話すフランス語は「彼が話す英語ぐらいわかりにくい」と付け足した。ヒュームはどちらの言語も流暢に話したが、強いスコットランド訛りがあったので、彼を称賛する者、中傷する者の双方から嘲笑されていた。

現在、ヒュームの『イングランド史』は、『人間本性論』と違ってほとんど読まれていない。一方の『人間本性論』は、今、哲学史の中で最も重要で影響力のある書物の一つと見なされている。だが、もし彼が生きていれば、この評価に納得しないだろう。ヒュームは哲学者としてよりも歴史家として見られたかったので、欠陥があると考えた『人間本性論』を、自分が書いたものではないとさえ言っていた。

理性への懐疑

ヒュームの『人間本性論』がとくに大きな影響を与えたのは、生活と思考のあらゆる面において理性の役割を疑った点である。これは、プラトンからつながる理性主義的な哲学の伝統に対抗するものだった。ヒュームは、理性は、人生の重要な目的や疑問については沈黙し、神や、正義、倫理、美についてはは本質的なことを何も教えてくれないと考えた。そして、次のような結論さえ導くのだ。「指の引っ掻き傷より全世界の破壊を選んだとしても、理性には反しない」〔理性は価値判断をしないので事の大小を見分けられないという意味〕。

彼は、ヘーゲルのような「信じる人」ではなく、「疑う人」のヒーローであり、理性や哲学のもっともらしい装いを攻撃してきた。一方、ヘーゲルは、あとで述べるように、理性や哲学を壮大に（グロテスクなまでに、と言う人もいるだろう）膨らませた。『人間本性論』は、理性という膨らみすぎた風船を爆発させる針なのだ。

ヒュームの描く理性は、か弱く、受動的な能力であり、人間の行動に動機を与えたり、追求すべき目標についての考察を進めたりする力を持たない「情動の奴隷」である。彼は心を、感覚の印象〔ヒュームは印象を「感覚の印象」と「反省の印象」の二つに分け、外界からの刺激によって直接生成される印象を「感覚の印象」と呼んだ〕が印刷される白い紙だと考えた。私たちは、観念を認識する生得的な能力を持っていないし、理性は、感覚の印象同士を比較し、それらの関係を推論することしかできないというのである。

また、ヒュームは、神が存在する蓋然性が低いことや、聖書に書かれた歴史が信頼できないことから、神を道徳的知識の源泉だと考えてもいなかった。同時に、倫理的自然主義者だったアリストテレスのような、道徳的価値は自然的事実から導き出せる〔物事の理非曲直は、物事の自然な状態から導けるということ〕という考え方も否定した。よく知られているように、ヒュームは『人間本性論』の中で、人々が、記述的言明（例えば「彼女は女性である」）から規範的言明（「従って、彼女は選挙権を認められるべきではない」）に突如飛躍し、実際にどうやって事実から価値が導かれるのかについては、橋渡しをする議論がないことが多いと述べている。現在、この、「ある（is）」から「べきだ（ought）」への、よくある知的飛躍は、「自然主義的誤謬」〔イギリスの哲学者G・E・ムーアの用語〕と呼ばれたり「ヒュームの法則」と呼ばれたりしている。

生まれながらに持つ「共感的感情」

ヒュームは、事実から価値を導き出すことの論理的な妥当性を疑ったが、道徳感情の存在については、自然主義的心理学の観点から（正しさを論証するのではなく）説明した。つまり、道徳感情は人間が生まれながらに持っている共感から自然に生じると考えたのだ。この点でもヒュームはホッブズと異なる。人間は利己的に生まれつくが、同時に、他者が感じていること（例えば、苦悩）を認識している状態から、自分自身がその感情を実際に経験している状態に自然と移行できるとヒュームは考え、このプロセスを「共感（sympathy）」と呼んだ。道徳的善悪に関する私たちの生得的な感覚は、他者に共感的に反応する本能のような性質から生まれるというのである（この考え方は、同時代人ジャン＝ジャック・ルソーの「憐れみ（pity）」と共通する）。

私たちが、生まれながらにして、自分だけではなく他者のためにもなる性質や行動を善と捉えるのは、生得的な共感によるものだとヒュームは考えた。だから、彼にとっては、神や理性が道徳の源泉でなくても何の問題もなかった。慈善や、親切、思いやりなどと呼ばれる自然的徳、つまり博愛の源泉は、私たちの本性の一部である共感的感情だと考えたからである。

人間の生来の傾向や習慣を見ると、私たちは、知らないうちに自分を道徳的な方向に導く本性に従っており、神や理性を必要としていないことがわかる。これは、アリストテレスの自然的倫理主義に似ていると思われるかもしれないが、純粋に記述的なものであって、アリストテレスのような規範的なものではない。ヒュームは、あくまで人間のあいだに明らかに見られる道徳的行為を説明しているのであって、それが正しいと言っているわけではないのだ。彼の主張は、そうした行動が常に正しいということではなく、ただ単に、それが人間の本性だということである。もし彼が、それは本性だから正しいと結論づけたとしたら、まさに彼の名を冠した誤謬を犯したことになるだろう。

ヒュームによれば、これらの自然的徳は、歴史的に、私たちが人為的徳と呼ぶものによって補われてきた。その代表が、自然の動機からは生じない「正義」である。むしろ、人類は、状況によって生じる現実的な問題を解決するために、人為的徳を作り出してきたと言ってもいい。

ここで言う現実的問題とは、物資の不足や、身近な人々ほど大切にする人間の傾向など、社会的な紛争につながる問題のことである。他者に対する私たちの生得的な博愛感情が及ぶのは、血縁や友情で緊密に結ばれた人々の範囲に限られる。一方、私たちの生得的な自己優先性は「貪欲で、尽きることがなく、普遍的で、社会を直接破壊する」。そのため、人類は、私有財産権の尊重や契約の履行といった公平な正義のルールを考案して、身内を優先しようとする人間の傾向を緩和し、抑制してきた。そうヒュームは考えたのである。

だから、「想像し得る、最も素晴らしく、最も巧妙な発明の一つ」である政府は、私たちの情動を矯正し、集団生活を有効に機能させる、役に立つ仕組みということになる。ヒュームはまた、禁欲主義や、断食、苦行といった「修道院を思わせるような」厳格なキリスト教の徳と、マキャヴェッリやルソーといった古典的な共和主義者が好む、厳しいスパルタ的な徳を、どちらとも嫌った。ヒュームが良しとした徳や習慣は、人間性のとげとげしい部分を滑らかにし、頑なな人を柔和にし、人生をもっと楽で心地よくするものだ。それは、彼自身の愛想のよい人柄そのままである。

ヒュームは、哲学的な急進主義ゆえに政治的な急進主義に反対した。すべてを懐疑的な目で見る彼は、野心的な政治構想や大胆な計画に深い疑念を抱いていた。彼は、社会の不完全さと人間の理性の限界を冷静に見極めていたので、おのずと、穏健で実際的な改革や、ゆっくりとした漸進的な変革に傾斜し、政治的な理想主義や暴力的な革命を退けるようになった。性格的にも思想的にも彼に合わなかったのだ。

ヒュームは、懐疑主義者として、理性や信仰に訴えることで正当化を図る政治理論には用心深く対処した。彼の考えでは、反乱が正当化されるのは「甚だしい暴政や抑圧」がある場合だけであり、軽々しく実行すべきことではなかった。制度や統治者が平和を維持していて、国民を過度に抑圧したり搾取したりしないかぎりは統治者に従うべきだと、彼は考えていた。ヒュームは、保守政治家で哲学者のエドマンド・バークに先んじて〔ヒュームより一八歳年下のバークは、のちに急進的なフランス革命を厳しく批判した〕、改革を目指すすべての指導者に「改築はできるかぎり元の構造に合わせ、骨組みを支える主要な柱や支柱はすべて残す」ように注意を与えた。

こうした保守主義のために、トマス・ジェファーソンはヒュームにトーリー派〔トーリーは王権や国教会を支持する保守政党で、のちに「保守党」となる〕のレッテルを貼り、（彼が創設した）ヴァージニア大学では『イングランド史』を読むことを禁じた。イギリスでもホイッグ党が同じことを考え、この本をトーリー党のプロパガンダと見なしていた。

一方で、ほとんどのトーリー党員もこの本をプロパガンダだと考えていたが、自分たちを批判するプロパガンダという捉え方だった。トーリー党員だったサミュエル・ジョンソンは、ヒュームを「理念のない」日和見主義者だと片付けた。だから、ヒュームが次のようにこぼしたのも無理はなかった。「批判や、賛成できないという意志や、ただ単に嫌いだということを表明するために、誰もが大声を上げて私を責め立てる。イングランド人やスコットランド人やアイルランド人、ホイッグやトーリー、国教徒や非国教徒、無神論者や狂信家、どんな立場の人もこのときには怒りで一致団結する」。理由などあってないようなものだった。彼は、自分の全体的な政治姿勢について、「ものの見方はホイッグの理念に近いが、人間の印象としては人々がトーリーに抱いているイメージに近い」と、諦め気味に宣言している。

健全な懐疑主義と知的な謙虚さ

ヒュームは、一八世紀に地元エディンバラで花開いた、比較的上品で都会的な文化を肯定していた。礼儀正しい人々のコミュニティーや、余暇、学問、貿易や商業などは、すべて、優しく思いやりにあふれた人柄を生み、謙虚さや慎みを増す傾向があると考えていた。それらがあれば、人生はもっと快適になり、狂信や争いを防げると思ったのだ。あとで取り上げるルソーは、それらには逆の効果があると考えて批判した。ヒュームは、報道の自由や、宗教的寛容、民間の商取引に賛成し、選挙権の拡大（正確な意味で民主主義ではなかったが）や、多様性があってバランスの取れた憲法、政治権力の分散を支持した。

人間性を尊重するヒュームの価値観は、エディンバラやパリで親交を深めた啓蒙思想家たちにとても近かった。だが、哲学においては攻撃的で、権力や理性を疑い、彼が深く関わった「理性の時代」の常識だった概念の多くを覆した。彼から影響を受けたその時代の批評家は少なくない。ヒュームが理性の比重を下げたことに刺激を受けた者もいれば、行動の究極の動機として、また目的を追求する信念の源泉として、彼が情動や感情を強調したことから洞察を得た者もいた。そうした懐疑主義によって政治的に用心深くなった彼は、保守主義者とすら言えたが、決して反動的ではなかった。ヒュームは、長い保守思想の伝統に則り、具体的な歴史的条件から抽象的な政治理論を形成することは、良くしても無駄に終わり、悪くすれば危険な結果を招来すると警告した。

人類の歴史は、悲しいことに、一八世紀の前もあとも、理性に対するヒュームの懐疑的な見方に反論できる証拠をほとんど提示できていない。さらに言うと、人間が生得的に共感や博愛精神を持っている証拠もわずかだし、貿易や商業が人間性を豊かにしたり文明化を進めたりするという証拠もあまりないのだ。これらの問題について、ヒュームの懐疑主義は彼を見捨てたように見える。彼は、人間は生まれながらに温和で礼儀正しい性質を持っていると信じていたようだが、人間の愚かさと残酷さに関する衝撃的な事実を前にすると、その信念を維持するのは難しい。しかし、健全な懐疑主義と知的な謙虚さを持ったヒュームの姿勢は、政治がすぐに陥る最悪の愚かさを避けるのに役立つかもしれない。

第一二章｜近代

ジャン＝ジャック・ルソー

市民《シトワイヤン》

一七四二年、正規の教育をほとんど受けていない（本はたくさん読んでいた）三〇歳のジュネーヴ人〔当時のジュネーヴはジュネーヴ共和国という都市国家だった〕ルソーがパリに着いたとき、彼は、貧しく、無名で、まだ世の中に何も発表していなかった。彼の母親は彼を産んだときに亡くなり、時計職人だった父親は、ルソーが一〇歳のときに彼を捨てた〔貴族との喧嘩が原因でジュネーヴから逃亡した〕。

パリに来て三六年後に他界するまでに、ルソーはベストセラー作家になり、オペラ作曲家として成功し、教育から、倫理、音楽、宗教、言語、政治、経済、そして植物学に至る幅広い分野で、膨大な数の本や評論を著した。彼は、ヴォルテールと並び称されるヨーロッパで最も有名な人物の一人であり、熱狂的な支持者を持っていた。目覚ましい出世である。ルソーの遺体は、一八世紀が終わる間際にパリのパンテオン〔フランス革命に功のあった人々に始まる、偉人たちを祀る墓廟〕に安置された。革命勢力の中で最も急進的だったジャコバン派が「フランス革命の父」として祀ったのだ（永遠のライバル、ヴォルテールの真正面なので、二人とも決して安らかに眠れないだろう）。

二〇世紀になると、ルソーは、ロマン主義や、無政府主義《アナーキズム》、国家主義《ナショナリズム》、さらには全体主義にまで影響を与えた（それらを生んだ直接原因ではないにしても）として批難された。彼は、今もなお、思想史の中で最も重要で、影響力が大きく、論争の元になり、広く読まれている思想家の一人である。

「矛盾した人間」ルソー

かつてルソーは、自分は「矛盾した人間」だと語ったが、「人は時には自由であることを強制されなければならない」という有名な主張をしたほどなので、驚くには当たらない。彼が書いたある作品〔『ルソー、ジャン＝ジャックを裁く——対話』を指している〕には「ルソー」という人物と「ジャン＝ジャック」という人物が別の人格として登場する。

ルソーは、育児に関する論文で、母親の授乳と、父親の子どもとの触れ合いを推奨しているが、自分の五人の子どもは、すべて幼児のときに孤児院に入れている（子どもの大半はそこで死んだと思われる）。「革命に強い嫌悪感がある」と言っておきながら、ロベスピエールやサン＝ジュストといったフランス革命の指導者たちを鼓舞し、彼らに自分たちのヒーローだと称賛された。

彼は、通常、一八世紀啓蒙運動を牽引した哲学者の一人に数えられ、壮大な『百科全書』プロジェクトに貢献したが、その一方で無知を称賛し、人文科学や自然科学の教養は道徳の涵養を阻害すると主張した。一八世紀において、最も熱心で忠実なルソーの崇拝者は女性と貴族だったが、彼は根っからの性差別主義者であり、裕福な「大貴族」に対する嫌悪と批判を公言していた（「あいつらの階級や、冷淡さ、偏見、心の狭さ、あいつらの悪徳全部が嫌いだ！」と彼は大声で言った）。

ルソーは、その時代で最も称賛され、最も魅力的な文章を書く作家の一人だったが、正規の教育はほとんど受けておらず、結婚した相手は無学なお針子だった。彼は検閲を擁護し、その矛先はとくにモリエールの劇に向いていたが、一方で、「彼の芝居を見逃したことは一度もない」と認めていた。また、作家や音楽家として人気を集めていたルソーは、書物も音楽も許容しなかった古代スパルタを称えていた。そして、当代随一の作家だったにもかかわらず「本は嫌いだ」と言い、「何の役にも立たない」と断じていた。

ロックと同じく、生まれたときからのカルヴァン派のプロテスタントで、内心では理神論者

〔世界を創造したのは神だが、その後の世界は自らの法則によって動いているとする啓蒙主義時代の宗教観〕だったルソーは、カトリック教会の敵だったが、自伝を書くときには、聖アウグスティヌスの『告白』を手本にした。アウグスティヌスと同様、ルソーが現代文化に与えた影響は政治思想の分野にとどまらない。彼は、まったく新しい現代的感覚、つまり新しい考え方や感じ方を生み出した。私たちが一群の古典的な美徳より誠実さや信頼性に重きを置くのは、ルソーの影響が大きい。

人間には自然な善性が備わっているという彼の理論は、当時、原罪を否定しているとして反キリスト教思想だと受け止められたが、彼はその理論を進め、すべての害悪の原因は社会的堕落だと考えるようになった。その結果、子どもは、堕落した人間にではなく自然によって教育されるべきだと、進歩主義教育の創始者として主張した。

また、不健全な社会的慣習には従わず、お腹がすいたら食べ、疲れたら眠り、着る物も慣習にとらわれなかったルソーは、多くの洗練されたパリジャンから野蛮人のようだと批難された。彼は、道徳を退廃させるものとして富を軽蔑し、できるだけ簡素な生活をした。純粋に景観を楽しむためにアルプスに登ったのも彼が初めてである。同時代の啓蒙主義者たちは驚き、彼が正気を失っている証拠がまた増えたとつぶやいた。

ルソーの最も有名な政治的著作『社会契約論』は、発表されると直ちに、パリの高等法院《パルルマン》〔アンシャン・レジームにおけるフランスの最高司法機関〕から違法だと宣告され〔著者逮捕の決定は『エミール』の出版に際して下された〕、バチカンの「禁書目録」に、マイモニデスや、ホッブズ、ロック、ヒュームらの著作と並んで記載された。これには誰も驚かなかったし、ルソーにとっては予期されたことだった。

彼が大きなショックを受けて呆然となったのは、ジュネーヴ政府がその本を焚書にし、著者が一歩でもジュネーヴに足を踏み入れれば逮捕するように命令したことである。これはルソーを深く傷つけた。彼は、かねてからジュネーヴ市民であることを誇りにしており（少なくともジュネーヴ政府がその本を禁書にするまで、ルソーは著書に記す肩書きを「ジュネーヴ市民」としていた）、ヨーロッパの社会が目指すべきモデルはジュネーヴの政体だと明言していた（『山からの手紙』の中で、ジュネーヴを「政治制度のモデルとして取りあげ、全ヨーロッパに手本として示した」と書いている」）。ルソーは、当時ジュネーヴ近郊に住んでいた反教権主義のヴォルテールを、ジュネーヴを支配する宗教的に頑迷な人々と結託して、自分への攻撃を煽ったとして批難した。『社会契約論』は、比較的自由で寛容なアムステルダムにおいてさえ禁書にされた。

ヨーロッパ全体が反ルソーで団結しているかのように感じた彼は、国から国へと逃亡することを余儀なくされ、自殺すら考えた。ルソーの大陸ヨーロッパに対する絶望はきわめて深かったため、彼はついに軽蔑していたイギリスに渡ることにした。「私はイギリスという国やイギリス人に好感を持ったことがない」と彼は書いている。とはいえ、ほかのどの国もルソーをかばわなかったときに庇護を与えたのはイギリス人だった。のちにイギリス人はマルクスもかくまったが、二人とも感謝の気持ちを微塵も示さなかった。ルソーは、ヒュームが骨を折って実現したジョージ三世からの年金の提供を無下にはねつけた。ルイ一五世からの年金の申し出を拒んだときと同じだった。彼には敵を作る類いまれな才能があったのだ。

『社会契約論』は、今ではルソーの著作の中で最も人気があり、幅広い人々に読まれ、多くの影響を与えている本だが、生前はあまり注目されなかった。それが、二世紀半にわたって出版され続けるあいだに、何世代もの民主主義者や急進主義者たちに活力を与えてきただけではなく、伝統主義者や保守主義者を激怒させ、挑発してきた。次の章で取り上げるエドマンド・バークもその一人である。『社会契約論』は、古い要素と新しい要素が独自の形で混在しているために特定のカテゴリーに入れるのが難しく、一八世紀に出版されて以来、解釈する者を悩ませてきた。ルソーは、政体が基本とすべき「政治的権利の原理」〔『社会契約論』の正式なタイトルは*Du Contrat Social ou Principes du droit politique*（社会契約、もしくは政治的権利の原理について）である〕を提示したのだ。

ルソーは、自然状態にある生来利己的な個人という、ホッブズやロックと同じ仮定から政治理論を構築する。その点ではまったく近代的と言える。だが、ルソーの政治モデルは、彼が心服するマキャヴェッリと同様、古代から借りたものだ。自然状態では公共心のない個人の心に、どうすれば強い公共心を育てられるかを、最もよく理解していたのは古代の人々だったからである。

ホッブズやロックは、政体の一体性を保つための結束力としては、合理的な利己主義だけで十分なので、公共心は必要ないと考えていた。ルソーは、最も高く評価する古代のスパルタや共和制ローマのように、社会の構成員に公共の利益は自分たちの利益だと思わせなければ、社会は「万人の万人に対する戦い」になってしまうと考えた。彼は、近代的なものを半ば受容し半ば拒絶する、「古代の精神を持った近代人」だった。

『社会契約論』の最初の章で、彼はあの有名な宣言を行う。「人間は自由な存在として生まれるが、至るところで鎖につながれている」。ルソーがその言葉に込めた意図は、多くの思想家（ヴォルテールなど）の見解とは違って、政治的共同体の紐帯を断ち切り、人間を政治以前の牧歌的な自然状態に戻そうということではなかった。

法を作って自ら従う「市民」

むしろ、彼が示したのは、主権者と被統治者が対立しないようにするには社会の紐帯にどのような法的な裏付けをすべきか、ということだった。そうした対立は、正しさではなく力によって権力者の意志を押しつける専制支配には必ず付いて回る。ルソーは、法を作って自ら従う人々を「市民《シトワイヤン》」と呼び、市民からなる体制を唯一の正当な政治形態と見なした。それが、自由と法への服従を両立させる唯一の方法であり、各個人が「自分以外の誰にも服従せず、従来のまま自由であり続けられる」体制なのである。

ジェームズ・マディソンらアメリカ建国の父たちは、基本的に政府というものを信用していなかったので、弱い権力しか持たず、抑制と均衡《チェック・アンド・バランス》によって権能を制限された政治体制を意図的に設計した。トマス・ジェファーソンが「最も統治しない政府が最良の政府である」と考えたのに対して、ルソーは、政府の権限を制限せず、むしろ強い政府の必要性を説いた。

確かに、正当な政府を制限することは、政治的権利そのものを制限することであり、正義に反する。ルソーのホッブズへの反論は、ロックと同じく、国王の絶対主権を擁護するものではない。ホッブズが不当な主権を擁護したことに反対したのだ。その意味でロックは、急進的なフランス革命に影響を与えたルソーよりも、アメリカ独立革命の指導者たちに近いと言える。

ルソーによれば、主権は「一般意志」という形で人民にあるべきであり、それが法の正当性の根拠にならなければならない。一般意志は単なる利己的な個人の意志の総体ではない。市民が、自分自身の利己的で特殊な善ではなく、公共の善は何かと自問したときに初めて形成されるものだ。

だが、公益を最優先するそうした考え方は、決して自然には生まれない。だから「人を市民に変える」制度や慣習によって人為的に育てる必要があると、ルソーは考えた。その中で最も悪評の高いものが「市民宗教」、つまり、個人に自分自身よりも政体に対する義務を愛させる国家的宗教である。ルソーはこの考え方を、同じ共和主義者のマキャヴェッリから得た。マキャヴェッリもルソーも、「神だけへの隷属と服従」を説くキリスト教はこれにまったく当てはまらないと考えた。実際、ルソーは、キリスト教以上に「公共心に背反し、専制政治に都合のいい」ものを知らないと言っている。だから、『社会契約論』が、カルヴァン派のジュネーヴでも、カトリックのパリでも禁書にされたのは、まったく不思議ではない。

ルソーが、利己的に生まれついた個人に公益だけを考えさせるために考案したもう一つの仕組みが、彼が「立法者」と呼ぶ、これもまたマキャヴェッリと共通する概念である。立法者とは、神に祈願することで、民衆を自分たちの特殊な利益よりも公共の利益を優先するようにさせる稀な人間のことである。その例として、ルソーはモーセを挙げている。モーセは分裂していた古代ユダヤ人を糾合し、神から与えられたと主張する法によって、結束力のある国家を作った。

夢のようなことを考えている素朴な理想主義者という評判とは違って、ルソーは『社会契約論』で展開した政治原則を近代的な環境に適用するのは難しいことをわかっていた。彼の理論は、古代ギリシャに多く見られた比較的小規模で結束力のある都市国家だけに適合するもので、近代ヨーロッパの大規模で複雑な国民国家には合わなかった。ルソーの目には、近代国家は救いがたいほど堕落しているように見えたのだ。実際、彼は、近代ヨーロッパで唯一、自分の政治理論が成立する可能性があるのはコルシカ島だと言っていた。それを考えると、たとえルソーがフランス革命まで生きたとしても〔ルソーは一七七八年に亡くなり、フランス革命は一七八九年に起きる〕、彼の理論を実現しようとする革命運動を支持していた可能性はきわめて低いと思われる。ただし、ヨーロッパは間もなく「革命の時代」に飲み込まれるだろうという彼の予言は間違っていなかった。

文明からの疎外感

ルソーが経験した、自分がすっかり浸っている文明からの疎外感は、亡くなる前の一〇年で頂点に達したように見える。彼は、腐敗しきった時代の中で、自分の誠実さと美徳を保つために、人との交流から完全に逃れようとしたものの、ついには「救われる希望はない」という心境に行き着く。彼は、政治に関する諦念と厭世観を抱きながら生涯を終えるが、最後には自然と触れ合うことにいくらかの安らぎを見いだしていたようだ。

未刊の遺作となった『孤独な散歩者の夢想』を読むと、有徳の士にとっての唯一の選択肢は、文明から逃れて人里離れた地に隠棲することだという結論に達したのではないかと思われる。ルソーが抱いていた自己像を考えると、彼が自分をソクラテスに重ね合わせていたことが、非常によく理解できる。それは、自らの悪徳のために彼の美徳が見えない同時代人に、中傷され、攻撃されながら、邪悪な時代を生きた善良な人間という人物像である。このイメージは、ソクラテスの伝統につながる口うるさい社会批評家として人々を惹きつけ続ける、ルソーの魅力の重要な要素になっている。

ルソーを敵視し中傷する多くの人々が何世紀にもわたってしてきたように、彼の思想を狂人の妄言として片付けるのはきわめて重大な誤りである。確かに、彼は常軌を逸したところがあり、しばしば気難しさをあらわにし、パラノイアの発作を起こしやすかったが、何としても彼を追い詰めようとする強力な敵が間違いなく存在したのだ。

彼の住む世界からの疎外感はきわめて個人的なものだったが、単なる時代に対する反応では済まされないものだった。彼の著作が持つ説得力や雄弁さは、何世代にもわたって、反逆者や、不満分子、はみ出し者、異端者たちを鼓舞してきた。彼らは、近代になって個人が置かれた場所に関する不安を、さまざまなレベルでルソーと共有していたのだ。

現代思想に対するルソーの最も大きな影響の一つは、美徳や悪徳という古い言葉を、誠実さや信頼性という近代的な概念に置き換えたことである。もし今、私たちがどうにかして自分自身に忠実でありたいと考え、古いロールモデルを捨てて誠実に行動しようとするなら、私たちは、良くも悪くもルソーの後を追うことになる。

彼が与えたもう一つの大きな影響は、国民主権という思想、つまり、人民が政治的正当性の根源であり、人民の意志が無条件に国家を導くべきだという考え方を、強力かつ雄弁に擁護したことである。このポピュリズムのメッセージは、一八世紀から一九世紀に至るヨーロッパ全土で、利己的で腐敗したエリートに幻滅した一般大衆にきわめて強い共感を呼んだ。その始まりがフランス革命である。近年、不平等が進む社会で、大多数の人々を犠牲にして富や権力を持つ人々を優遇する体制への怒りが増大し、ポピュリズム政治が復活したことで、ルソーは再び時の思想家となっている。

第一三章｜近代

エドマンド・バーク
反革命主義者

一七八九年の夏にフランス革命が勃発したとき、エドマンド・バークは六〇歳で、イギリスの下院（庶民院）議員になって四半世紀がたっていた。しかし、人気のない政策を数多く支持したことで、わずかなブリストル選挙区の有権者〔一七七四年の投票者数は五〇〇〇人余り〕の離反を招き、それまでの議席を失っていた。

バークはアメリカ植民地に対するイギリスの処遇に反対し、穀物市場の自由化や、アイルランドとの自由貿易、カトリック解放を支持し（彼はアイルランドでカトリックの母親のもとに生まれ育ち、アイルランドで教育を受けた）、腐敗したベンガル総督〔イギリス領インドを経営する最高責任者。のちのインド総督〕の弾劾運動を起こし、死刑を批判し、抑制のない王権に反対し、奴隷制度の廃止に賛同した。

これでわかるように、バークは頑固な反動主義者ではなかった。だから、フランス革命が起きた当初の反応は、それまでの下院議員の経歴に一貫する「リベラルな」政治姿勢に沿ったものに思えた。彼が最初に書いたのは、パリで起こったのは「目を見張るような素晴らしい出来事」であり、その精神を「称賛せずにはいられない」ということだった。だが、バークが反革命に転じるのに時間はかからなかった。革命に対する称賛は激しい怒りに変わり、彼の著書の中で今でもよく知られる『フランス革命の省察』での有名な批判を生むことになる。

当時、彼の政党（ホイッグ）〔当時は保守的なトーリー党とリベラルなホイッグ党の二大政党時代〕のほとんどのメンバーは、バークのフランス革命への批判に同調しなかったし、長いあいだ人気のないリベラルな政策を擁護してきたことを知っている多くの同時代人は、彼の革命批判の激しさに大いに驚いた。トマス・ジェファーソンはバークの『フランス革命の省察』を「精神が腐っている」証拠だと思った。

だが、フランスで起きたことを祝福したリベラル派は、今、バークのペシミズムと並べるとずいぶん単純な人々に見えてしまう。大動乱のごく初期の段階、革命がまだ穏健派によってコントロールされていたときに、バークは、革命は堕落し、ついには、テロや、国王の処刑、大量殺人、無政府状態、そして独裁政治に至るだろうと予見していた。

バークは、きわめて複雑で、矛盾しているとさえ言える思想家である。彼はアイルランド人だったが、イギリスの立憲政治を擁護した。リベラル派だったが、フランス革命を最も的確に批判した。ブルジョアだったが、貴族の特権を擁護した。インドでの腐敗した植民地支配を厳しく批判したが、自分自身は政治的後援者からもらった二つの「腐敗選挙区」〔人口が激減したにもかかわらず議員定数が維持され、領主など有力者の思うままになった選挙区。バークは、ブリストルの前はウェンドーヴァーで、ブリストルで落選した後はマルトンで議席を得たが、どちらも腐敗選挙区だった〕で議席を得ていた。イギリス国教会の歴史的特権を擁護するプロテスタントだったが、苦境に立たされたフランスのカトリック教会への支援を呼びかけた。

バークの『フランス革命の省察』はフランス革命に焦点を当てているが、同時に、目前の事件を超えて政治と社会に関する一般概念を示し、その正しさを主張する狙いも持っていた。結果的に、これまで保守主義の考え方について書かれた本の中で、最も重要で説得力のあるものの一つになっている。

バークは、最近のフランスでの動乱に「危機感を覚えて考え込んだ」という。政治はどんな基本原則に基づいて運営されるべきか、考えざるを得なかったのだ。通常、保守主義者は政治について思弁しようとは思わない。バークが言うように、政治に、観念的、普遍的な原則を持ち込むのは危険だというのが、保守主義の基本的理念の一つだからである。

イギリス海峡の対岸で起きた最近の出来事が示すとおり、理論と実践が結び付いたときに問題が起きないことはめったにない、と彼は考えた。統治の技術は理論ではなく実践的なものだ。だから、時間をかけて徐々に進化する伝統的な習慣や慣例に従って統治する方が、理屈から導かれたとおぼしき「大胆な空想的理論」に現実を合わせるよりも、うまくいくのである。政治的処方箋は、善なり悪なりを推進する可能性によって評価されるべきであって、正しいか間違っているかで評価されるべきではない。正しいか間違っているかは、哲学の基準としては適切だが、政治の実践には適さない。「理性に基づけば、道徳や政治の問題に関して普遍的なものが肯定されることはない」とバークは説いたが、当人自身はそれを実践しなかったし、本気で信じてもいなかった。

バークが、自然的正義や、生まれながらの平等に関する普遍的原則を肯定していたことは間違いない。それらは、彼が、アイルランドや、インドや、アメリカに対するイギリスの政策を厳しく批判するときの根拠になっていた。

その一方で、彼は、人間の権利という観念的なものから、普遍的に適用できる理想の政治制度がすぐに導き出せるという考えを否定した。この点で、その考えを実践しようとした、彼の友人であり批評家のトマス・ペインとは違っていた。正義の原則に関する人間の知識は、常に流動的であり、誤りやすいので、私たちは習慣や伝統に頼らざるを得ない。それらの助けを借りて観念的な理想の意味を理解し、実践の仕方を模索するのである。

どんな社会にも、正義や、自由や、平等の意味に関して、その社会独自の解釈がある。例えば、人間の権利は、すでにマグナ・カルタ（一二一五年）の時代から、イングランド人男性の慣習や法的権利に反映されていると、バークは主張する。だから彼は、アメリカ植民地の住民の不満を正当だと考えたのだ。住民たちの主張は古い慣習上の権利に基づいているのに、本国で権力を握るイギリス王がそれを尊重しないからである。

時の試練に耐え得る、漸進的な変化

バークは、ゆっくりとした漸進的な政治改革を、暴力革命を避ける最善の方法として擁護した。「変化の手段を持たない国家は、自らを保持する手段を持たない」と彼は書いている。バークがここで変化と言っているのは、必要不可欠な中核を保持しながら、歴史的慣習によって形成された構造を、調節し、洗練し、改善する、小さく漸進的な変化のことである。

バークによれば、問うべきことは、ある政治体制が何らかの観念的な理想に基づいているかどうかではなく、それが実際に「機能する」かどうかである。つまり、ある政治体制が、それが存在する具体的な状況の中で、長期間にわたって、平和や、秩序や、良い統治を発展させられるかどうかということだ。これを確かめるための唯一の信頼できる方法は、時の試練である。

イギリスはそのテストを素晴らしい成績で、おそらく、かつてどんな社会も到達できなかったような成績でパスしたとバークは考える。だから今、フランスで猛威を振るった革命という病原体から、イギリス社会を守る必要があるのだ。それと対照的に、フランス革命の指導者たちは、政治体制を「利便性ではなく真理に基づいて」作ったために、その先には悲惨な結末が予期された。

だから、哲人王というプラトンの理想は、政体の統治に関するバークの考えとは、大きくかけ離れていた。政治が対処すべきなのは目の前にある実際的な問題であって、理論上の抽象的な問題ではないからである。賢明な政治を行うためには長期間の数学の勉強が必須であるというプラトンの信念は、バークには、驚くほど不合理で危険なものに思えたはずだ。

この意味でバークは、純粋に知的な美徳と実用的な美徳を明確に区別したアリストテレスにずっと近かった。実用的な美徳のためには、哲学的な思考よりも、柔軟で実際的な思考が必要だ。バークにとって最大の政治的美徳は（アリストテレスと同様に）思慮深さだった。それは政治的美徳の筆頭であるだけでなく、「すべての美徳の統率者であり、監視人であり、基準」なのである。

名誉革命とフランス革命

バークは『フランス革命の省察』で二種類の革命を対比させ、一方を支持し、もう一方を批難している。彼がロックとともに擁護する革命は、一六八八年のいわゆる「名誉革命」である。名誉革命では、カトリック教徒だったイングランドおよびスコットランドの国王ジェームズ〔イングランド王としてはジェームズ二世、スコットランド王としてはジェームズ七世〕が、娘婿《むすめむこ》でプロテスタントのネーデルラント国王〔正しくは国王ではなく「オランダ総督」〕によって権力の座から引きずり下ろされた。

一方、バークが批難する革命は、一七八九年のフランス革命である。こちらの革命では「人間の権利」の名の下にアンシャン・レジームを打倒した。バークはここで、牧師のリチャード・プライス〔バークと同時代の哲学者、経済学者。フランス革命を支持する彼の説教が、バークが『フランス革命の省察』を書くきっかけになった〕の説教に応える。プライスは、最近フランスで起きた革命は、先のイギリスでの革命に続き、それを拡張するものだと語った。そして、二つの出来事は、自由と進歩という啓蒙的で国際的な原則の表出なので、私たちはそれを歓迎し、奨励すべきであると説いたのだ。だが、バークの目には、フランス革命は、彼もプライスも称賛した穏健な「名誉革命」の対極に映った。バークは、一六八八年の革命は歓迎すべき介入だったというロックの見解に同意する。そのおかげで、イングランドの歴史ある憲法が、専制的なジェームズ王と、彼に従う熱烈な王政支持者たちやカトリック教徒たちに侵害されずに済んだのである。

王と、貴族と、平民の微妙なバランスの上に成り立つイギリス型の議会政治は、試行錯誤と、妥協と、実用主義に基づく、ゆっくりとした漸進的プロセスを通じて、何世紀もかけて進化してきたと、バークは確信していた。バークにとって、イギリスの伝統的な政治手法が優れていることは、ほぼ完璧に近いイギリスの憲法に明白に表れていた。それはイングランド（全イギリスとは言えなくとも）の特殊な環境に理想的に適合していたし、変更する必要が生じたとしても、細心の注意を払って慎重に行われるべきものだった。賢明で思慮深い政治家は、長い歴史のある制度や慣習には「政治的な用心深さ」をもって臨むべきであり、人間や社会に関する一般原則ではなく、歴史と経験を指針にすべきなのだ。だから、一六八八年の名誉革命は「政府は被統治者の合意の下に成立する」という抽象的原則が具体化したものだというロックの主張を、バークは一蹴したのである。

バークが見るかぎり、フランスでの革命は名誉革命とはまったく違う、限りなく危険なものだった。それは、観念的、ユートピア的、普遍的な「哲学的革命」であり、ウイルスのように国境を越えて広がり、行く先々の国に感染する性質を持っていた。

一六八八年のものは特定の地域だけに生息する固有種の革命であり、一七八九年のもののようにテリトリーを越えて広がる性質はなかった。一六八八年の革命は基本的に、政体を根こそぎにして植え替えるような変化ではなく、元々丈夫な政治体制の健康を増進するための修正にすぎなかった。

それに対し、フランスで起きたのは新種の抜本的な革命であり、「教理と理論的ドグマの革命」だった。一七八九年以降のフランスは、観念的な第一原理〔ほかからは推論できない根本的な真理。宗教における神、デカルトの我、数学の公理、物理法則など〕に囚われた、きわめて傲慢な「哲学的君主」が統治する「哲学の共和国」になってしまった。その国の狂信的な「形而上学の政治家」は、ヴォルテールや、ルソー、ダランベール、ディドロなど、啓蒙主義の哲学者の思想や価値観の中毒になっていたのだ。バークは『フランス革命の省察』において、これらの哲学者すべてを名指しで批難している。彼は、真っ先にフランス革命の敵となって、一七九〇年代のフランスで政治的権威や社会秩序が崩壊した責任は、これらの哲学者の思想にあると主張した。この見方は、その後数十年のあいだに次第に支持を集めるようになり、バークの著書は、啓蒙思想がフランス革命の主要な原因であるという認識が普及するのに大きく貢献した。

「代理人」と「受託人」という議員の役割

バークは、選挙で選ばれた代表の役割について、二つの異なる概念があると考えていた。一つは「代理人」であり、有権者の意思を議会で表明する役割である。二つ目は「受託人」で、自分自身の良心と判断で、国にとって何が最善かを決める役割だ。バークは、ブリストルでの有名な選挙演説で、自分は下院議員として常に受託人の立場に立ち、自らの良心に従って行動すると語り、決して単なる代理人にはならないと有権者に約束した。それを聞いた有権者は即座に彼を落選させた（それは都合の悪いことだったが、バークは一カ月後には簡単に問題を克服した。ヨークシャーのマルトン選挙区で議席を得たのだ。そこは彼の後援者が持っていた「腐敗選挙区」だったので、わざわざ足を運ぶ必要すらなかった。こうして、彼はまた受託人の問題に煩わされなくなった）。

国会審議においては、それぞれの議員は「一つの利害を持つ、全体で一つの国」について考えるべきであり、選挙区という特定の地域の意見や要望に縛られてはならない、というのがバークの信念だった。皮肉なことに、その考え方はフランスに新たに生まれた革命政権と同じだった。彼らの最初の成文憲法は、選挙で選ばれた代表が、有権者の代理人として行動することを明確に禁止していた。

エリート主義者のバークからすると、一七九〇年にイギリスで選挙権を持っていたのは人口のわずか五%だったという事実が、イギリスに有利に働いたということになる。一方、ポピュリストのルソーにとっては、フランスという国の内奥に、実は専制政治があったことがわかったにすぎなかった。民主政治を研究する人々は、今でも議員の役割に関する二つの概念の長短について論争を続けている。政治家に、この二つのうちどちらを選ぶかと尋ねると、多くの政治家が代理人と受託人の両方でありたいと答えるのは、実に不思議なことだ。

バークが『フランス革命の省察』で示した予言者的能力は、フランスでの革命的な出来事のずっと先までを見通していた。新たに、「詭弁を弄する人間や、経済が最優先の人間、計算高い人間」が支配する低俗な時代がヨーロッパに到来することを感じ取っていたのだ。それはバークの時代には始まったばかりだったが、今では世界を覆っている。

野心的で観念的な理論を、文脈を無視して日常の政治に適用することへの彼の警告と、社会生活がどれほど繊細かつ複雑で、どれほど壊れやすいかを強調する、政治全体への懐疑的な姿勢は、これまでと同様、今でも重要な意味を持っている。変化は日常を維持したまま謙虚に遂行すべきだというのは、バークが卓越した筆力と説得力で表した政治的英知の基本であり、普遍性を持っている。

その反面、彼が素朴な考えを信じるようになったのも、パリで革命を起こした暴徒に感じた恐怖と嫌悪のせいだと思える。それは、伝統的な家父長的エリートが、台頭しつつある有産階級と連帯して、慈悲深くすべての国民の安寧を守るという、イギリスの政治文化を特徴付ける考え方である。こればかりは（当時も今も）強化する必要がほとんどない。バークのこうした伝統に恭順する姿勢を見て、カール・マルクスはバークを軽蔑し、「体制の追従者《ついしょうもの》」だと切り捨てた。その批判は、バークの同時代人だったメアリー・ウルストンクラフトが、マルクスより数十年前にバークに向けたものと同じである。バークの懐疑主義は、時として都合よく対象を選んでいるように見えるのだ。

メアリー・ウルストンクラフト

フェミニスト

そんなにひどいことは起きないだろうと思って、メアリー・ウルストンクラフトが単身フランスに渡ったのは（世間知らずだと言う人もいるだろう）、三三歳のときだった。彼女は独身のイギリス人で、生活に困窮していたが、かつては住み込みの家庭教師や学校の校長をしたこともあった。そのときのフランスでは、彼女が支持する革命が、まさに最も暴力的で過激な局面に入ろうとしていた。そこに行くのはハリケーンを見に行くのに等しかった。だが、社会進出する女性への風当たりが強い中で、彼女はそれまでも、フリーライターや男女平等論者として、社会の潮流に逆らって泳いできた。今、彼女は、ヨーロッパで猛威を振るう革命というハリケーンの目に、自分の意志で飛び込んだのだ。

パリに着いたとき、彼女はまさに国王〔ルイ一六世〕が処刑場に連れて行かれるところに遭遇した。ギロチンに向かう国王が、「私が見ていた窓の外を通り過ぎた」と彼女はのちに記している。ウルストンクラフトは共和主義者〔すなわち反国王派〕だったが、意外にも王の強烈なイメージに心を動かされ、友人に次のように書き送っている。「国王が、死地に赴く二頭立ての四輪馬車の中に、人柄から想像していたよりずっと堂々とした威厳を漂わせて座っているのを見たとき、知らないうちに目から涙があふれていた」。

だが、間もなく彼女自身の首が危険にさらされることになる。王の処刑からわずか二週間後、フランスはイギリスに宣戦布告する〔フランスのネーデルラント侵攻に始まる両国関係の悪化による開戦。いわゆる「フランス革命戦争」の一環〕。フランスにいたイギリス国籍の人間は、一斉に何百人も検挙され、スパイや反革命活動を行ったとして投獄された。急進思想を持つイギリス系アメリカ人のトマス・ペインは、革命を積極的に支援したことでフランスの名誉市民権を与えられ、パリの国民公会〔フランス革命期に三年間だけ存在した立法府で、政治の中枢の役割を果たした〕の議員に任命されていたにもかかわらず、新政権に逮捕された。ウルストンクラフトはペインの友人であり同志でもあったので、彼女が、自分も投獄され、もしかすると、荒れ狂う暴力の嵐の中で処刑されるかもしれないと考えてもおかしくなかった。

しかし、ジャコバン党が、効率のよい「人道的な」処刑装置、ギロチンによって何万人もの

「国家の敵」をフランスから一掃した「恐怖時代」を、ウルストンクラフトはペインと同様に生き延びた。「パリで自由の大義を汚した流血のことを考えると胸が張り裂けそうになる」と、彼女は悲しげに友人に書いている。

だが、フランス革命の基本理念に対する彼女の信頼は崩れなかった。おそらく崩れるようなものではなかったのだ。彼女は『*An Historical and Moral View of the Origin and Progress of the French Revolution*（フランス革命の起源と経過に関する歴史的、道徳的見解）』（一七九四年）という本さえ書いて、恐怖と暴力の中から、やがて「理性と平和の時代」が立ち現れるという、自分の楽観的な展望を示し、その正しさを説いた。

不幸なことに、ウルストンクラフトが人類に抱いた希望は、彼女の私生活までは包み込めなかったようだ。革命への楽観的な言葉を記した一年後、彼女は、失恋の痛手を解消しようと二度の自殺を企てた。最後には、アナーキストの哲学者ウィリアム・ゴドウィンとの関係に安らぎを見いだしたが、それも長くは続かなかった。彼女は、娘のメアリーを出産したときの合併症が元で、結婚からわずか数カ月後にこの世を去った。この娘は、長じてロマン派詩人パーシー・ビッシュ・シェリーの妻となり、『フランケンシュタイン』を著すことになる。人生に幕が下りたとき、ウルストンクラフトはわずか三八歳だった。

現在、メアリー・ウルストンクラフトの作品で最もよく知られているのは、フランスに渡った年に出版された『女性の権利の擁護』である。当時のヨーロッパでは、女性は法的な権利がほとんどなく、公的な生活から排除され、社会規範や慣習によって大部分の専門職に就くことを厳しく制限されていた。そうした状況を考えると、彼女の著作は急進的だった。多くの女性は家庭に閉じ込められ、それ以上の教育を受ける機会をまったく与えられなかった。結婚すると、わずかに認められていた法的権利の大部分も夫の手に渡った。妻の法的な人格は夫のものと一体化するという伝統的な考え方によるものだ。だからウルストンクラフトは、ほとんどの女性が人間としての能力を十全に発揮できない家庭生活を、「黄金の檻」とか「牢獄」などと呼んだのである。

近代フェミニズムの母

彼女自身もこうした状況に直面して苦しんだ。結婚して子どもを産むようにという大きな社会的圧力があったにもかかわらず、彼女が人生の最後の年まで結婚を避けた理由の一つは、こういう家庭の在り方だった。作家として成功する前、彼女は単純労働に就くことを余儀なくされたが、彼女のような天賦の才や野心を持った女性にとっては、うんざりするようなものだった。例えば、彼女はアイルランドの裕福な家の住み込み家庭教師として働いたことがあるが、それは召使いのような屈辱的な仕事に思えた。資産のない独身女性が、そうした不利な状況の中で作家として自立する道を選ぶのは、リスクが大きく勇気を必要とすることだった。その事実は、彼女の著作と同じくらい、のちのフェミニストに勇気や刺激を与え、彼女を近代フェミニズムの母という地位に押し上げた。

ウルストンクラフトのベストセラー『人間の権利の擁護』は、彼女が政治をテーマにして書いた最初の重要な本で、わずか三週間で売り切れた。その中で彼女が代弁したのは、勤勉、質素、謙虚、自己修養といった、素朴で堅実な中産階級（基本的にはプロテスタント）の美徳である。また、理性、進歩、自由などの啓蒙主義的価値を擁護し、それを用いて、彼女が『フランス革命の省察』から読み取ったエドマンド・バークの価値観を批判した。凝って装飾過剰になった（女性的とさえ言える）文体でバークが擁護したのは、伝統や、貴族の特権や、世襲君主制だった。

一方、ウルストンクラフトが『人間の権利の擁護』で読者に示したのは、政治に関する独創的な理論でも体系立った理論でもない。彼女は、狭い意味での政治哲学者というより「公共道徳家」であり、活動の仕方においては、トマス・ホッブズよりも、友人で同じ急進主義者のトマス・ペインに近かった。彼女は、ジャン＝ジャック・ルソーと同じように、自分たちが生きる社会は道徳的に破綻しており、結果として不幸や偽善に満ちていると考えていた。だからフランスの革命を支援したのだ。大きな意義を持ち、結果が持続する政治的改革が、道徳の根本的変革を伴わないことは、まずあり得ない。そして、多くの場合、変革は女性に対する態度から始まると彼女は考えていた。

女性の権利についてのウルストンクラフトの主張は、公的領域と私的領域の慣習的な区別に異議を唱えるものだった。その区別はアリストテレスまで遡り、西洋の政治思想の歴史の大部分に浸透していた。

彼女の主張には「個人的なことは政治的なこと」という二〇世紀のフェミニスト運動のスローガンが、すでに見て取れる。つまり、結婚や家族といった長い歴史のある非政治的制度が、実は女性の抑圧の源泉であり、従来からある政治的問題と直接、関係しているということだ。そのために彼女は、社会的態度〔社会的な事象や、集団、個人などへの反応に見られる一定の傾向〕を政治論議の争点にするのである。

女性の解放のために政治的権利は必要だが、それだけでは十分ではない。より広い文化や道徳の根本的な変化が必要なのだ。ウルストンクラフトにとって意義のある政治的変化は、女性の能力に関わる伝統的な信念を根本から覆せるかどうか、そして、彼女が称賛するフランスの啓蒙思想家たちが求めてきたような、より広い範囲の道徳革命を起こせるかどうかに懸かっていた。

彼女はフランス革命を熱烈に支持したが、彼女が求めていたのは、革命が女性に提供しようとしていたものより、もっと大胆なものだった。その意味ではフランス革命の成果にがっかりしていたと言える。男性と女性の関係において広範な社会革命を起こせなかったのはもちろん、政治的権利を女性に広げることすらできなかったからである。

対等な仲間としての夫婦

公的領域で市民のあいだの関係を変えるためには、私的領域での夫と妻の関係を根本的に変えることが必須だと彼女は考えていた。政治が、性別に関係なく、対等な個人のあいだの市民的友愛に基づくべきであるように、夫と妻は、協力関係にある対等な仲間でなければいけない。彼女は、社会慣習に従った結婚は「合法的売春」だと言い、多くの人が持つ女性のイメージを、夫の受動的で軽薄な飾りであり、夫への依存を強いられ、夫を喜ばせることが人生の目的になっていると批判した。

ウルストンクラフトが望んだのは、あらゆる領域で男性と女性が同じように扱われることだった。一つの領域で不平等に扱えば、必ず、ほかの領域での平等も損なわれるからである。フランス革命は良い端緒だったが、女性の解放のために十分だとはとうてい言えないと彼女は考えた。女性はまだ、市民の権利から除外されていたのだ。

ウルストンクラフトの『女性の権利の擁護』の中心テーマは、教育や、しつけ、家庭生活が、女性に男性を喜ばせることを身に付けさせる中で、いかに女性の心を弱くし、視野を狭くしてきたかということだ。それによって、女性は、知的な生き物というより「感覚的な生き物」になる。理性よりも、過剰に発達した感情に支配され、男性と比べて弱く未熟な心を持つように、意図的に作られるのだ。外面に現れる女性の不安定さは、内面の不安定さの反映である。

ウルストンクラフトが、「もっと男性的になろう」と女性に思わせたいと書いたとき、彼女が意味していたのは、女性の心をより大きく、強くしたいということだった。そうすれば、女性が男性のように自ら考え、行動することができるからだ。女らしさという伝統的な概念は、繊細さや、性的魅力、優雅さなどを強調してきた。それらが女性を心身ともに弱い状態にとどめたせいで、女性は男性に依存し、家庭から一歩出ると何もできない存在になってしまったと、ウルストンクラフトは言う。従来のジェンダーの概念に対する彼女の異議は、それまでの公的領域と私的領域の区別に対する彼女の批判と同様に、当時はきわめて急進的だったし、その印象は、第二次世界大戦後に欧米でフェミニスト運動が起きるまで変わらなかった。

女性教育の改革

ウルストンクラフトは、女性の政治的解放を拡大するための鍵として、女性教育の抜本的改革を求めた。彼女が初めて出版した本『娘達の教育について』は、女性読者に、誠実、自己修養、理性といった、まったくブルジョア的な価値に基づいた育児について、すぐに役立つ助言を提供するものだった。彼女は、子どもを中心とした教育を目指すルソーの進歩思想に共鳴していた。

だが、少年少女にはジェンダーに基づく別々の教育が必要だという彼の主張には反対し、『女性の権利の擁護』では、多くの紙数を割いてルソーの女性に対する態度全体を批判した。政治や教育に関して急進的な思想を持っていたにもかかわらず、独自の原理に基づいた私的領域と公的領域の厳格な分離を主張した点では、ルソーは西洋思想の主流にいたのだ。

女性は、生まれつき正義の感覚を欠いているので、公的領域への脅威になる。だから私的領域に閉じ込めておくべきだと、彼は考えた。だが、ウルストンクラフトはそれに反論する。もしルソーの言う欠落が本当にあるとしたら、その原因は、女性が公的領域で正義の感覚や政治的美徳を身に付けることが、伝統的に否定されてきたからに他ならない。女性の本性が悪いのではなく、育て方が悪いのだ。

彼女は、ジェンダーに基づいた因習的な教育方法に強く反対し、単一の男女共学制度を支持した。プラトンが『国家』で行ったことと同じである。少年少女の教育においては、分析的思考と実践的スキルを重視し、性別にかかわらず、誰もが家庭の外で自立して生きていけるようにすべきだと、彼女は考えた。それは、市民の義務を積極的に担おうとする気持ちを増大させるはずだ。公的な世界に浸透すべき自由と平等は、結婚や家族や仕事といった私的世界でも一般化されなければならないと、ウルストンクラフトは訴えた。一方が得られなければもう一方も得られない。ルソーや、フランス革命を推進した人々は、それを理解していなかった。

一八世紀後半以降、西洋やそれ以外の多くの地域で、女性の政治的地位はすっかり変わった。今では、男性も女性も市民としての形式的な平等を享受し、同じ法的権利と自由を持っている。だが、ウルストンクラフトは、まだ十分ではないと主張した。女性が完全に解放されるためには、広い範囲の文化と、ジェンダーに関する既成概念を含めた、文化が持つ女性に対する一般的態度に革命が起きなければならない。彼女は、男性と同じ教育と、人生における同じ選択肢が女性に与えられ、女性が充実した人生を送り、潜在能力をフルに発揮できるようになることを期待した。それは、一九世紀後半になっても、あとで登場するジョン・スチュワート・ミルがまだ主張しなければならず、なお実を結ばなかった目標である。

ところが今、男性と女性は基本的に平等であるというウルストンクラフトの信念は、とくにフェミニストのあいだで激しい議論のテーマになっている。彼女が一八世紀に論争を挑んだのは、両性のあいだには根本的な違いがあると信じる伝統主義者たちであり、その論理は女性に対する扱いの違い（酷さ）を正当化するために使われていた。

現在、根本的な性の違いに関する議論は、女性は「もっと男性的になる」べきだと言ったウルストンクラフトを批判する一部のフェミニストたちによって行われている。その論争には、少なくともある程度、現代科学が絡んでいる。というのも、性の違いは価値の問題であると同時に、事実《ファクト》に関する問題でもあるからだ。合理性や科学への彼女自身の関わり方を考えると、少なくとも、私たちが性に関する事実に心を開いておくよう、彼女が望んでいることは間違いない。

イマヌエル・カント

純粋主義者《ピュアリスト》

イマヌエル・カントは、バルト海に面したプロイセン王国のケーニヒスベルク（現在のロシア領カリーニングラード）で生まれ、七九年の生涯をそこで送った。彼は、生まれた都市《まち》からあえて離れようとしなかったと言われている。ケーニヒスベルクは、のちの第二次世界大戦で完全に破壊された。生涯独身を通したカントは、この都市の郊外で、世に隠れてひっそりと修道士のような生活を送り、十年また十年と、同じ日課を決めたとおりに繰り返した。

だが、静穏な日々は、七〇歳のときに国王〔フリードリヒ・ヴィルヘルム二世〕の代理から届いた一通の手紙によって断ち切られる。カントが宗教を批判する論文〔『単なる理性の限界内における宗教』に収められた二篇の論文〕を書いたことへの叱責だった。当時のプロイセンは、革命が起きたフランスと戦争状態〔革命の影響が及ぶのを恐れた周辺国とフランスが戦った「フランス革命戦争」の一環〕にあったため、神経質になった政府が反政府的言動を厳しく取り締まっていたのだ。フランス革命に共鳴し、革命家たちと反教権主義を共有していたカントは、二度と宗教に関する著作を出版したり、宗教に関して公的な場で発言したりしないように命じられた。「もしこれを破って、同じことを執拗に続ければ」と、ひ弱な教授〔カントは一六世紀に創設されたケーニヒスベルク大学の教授職にあった〕は警告された。「不愉快な措置を覚悟してもらわなければいけません」。カントはその言葉に従った。国王が死ぬまでのことだったが。

主張せよ、だが従うのだ

このときカントが国家に服従したと聞くと、多くの人が驚く。個人の自由を尊重する強い意志や、真実のためにすべてを傾ける姿勢に対する、唖然とするような裏切りに見えたからだ。一人の市民や哲学者としては、理性に基づいて自由に大衆を啓蒙し、既成の権力や法を公然と批判し、現代風に言えば「権力に真実を伝える」べきだと、彼は主張していた。

しかし、公立大学〔ケーニヒスベルク大学は初代プロイセン公アルブレヒトが創設した〕の教授であるカントは公僕でもあった。だから、兵士が指揮官の命令に従わなければいけないのと同様に、国王の指示に従う義務があったのだ。個人としての私的な権利と、公人としての義務のあいだで引き裂かれている人に、カントはこう助言する。「自分がどうしたいのかを、とことん主張しなさい。だが、最後には従うのだ」。言い換えれば、どういう結論にたどり着こうとも精神には理性に従う自由がなければならないが、国が定めた法律や勅令には、たとえそれが真実に反していても従うべきだ、ということである。

その二二〇〇年前、ソクラテスが、真理に身を捧げる哲学者と、法に従うべきアテナイ市民という二つの立場のあいだで、同じようなジレンマに直面していたのを覚えているだろうか？ カントと同様、ソクラテスも、哲学が求めるものと政治学が求めるものとのせめぎ合いのあいだで板挟みになっていた。ソクラテスは、公共の場で哲学問答を続けたために、ついには、アテナイの神々への不敬を理由に、同じ都市《ポリス》の市民たちから死刑を宣告された。まさにカントがプロイセンの国教〔ルター派のプロテスタント〕を批判したために「不愉快な措置」を取ると脅されたのと同じ構図である。

しかし、ある友人がソクラテスに、刑の執行前に脱獄する手はずを整えようと言ったとき、哲学者はそれを断った。ソクラテスは、自分には市民として法を尊重する義務があると答えた。法のおかげで、市民として、長い歳月を平和で自由に暮らしてこられたのだから、たとえ、その法が今、自分の死刑を宣告したとしても、従うべきであることに変わりはないと彼は説明した。カントと同様に、ソクラテスも無政府主義者《アナーキスト》ではなかったのである。「主張せよ、だが従うのだ」とカントは説いた。

カントは啓蒙主義者であり、自由や、開かれた政府や、個人の権利を何よりも尊重していたが、革命はいかなる状況でも正当化できないという信念を持っていた。どんな法であっても、主権者が定めたものであれば従わなければならない。反乱はすべての法秩序を破壊するし、ホッブズが言ったように、悪い政府や悪法であっても、政府や法がない状態よりましだからである。政府を批判してもいいし、またそうすべきだが、決して転覆してはならないのだ。

カントにとって暴君への反乱は「最大の」過ちだった。この点でロックとは正反対である。ロックは、社会を成り立たせている契約を支配者が破ったときは、被統治者は服従の義務から解放されると主張した。カントはそれを、死刑に相当する大逆罪〔国家の転覆や君主の殺害を謀るといった、国家への反逆と見なされる罪〕だと言う。そして、許容されるのは、政体の転覆を唱えない思想だけだと主張する。この点において、カントに曖昧な部分は微塵もない。「たとえ最高権力が最も耐えがたい形で濫用されたとしても、それに耐えるのが国民の義務である」と彼は書いている。

道徳絶対主義者、カント

一方で、カントにとって道徳律を超える主権はなかった。道徳律は、人を騙すとか殺すといった道徳に背く行為を、支配者が市民に命じたり強制したりすることを禁じている。支配者は普遍的な正義の原則によって裁かれ、社会の名において批判されるべきだが、それでも支配者には従わなければならないのだ。

また、カントの考えでは、たとえ主権者を道徳的に裁くことが可能で、そうすべきであったとしても、不正な法を施行したとか間違った政治行為をしたという理由で主権者を罰するべきではない。道徳は個人の問題だからである。ただし、道徳を強制することが国家の役割ではなくとも、国家は道徳と一致した行動を取らなければならないと、カントは書いている。「真の政治は、初めに道徳に対する敬意がなければ、一歩も先に進めない」のだと。

だとすれば、(支配者も含め)万人が従うべき道徳律とはどういうもので、どうすればそれがわかるのだろうか？　カントによれば、道徳律は人類共通の理性に含まれ、理性のある人なら誰でも、潜在的にそれを参照する能力を持っている。だから、少なくとも人間にとっては普遍的だと言えるのだ。動物は理性的存在ではないので、道徳は直接適用されない。人類が生き物の中で特別な地位を獲得したのは、理性という性質を持っていたからである。

私たちは、人類を何かほかの目的の手段と見なすのではなく、人類が存続すること自体が目的だと考えなければならない。そうすることによって、集団や自分自身の中での人類の地位を尊重するのである。カントは、ルソーのおかげで、すべての人が固有の尊厳を持っていることを理解できたと考えていた。そのことについてカントは、「ルソーが私を正しい方向に導いてくれた」と言っている。

カントによれば、道徳は、実際の経験を通じてではなく、理性によって見いだされ、即座に理解され、反駁できないものである。そして、すべての人に、ほかの目的を追求するために人

（自分自身を含む）を使ってはならないという絶対的な義務を課す。そういうことをすれば、理性的存在という人間の特別な性質への敬意を失い、人間を道具の地位に落としてしまうからである。政府には、この道徳原則と矛盾する法を作ってはならないという義務がある。だが、それでも、市民である私たちが、法を破った支配者に対して反乱を起こすことは正当化できないのだ。

カントは道徳絶対主義者だった。道徳は理性に支配されているので、そこに条件は付かない。つまり、あらゆる状況で誰もが従わなければならないということだ。すべては「理性の事実」〔人間が、感情や欲望に左右されずに、道徳的な判断をする能力を先験的に持っていること。カントが『実践理性批判』で使った用語〕なので、論理学や数学がそうであるように、道徳は決して例外を認めない。文脈には関係ないのだ。道徳は、絶対的な拘束力を持った、純粋で定言的な規則から成り立っている。だからカントは、正義は「絶対に政治に適応すべきではなく、常に政治が正義に適応すべきだ」と主張したのである。カントの道徳の宇宙には、便宜主義や、ごまかしや、原則に関わる妥協を含む余地はないが、道徳の境界のすぐ内側には、思慮深さや柔軟性のために重要な役割をする領域がある。例えば、カントは、嘘をつくことを道徳的な誤りだと考えた。これは、結果がどうであれ、いかなる状況でも嘘は許されないという意味である。結果は道徳とは関係ないのだ。

カントにとって道徳的に意味を持つのは「善意志」〔人間が持つあらゆる善をコントロールする、道徳法則に基づいた唯一で絶対的な意志〕だけである。善意志は各個人の内面の問題であり、結果には関係ない。結果は個人の外側の問題であり、私たちにはどうすることもできないし、当然、私たちに責任はない。人を欺くことを、マキャヴェッリは君主が日々用いる必須の道具と見なしたが、カントにとっては絶対に許されないことだった。たとえ真実を語ったことで、多くの人々の命が失われたり、君主自身や国家が破滅したとしても、その判断は変わらないのである。

実際、カントは時折、さらに踏み込んでfiat iustitia pereat mundusという言葉を「正義の正しい原則」だとして称賛した。ラテン語で「正義はなされよ、たとえ世界が滅びようとも」という意味である〔一六世紀の神聖ローマ皇帝、フェルディナント一世が座右の銘としていた格言。カントは『永遠平和のために』の中でこの言葉を引用している〕。覚えている人もいるだろうが、マキャヴェッリは君主の犯罪について「たとえ行為によって告発されても、結果によって弁護される」と書いた〔第八章を参照〕。「正義はなされよ……」という格言ほど、マキャヴェッリの言葉から遠く離れた言葉はない。そういうカントでも、黙して真実を語らないことは道義的に許されると認めていたが、嘘をつくことはどんな状況でも絶対に許容しなかった。

家父長主義に対する嫌悪

家父長主義に対するカントの強い嫌悪感は、本質的に唯一絶対の善である人間の尊厳を尊重する気持ちから生じていた。家父長主義的な政府は、親が、善かれと思って子どもの嫌うことをするように、市民のためと思って市民の意に反する行動を強制するからである。どれほど開明的で、慈悲心にあふれていても、家父長主義が「想像し得る最も専制的な思想」であることに変わりはない。家父長主義は、人間という理性的な存在を、目的そのものにするのではなく、目的（人間の幸福）のための手段として扱うからだ。

カントは、市民の福利や幸福の実現は国家の役割ではないと主張する。それを政治の究極の目的だと考えたアリストテレス（や、あとで取り上げるマーサ・ヌスバウム）の思想とはまったく逆である。カントは、幸福は漠然とした主観的な概念であり、客観的で絶対的な理性とは別種のものだと考えていた。だから、政治においては、各個人が道徳的な生活を送り、それぞれの方法で幸福を手に入れられるような、安定した法と制度の枠組みを構築すべきだと言うのだ。この考え方は、あとで述べるように、二〇世紀後半のリベラルな思想に大きな影響を与えた。

カントの考える適正な政体は、人々に可能なかぎり大きな自由を与えるとともに、他者の自由を守る体制だった。政府が個人の自由を積極的に守らなければならないということは、時として自由を妨げる障害を強制的に排除することを意味する。例えば、ほかの市民を脅迫して行動の自由を奪っている人を逮捕する場合がそうだ。これは、カントが「自由を阻害するものの阻害」と呼んだもので、自由を強化するための法的強制力の使用を意味する。その論理はまた、自立した生活ができないために自由が制限された人々を支援する、福祉政策を正当化するときにも使われる。ただし、その場合も、受益者にとっての家父長主義的な強制力となってはいけない。

こうした厳格な道徳観を持つカントが、民主主義に対して用心深くなり、「それは必ず専制政治につながる」と言ったのは、驚くに当たらない。ただ、彼の言う「民主主義」は、古代アテナイで行われていたような直接参加型の民主主義であって、現代によく見られる代表制民主主義ではない。カントは、上下双方から侵襲する専制主義から、個人の権利と自由を守らなければならないと考えていた。その懸念は、ジョン・スチュワート・ミルやアレクシ・ド・トクヴィルといった一九世紀のリベラルな思想家と共通する。

カントが支持していた体制は、道徳と一致する法によって政治権力が規制され、市民の人権が権力の恣意的な行使から守られている、制限付き立憲国家である。ここで言う権力には、「物事を深く考えない大衆の権力」も含まれる。カントはルソーを尊敬していた（彼の書斎にはルソーの肖像画だけが掛けられていた）が、民主的統治への信頼はルソーと共有していなかった。それが、きわめて容易に専制政治に変わってしまうからである。

カントにとって理想的で最も安全な統治の形態は、立法権と行政権を切り離し、権威と、自由、（直接ではなく）代表制民主主義を組み合わせたものだった。そうすれば、独立していて資産のある少数の男性（女性は含まない）だけが、立法作業に積極的に参加できることになる。一方、女性に対しては、彼は寛大にも、「受動的」市民という地位を得ることを認めていた。この点では、カントは、ポピュリストだったルソーよりも、保守的なヒュームにずっと近かった。

　このような、道徳律と軌を一にする国内の政治制度は、絶えず戦争をしている世界の中では常に危険にさらされる。そこでカントは、すべての国が、永遠平和を目指す一つの国家連邦を形成することを提案する。私たちの理性を支配する世界的な道徳律に唯一合致する制度として、実際に、すべての人間にはこの理想を推進する道徳的義務があると、カントは主張した。彼は、どれほど遅々としていても、世界の歴史は平和に向かって動いてきたし、これからも動き続けるだろうという楽観的な見通しをずっと持っていた。バルト海に面した大学の、安全で快適な研究室から離れることがなかった学者の結論だと考えると、驚くようなものではない。

　果たして、カントの道徳的理想主義は、ジョン・ロールズのような現代の哲学者を強く惹きつけた。ロールズもまた、ニューイングランドの快適な研究室で〔ロールズは、プリンストン、コーネル、ハーバードなど、主にアイビー・リーグの大学で教鞭をとった〕執筆を続けた学究的な哲学者である。社会に大きな影響を与えた彼の著書『正義論』は、あとで触れるように、二〇世紀後半のカント哲学復権のきっかけとなった。

　実際、現代の道徳哲学や政治哲学の議論で使われる用語は、少なくとも欧米では基本的にカントの著作から生まれたものだ。そして現在、彼の著作は、象牙の塔の外でも、国際法の条文や、正義や人権に関する世界的な政治議論に、明らかな影響を与えている。人間には固有の尊厳があるというカントの基本的な信念は、戦争や、搾取、残虐行為などによって絶えず破壊されている世界において、きわめて魅力的な考えなのである。

しかし、カントはヒュームの亡霊を完全に追い払うことはできなかった。ヒュームの厄介な懐疑主義は、いまだに私たちに取り憑いている。理性こそ、間違いなく道徳に関する絶対的真理の源泉であるという、カントの信念を共有するのは難しい。道徳的真理が立脚する究極の基盤は謎だと、彼自身ですら認めているのだ。

それに、多くの懐疑論者が、彼の普遍主義にはきわめて偏狭なところがあり、彼が道徳の純粋さを追求する姿には何か怪しげなものがあると言っている。どんな政治システムや社会システムにせよ、倫理に関する絶対的な制約の下でどうやって機能するのか、容易には想像できない。おまけに、私たちの理性がその倫理的制約に従うように命じるのだと、カントは言っている。例えば、嘘をつくことを完全に禁止し、「一切の便宜を認めない」としたら、政治的な大惨事が生じるか、すべての政治家が偽善者になるかの、どちらかだろう。マキャヴェッリは、倫理的な理由から、人を欺くことは日常の政治の欠かせない一部であると言った。他方、カントは、これも倫理的な理由から、政治には嘘が入る余地などまったくないと言う。一人が政治家は常に嘘をつかなければならないと考え、もう一人は、政治家は決して嘘をついてはならないと考えた。これらの両極端のあいだには、倫理と政治が両立する可能性を持った広いスペースがある。

第一六章｜近代

トマス・ペイン

煽動者

生前は、人口に膾炙《かいしゃ》した著書によって最も影響力のある革命の擁護者となり、君主たちの天敵だったトマス・ペインが、国王の処刑に公然と反対したことで危うく処刑されそうになったのは大きな皮肉である。ペインは、君主制の廃止を熱烈に支持したが、退位したフランス国王を断頭台に送ることには反対だった。代わりに、彼は国王をアメリカに亡命させることを提案した。それが、多くのフランス人にとってギロチンよりも恐ろしい刑罰であるのは、当時も今も変わらない。この問題とその他の犯罪を理由にして、ペインは当時暮らしていたフランスの革命政府に逮捕された。

後日、彼は監獄で、翌日に刑が執行される収監者のリストに入れられた。該当者の独房のドアには、翌朝、看守が断頭台までの最後の旅に伴う収監者を集めるときのためにチョークで印が付けられる。その夜、ペインの独房に印が付けられたとき、たまたまドアが開いた状態だった。だから、翌日、看守が死刑を執行する収監者を探しに来たとき、閉じられたペインのドアに印は見つからなかった。彼は、まったくの偶然によって、ほかの死刑囚とともに処刑されることを免れたのだ。

ペインの処刑を命じた急進派は、間もなく、ペインが支持していたより穏健なグループによって打倒され、彼は一年近く収容されていた監獄から解放された。死の淵を覗いた体験にもかかわらず、フランス革命を支持するペインの信念は、友人のメアリー・ウルストンクラフトと同様、大きく揺らぐことはなかった。

ペインは、ウルストンクラフトと同じように、パリで革命の騒乱に飛び込み、煽動的なパンフレット〔当時のジャーナリズムの一つだった、時事問題についての意見を書いた小冊子〕『人間の権利』を書いた。以前、彼がアメリカ独立革命を擁護するために書いた『コモン・センス』はベストセラーになったが、『人間の権利』の販売部数はそれを超えた。

そして、これもウルストンクラフトの『人間の権利の擁護』と同じく、『人間の権利』は、エドマンド・バークのフランス革命への激しい攻撃に対する直接の反論だった。ペインは、バークの攻撃のあまりの苛烈さにショックを受けたのだ。というのも、彼はバークと個人的な交流があり、少なくともフランス革命まではバークに好感を持っていたし、バークも彼を「偉大なアメリカ人」と呼んでいたからである。

しかし、フランスで起きたことがペインとバークを正反対の方向に追いやった。それは、革命によって出現した新しい政治世界が「左翼」と「右翼」に分かれ〔これらの言葉自体が、革命期のフランス議会での議長席から見た急進派と保守派の席の方向に由来する〕、その過程で、対立する二つの政治思想が激しく論争する伝統が生まれたことを忠実に反映していた。

ペインが当時の政治状況に与えた影響は、どんなに強調してもしすぎることはない。彼が書いた本やパンフレットは、アメリカだけでも数十万の人々（当時のアメリカの人口はわずか二五〇万人だった）に読まれ、北アメリカの一三のイギリス植民地やフランスで、革命運動を大きく前進させた。にもかかわらず、彼が常に慎ましい暮らしをしていたのは、ポリシーとして著作の印税を受け取らなかったからである。

彼は、急進的な思想の普及者であり、それを、わかりやすく、人の心を動かすような言葉で表現する類いまれな才能を持っていた。のちにアメリカの大統領になるジョン・アダムズが「ペインのペンがなければ、ワシントンが剣を振るっても無駄だっただろう」と書いたのは、決して誇張ではなかった。一七七四年に、ペインが祖国イングランドからペンシルヴェニアに着いたとき、彼は、必要とされるときに、必要とされる場所にいる、必要なメッセージを持った必要な人物であり、何よりも、それを伝えるために必要な表現方法を持っていた。

反乱が勃発する少し前にペインがアメリカに着いたとき、彼は三七歳で、正規の教育をほとんど受けておらず、まったく無名だったというのは実に驚くべきことだ。それは、一世代前に無一文でパリに着いたルソーの状況とよく似ていた。

『コモン・センス』は、独立革命が始まって間もない一七七六年に出版されると、爆発的に売れ、無名だったペインを、文字どおり一夜にして有名人に押し上げた。イングランドにいた頃から彼が持っていた急進的な政治思想が、一三植民地の住民のあいだに広がっていた憤懣に満ちた反乱の雰囲気に見事に適合したのだ。

アメリカ独立革命の大義

ペインは、同志である植民地の住民に、ぶっきらぼうだが熱のこもった口調で次のように話した。君主制は不適切な統治形態で、本質的に腐敗したり専制政治に陥ったりしやすい。だから、あなた方はイギリスと完全に決別して、人民を主権者とする新しい共和国をつくるべきだ。その目的を実現するためなら私は暴力も恐れない。アメリカ独立革命は、世界的な意義を持つ歴史的な出来事だと思っている。その基本理念である、自由、平等、民主主義は、普遍的なものだ。だからあなた方を支援するのであり、ほかのすべての人々もそうすべきだと思っていると、ペインは語った。

そして「私を、どうしても力を貸したいという気持ちにさせるのは、場所でも、人でもなくて、革命の大義そのものだ」と書いている。彼が反乱者の側に立ったのは、彼らの大義が「すべての人類の大義」だったからだ。これが「アメリカ例外主義」という概念の始まりである。その言葉が意味するのは、アメリカ合衆国の建国は、人類史上先例のないまったく新しいものの創造であり、世界を自由と共和主義に導く使命を持っていた、という信念である。ペインが建国に加わったその国では、今でも多くの人に支持されている。

彼は、著書の読者に、過去と完全に決別し、北アメリカで「もう一度、新たに世界を始める」ために、理性と、平等と、自然権に基づいて、まったく新しい政府と社会をつくるよう、強く説いた。そして、一七七六年〔『コモン・センス』が出版された年〕に「新しい世界が生まれる日は目前に迫っている」と予言し、もし、植民地の住民が、三つの理念を実現する新たな統治システムを首尾良く見つけたら、「今の世代は、未来の人々にとって新世界のアダムになるだろう」と告げた。

君主制や貴族制に対するペインの攻撃の核にあるのは、主権の唯一の正当な基盤は人民であるという、彼がルソーと共有していた信念である。ペインが教育や資産による投票資格の制限を排したのは、当時としてはきわめて進歩的な考え方だったが、直接民主制や普通選挙権を主張するところまでは至らなかった。アメリカやフランスのほかの革命思想家と同様に、彼は選挙権を男性に制限したいと考えていた。あのウルストンクラフトでさえ、友人のペインに女性の選挙権を認めさせられなかったということだ。

そしてペインは、一八世紀の語義で言えば、民主主義者というより共和主義者だった。人民が統治に直接参加する権利よりも、代表を選ぶ権利の方を支持したのである。また、彼は、人民の主権意志は、国家の主目的、つまり国民の自然権保護のためには制限されるべきだと考えた。この点において、ペインは、一般意志を絶対視したルソーよりもロックに近い。だが、代議共和制というペインの考え方でさえ、アメリカ建国の父たちの多くには、行きすぎだと捉えられた。

その中の一人ジェームズ・マディソンは、暴民支配を恐れ、体制内での抑制と均衡《チェック・アンド・バランス》を拡大することで民意の圧力を抑え込もうと考えた。また、ジョン・アダムズは、ペインの思想は「民主主義が行きすぎていて、抑制が働かず、バランスを取る仕組みもないので、混乱とあらゆる弊害が起きるに違いない」と不満を漏らした。

革命の是非については、ペインはロックの側に立ち、政府がなければ社会は存立しないと言ったホッブズを批判した。政府を転覆させれば社会は崩壊し、私たちは万人の万人に対する戦いに放り込まれてしまうとホッブズは唱えた。それに対し、ペインはロックと同様に、社会はその存立を政府に依存していないと考えた。

政府は必要悪である

社会は、私たちがより多くの欲求を満たそうとして自然に発生するものだが、政府は、人間が「自分たちの悪徳を抑制」して、お互いから自分を守るために、あとから付け加えたものである。社会は天恵だが、政府は「必要悪」だとペインは言う。政府のない社会は、成り立ち得るだけでなく、国家が私たちの自然権を踏みにじるときには、むしろ待ち望まれるものである。そうなると、国家は、必要ならば実力に訴えても排除すべき無用の悪になる。ペインにとって、私たちの自然権は「不変で不動の原則」であり、どんな政府の正当性もそれに基づいて決まるのだ。

政府が、自分たちの自然権を守りたいという欲求から生まれるのだとすると、では自然権はどこから来るのだろうか？　ペインによれば、その源は神である。よく知られているとおり、アメリカの独立宣言には以下のように書かれている。「われわれは、以下の事実を自明のことと信じる。すなわち、すべての人間は生まれながらにして平等であり、その創造主によって、生命、自由、および幸福の追求を含む不可侵の権利を与えられている」。

これはペインの見解でもあった。彼は、政府の道徳的根拠は究極的に神であるとしたが、そこに信仰行為が含まれることを否定した。感情や偏見、そしてバークが重視し、社会的、政治的秩序に不可欠だと考えた「習慣」によって心を曇らされずに、「理性と自然の純粋な声」に耳を傾ければ、誰でも神と道徳を直接見いだせると、楽観的に信じていたのだ。

啓蒙の時代を代表する多くの思想家と同様に、ペインは理神論者であり、普遍的で、慈悲深く、理性的な創造主としての神の存在を信じていた。彼は、すべての組織化された啓示宗教を厳しく批判した。彼にとっては理性や証拠が唯一の知識の源泉だったが、啓示宗教は、そのどちらにも基づいていなかったからである。

ペインのキリスト教に対する攻撃の激しさは、やがてアメリカでの彼の評判を傷つけることになる。彼は一八〇九年に亡くなる数年前にアメリカに戻ったが、そのときには、熱狂的な信仰の波が、生まれて間もない国を席巻し始めていた。のちに、大統領のセオドア・ローズヴェルト〔在任期間一九〇一〜一九〇九年〕が、ペインは反キリスト者だとして、「汚らわしく取るに足らない無神論者」というレッテルを貼ると、多くの人がその言葉を使って彼を批難した。

しかし、ペインは狂信に反対したのと同時に、無神論にも反対で、フランスで理神論に基づいた新しい「敬神博愛教会」が設立されたときは、援助を惜しまなかった。彼は、一八世紀に流行したデザイン論（現在は「インテリジェント・デザイン論」と呼ばれる）〔第一一章を参照〕など、理神論を擁護する言説に依拠して、神の存在を説明しようとした。

もしペインが、理神論を批判して評判を呼んだヒュームの『自然宗教に関する対話』を読んでいたとしても、とくに強い印象は受けなかったように思える。ペインはちょうど『理性の時代』を執筆中で、自分の道徳観や宗教観の正当性を訴えようとしていたときだったからだ。これは彼にとって不運だった。自分の倫理的原則や政治的原則を、すでにヒュームから辛辣な批判を受けていた宗教的主張に基づいて構築していたからである。

商業共和国というアイデア

ヒュームとペインの意見が一致するのは、人類の歴史を通じて、商業が文明化の主要な原動力だったという認識である。二人は市場の力を楽観的に信じていて、政府が市場を入念に統制し、適切に調整すれば、競合する利害を調停し、社会を統合し、人間の福利を推進することができると考えていた。また、二人は同じように、商業が、国内だけではなく国家間の結束も強くするだろうと期待していた。ペインは、「政府の貪欲な手」が「産業の隅々やあらゆる隙間に突っ込まれ、多くの利益を漁っている」と批難した。若い頃、イングランドでジョージ三世の収税吏をしていた人物〔ペインは職業を転々とする中で収税吏も務めた〕が発したこの皮肉に敵が気づかないわけがなく、彼の明らかな偽善をここぞとばかりに攻撃した。

ペインは、私有財産は神から与えられた権利であり、国家が守るべきだと考えたが、公共の利益のために国家がそれを没収する権利を持つことにも賛成した。この姿勢は、彼の思想の一貫性に疑問を生じさせた。ペイン個人は、この考え方によって利益を得ている。ニューヨーク州の上院が、亡命したあるロイヤリスト〔独立革命時にイギリス国王を支持し、独立に反対した人々。財産を没収されるなどして多くの人が亡命した〕から没収した小さな農場を彼に与えたのだ。だが、彼はのちに、もっといいものをくれてもよかったはずだと不満を漏らした。こうした没収に関して、ペインは「これを復讐と呼んではいけない」と書いている。「むしろ、苦しんでいる人々の穏やかな憤りと呼ぶべきだろう」。

彼はまた、税制の目的は、富の不平等を抑制し、公共の福祉や、社会保険、貧困層に対する学校教育の無償化、高齢者への年金給付などを実現することだと説いた。どれも、二〇世紀になってようやく実現されるアイデアである。ペインが提唱したさらに急進的な公共政策の中には、二一歳を迎えたすべての市民に一五ポンドの一時金を給付し、成功の可能性を持たせて社会に送り出すというものがある。ペインは、社会主義者でも社会民主主義者でもなかったが、福祉を必要としている人々を社会全体で支援し、経済的に余裕がある人々に課した税金でそれを賄うという主張によって、死後、左翼や極左の多くの人々に影響を与えた。

ペインが提案した商業共和国というアイデアには、ヒュームもルソーもそれほど感心しなかっただろう。共和主義は商業社会に適合しないというのが二人の共通した考えだった。彼らは、どちらかを選ばなければならないと思っていたので、ヒュームは商業を選び、ルソーは共和主義を選んだ。現在のアメリカを見ると、この点で、ヒュームやルソーに同調せざるを得ない。

アメリカでは、商業があまりにも長く圧倒的優位にあったので、共和主義という考え方は今では古風にしか感じられない。比較的規模が小さく、ほとんどが田舎だった初期のアメリカ共和国でペインが支持した商業主義と共和主義の組み合わせは、今では妥当とは思えない。ルソーが見たとおり、共和国は、実際は小規模な地域でしか成立しない上に、構造が単純で、結束が固く、平等であるという条件が付く。それらはしばしば商業社会によって蝕まれるものだ。これらの条件は、大規模で、複雑で、グローバル化され、不平等が拡大していく資本主義社会では実質的に維持できない。現在、欧米では、ほとんどの人々がこうした社会に住んでいるのだ。

ペインの著作は、生前には赫々《かくかく》たる成功を収めた。その理由の一つは、彼が、アメリカやフランスの同時代の出来事と、人類の進歩と啓蒙に関する力強い叙述を結び付けたことである。その組み合わせは、何かが今よりも良くならないかと期待する多くの一般人にとっては、途方もなく魅力的だった。そうした楽観的な語りがある程度人を惹きつけるかぎり、つまりこれから先もずっと、彼の著作は読者の心を動かし続けるだろう。しかし、こうして思想史をたどってくればわかるように、ペインの著作に勝るとも劣らない力強い叙述はたくさんあるのだ。

第一七章 近代

ゲオルク・ヴィルヘルム・フリードリヒ・ヘーゲル

神秘主義者

一八〇六年、ナポレオンはプロイセン軍を破ると、ゲオルク・ヴィルヘルム・フリードリヒ・ヘーゲルの学問的故郷イェーナを占領した。ナポレオンが誇らしげに入城してくる姿を見たとき、畏怖の念に打たれたドイツ人哲学者は、「今日、馬に跨がった世界精神を見た」と言ったと伝えられている。「世界知識の教授」を自称したヘーゲルは、確かに、広がりと野心において比類のない哲学的想像力を持っていた。原子物理学から現代政治に至るまで、森羅万象を説明したいと思っていたのだ。この果てしない哲学的野心を、馬鹿馬鹿しいほど大げさで、もったいぶっていると思う哲学者がいる一方で、発想を刺激され、心を奮い立たせてくれると言う哲学者もいる。

当時の「ヘーゲリアン（ヘーゲル学派の哲学者）」の中には未来予測を試みた者もいるが、ヘーゲル自身は、哲学は必然的に過去に目を向けるものだと考えていた。人は過去を振り返る中でしか物事を理解できないからである。「ミネルヴァの梟《ふくろう》（古代ローマの知恵の象徴）は夕暮れとともに飛び始める」〔物事がすべて終わり、全体を認識できるときになって初めて哲学が可能になる、ということ〕と彼は言っている。人生は前を向いて生きるべきだが、うしろを向くまでは理解できないのだ。

ヘーゲルはナポレオンの勝利を予言できなかった。まして「歴史の終わり」〔ヘーゲルにおいては、もうそれ以上進歩しようのない最終状態のこと。フランシス・フクヤマの『歴史の終わり』は、これを踏まえている〕がわかるはずもない。だが、彼はその（束の間の）勝利を哲学的に説明しようとした。

人間の自由を追求する神の意志

ヘーゲルによれば、人類の歴史全体は、人間の自由を追求する神の意志（彼がGeistつまり「精神」と呼ぶもの）の働きが反映されたものである。歴史は「弁神論」〔世界に悪が存在することが神の全能性と矛盾しないことを証明しようとする議論。神義論とも〕、つまり神の正しさをめぐる物語なのだ。集団の指導者や、階級、国家、帝国はすべて、審判《さばき》の庭や歴史の死刑執行台の前に連れて来られる。

歴史には、善が敗北し、悪が栄えるように思えることもしばしば起きるが、偶然に起こることは一つもない。あらゆる歴史的出来事は、それぞれ独自の形で理性と自由の進歩を示す。ただし、それが明確にわかるのは、普通は、過去を振り返ったときだけである。

聖書に描かれる歴史では、神の摂理はイスラエルの「敗北」すら最終的な勝利の手段に変える。同様に、世界史においては、ヘーゲルが「理性の狡智」〔歴史には反理性的に思える出来事が起きるが、それも理性が自らの目的を達成するための手はずだということ〕と呼ぶものが、戦争や、奴隷制度、帝国主義までも利用して、究極的には人間の自由を確実に推進させるのである。

フランス革命は、たとえ人々を「破壊の狂乱」に巻き込んだとしても、フランスの封建秩序を崩壊させ、人間らしさを解放するために必要だったと、ヘーゲルは言う。彼は、成人してからの毎年、フランス革命記念日を祝福し、革命に乾杯した。だが、同時に、フランス革命の限界もわかっていた。自由、平等、友愛という、純粋に抽象的な理念に突き動かされた革命は、純粋に否定的で破壊的であり、旧体制を崩壊させただけで、新たな体制を生み出すことができなかった。

歴史が求めたのは、進歩を取り消して以前の状態に戻そうとする反革命ではなく、革命で獲得したものを、現実的で安定した新しい政治的秩序の中で確保する指導者だった。だからナポレオンは、反動的な敵を打ち破ることでフランス革命を「救った」のである。革命をテーゼとし、反革命をアンチテーゼとするなら、ナポレオンは一時的なジンテーゼであり〔ヘーゲルの弁証法において、最初に立てられた命題をテーゼ（定立）、それに対立する命題をアンチテーゼ（反定立）、両者がアウフヘーベン（止揚）されて矛盾が解消したものをジンテーゼ（統合／総合）と言う〕、すべての市民（初めてユダヤ人が含まれた）の法的平等を、伝統的な専制政治の安定性と結び付けたのだ。

もちろん、最終的なナポレオンの敗北の理由もヘーゲルは説明する。ナポレオンがフランスの政治制度と法を、スペインとロシアに押しつけようとしたために、フランスの「普遍主義」に直面した両国が、民族の伝統を暴力的に主張する結果になったのである。

ヘーゲルは、ナポレオンによるヨーロッパの専制政治の破壊を必要なことだと見なしたが、一方で、フランスの帝国主義やプロイセンの封建的伝統主義を強く否定した。彼は、この国家の存亡を賭けた衝突〔ナポレオン戦争や普仏戦争を指す〕の中から、現実的なジンテーゼが立ち現れるのを見た。人間の平等と自由が法の支配によって守られる近代的立憲国家である。だが、それが出現したのは、君主制や、官僚主義、農業といったプロイセンの伝統の中であった。ヘーゲルが、近代国家としてのプロイセンを、歴史における神の意志であると言ったのはよく知られている。伝統的制度という文脈における近代的自由の勝利、特定の地域という文脈における普遍的な理想の勝利だったのだ。

ヘーゲルが世に問うたのは政治に関する統合理論であり、家族や、道徳、習慣から、市場や、法、統治に至る、ありとあらゆるものを包含するものだった。それが原因で、彼の理論は、しばしば、どこか「全体主義的」だと誤解されている。

確かに、第二次世界大戦の東部戦線での大規模な戦闘は、ヒトラーのヘーゲル右派思想とスターリンのヘーゲル左派思想の衝突として語られてきた。ヒトラーのファシスト的コーポラティズム〔さまざまな職能組織を糾合して、調和の取れた社会を実現しようとする思想。協調主義〕とスターリンのマルクス主義は、どれほど歪んでいるにせよ、明らかにヘーゲルの思想とつながりがある。もしヘーゲルに尋ねる機会があったとすれば、彼は、間違いなく、ファシズムも共産主義も、ともに近代産業と大衆社会が生んだ問題に対する必然的な反応だと答えただろう。そして、ファシズムと共産主義は、プロイセンとロシアの貴族制を崩壊させることで、近代的な社会民主主義の成功に続く道を開いたと、指摘していたに違いない。

現在、戦後ドイツの民主主義を思いがけなく推進してしまったのはヒトラーだったことが明らかにされている。それは、ヘーゲルが「理性の狡智」と呼んだものが大きなスケールで働いた例であり、歴史が、最も思いがけない戦略によって、自由という自らの目的を達成するプロセスだったと解釈できる。悪だと思われていたもののすべてが、実は、究極の善なる目的、つまり理性と自由の拡大のために働いていたのである。このように、ヘーゲルの歴史哲学はあらゆることの説明に使えるが、多くの人には何も説明していないかのように思えるのだ。

二つの対立する概念を調和させる「弁証法」

「弁証法」と呼ばれるヘーゲルの哲学的手法は、彼のほかのどんな哲学理論よりもよく知られている。ヘーゲルによれば、二つの概念が（テーゼとアンチテーゼとして）対立しているとき、私たちはしばしば、それらをより高いレベルで統合することで、調和させることができる。

では、実際の歴史において、弁証法はどのように働くのだろうか？　ヘーゲルが最もよく使う例は、古代ギリシャの「ポリス」と近代の立憲国家である。古代ギリシャの都市国家は、芸術的、知的、軍事的に偉大であったにもかかわらず、コミュニティーと個人の良心のあいだの悲劇的な葛藤を避けられなかった。

ヘーゲルによれば、古代ギリシャで最も壮大な悲劇はソフォクレスの『アンティゴネー』である。劇の中では、コミュニティーが裏切り者を罰する正義が、個人の良心から生まれる正義と真正面から衝突する。テーバイの支配者クレオーンは、正当な処置として、裏切り者ポリュニケスの遺体の埋葬を禁じる。だが、クレオーンの命令にもかかわらず、アンティゴネーは、神の掟は兄を埋葬するように言っていると主張する。

同様に、現実のアテナイの歴史においても、私たちは、ソクラテスが神々を冒瀆し、若者たちを拐《かどわ》かしたとして、同じ都市《ポリス》の市民から批難されるのを見た。ソクラテスも、自分は良心という神の声に従っているだけだと主張した。

ヘーゲルによれば、アンティゴネーとソクラテスが死ななければならなかったのは、古代ギリシャのポリスという限られた世界では、せめぎ合う国家の主張（テーゼ）と個人の良心の主張（アンチテーゼ）が統合される余地がなかったからである。

こうした悲劇的な葛藤が克服できるようになったのは、近代の自由な国家で認識されているような、良心は不可侵であるというキリスト教の普遍的な原則が確立してからだった。客観的に見て、近代の政治コミュニティーが古代の都市国家より優れているのは、コミュニティーにとっての正義と、個人の良心による正義の両方を守ることで、こうした悲劇的な葛藤を乗り越えられるところだと、ヘーゲルは言っている。

ヘーゲルの包括的な歴史観をどう捉えるにせよ、それは、自由な社会によく見られる個人の正義とコミュニティーの慣習との衝突について、考えを深める手掛かりになる。ヘーゲルは、ホッブズからカントに至る自然権の議論を、個人とその抽象的権利を政治理論の出発点にしているとして、厳しく批判した。

社会的文脈から切り離された個人、つまり「負荷なき自己」〔個人にまつわる具体的条件とは無関係に措定される抽象的な自己。マイケル・サンデルがロールズらのリベラリズムを批判するために用いた〕を起点にして、人に平等や表現の自由といった一連の抽象的な自己決定権を与えれば、その人を社会に戻した途端に、終わりのない衝突が生まれることになる。こうした権利には制限がなく、どこまでも拡大するので、複数の個人がともに生きることが不可能になるのだ。

現実のあらゆるコミュニティーは、人々が、家族や、会社、軍隊、政体などの中で、共存し、協力できるように、自己決定権や、平等、自由などを制限している。実際、ヘーゲルは、フランス革命が失敗した原因は、すべての市民に、自由、平等、友愛に対する抽象的権利を与えようとしたことにあると言っている。結局、それは、既存のあらゆる社会制度を破壊する口実に使われただけだった。

社会的文脈から切り離され、抽象的な権利で武装した個人ではなく、現実に生きている人間のコミュニティーと倫理的慣習から始めなければならないと、ヘーゲルは言う。道徳的な理想と法的権利が社会的慣習に埋め込まれていなければ、それらはどこか他人事のように思え、私たちの行動とは関係ないように感じられるだろう。

真の自然権は、慣習の中に根付くことによって、第二の自然にならなければいけないのだ。ヘーゲルは、古くからの決まりや、慣習、伝統などを厳然たる事実だという保守主義者の主張を却下する。社会的慣習が規範として有効になるのは、ただそれらが伝統だからというだけではなく、目的の合理性が理解できるからである。

ヘーゲルが「理性的なものは現実的であり、現実的なものは理性的である」〔『法の哲学』の序文にある言葉〕と言ったとき、彼が意味していたのは、「存在するものはすべて理性的である」ということでも「力は正義である」ということでもない。理性的なものは常に人間の自由を現実化するのである。

たまたま存在しただけなのだから、革命によって一掃すべきだろう、といったようなものではないのだ。単に一連の社会的慣習が存在するだけでは正当性を主張できない。真の社会的自由には習慣という要素が不可欠だが、さらに、理性的な自律が実現される場合は、という条件が付く。ヘーゲルは、こうして、特定の習慣を擁護するバークと、普遍的な正義を擁護するカントの両方を取り込みながら超越するのである。

「具体的普遍」の提唱

それらに代わってヘーゲルが提案するのは、文脈を前提とした正義の理論だ。すなわち、定義された抽象的原則ではなく、家族や、企業、国家など、生きた現実の中での正義の理論である。私たちは、個人の正義ではなく、親の正義や、労働者の正義、キリスト教徒の正義、市民の正義といったものを持つべきなのだ。ヘーゲルは、抽象的な普遍性と、具体的な特殊性のどちらをも退けた上で、彼が「具体的普遍」〔個別の具体的な事物には本質として普遍的なものが含まれているということ〕と呼ぶものを提唱する。特定の社会慣習や制度は、それらが普遍的正義を体現していることを理解されなければならないし、理解されるように改革されなければならないのだ。また、抽象的正義は、具体化されて、特定の伝統や慣習へと姿を変えなければならない。リベラルな人々は、ヘーゲルが倫理的習慣を強調することを、自由という名の下に、ただ伝統的社会規範を正当化しているにすぎないと捉える傾向がある。一方、保守的な人々は、ヘーゲルが自由の進歩を強調することを、破壊的、革命的な変化の正当化だと考えがちである。

それでは、ヘーゲルの「文脈の中での正義」は、現代の倫理的、政治的論争との関係において、どう捉えればいいのだろうか？　例えば人工妊娠中絶は、意見が極端に分かれるシビアな問題である。高度に抽象化された二つの個人的権利が激しく対立するからだ。すなわち、女性の自己決定権と、胎児の生きる権利である。

女性と胎児は、それぞれが抽象的権利を持った別の個人だと見なされる。リベラル派の権利論から言うと、この葛藤には「解決策」はない。それが唯一の結論だ。では、文脈の中に置いて権利を解釈すると、この二律背反はどのように見えるだろうか？　母親と赤ちゃんの関係という文脈で見ると、母親には、伝統的に、子どもを養子に出す慣習的、法的な権利がある。これが意味するのは、妊婦も、原則的には望まない赤ちゃんを手放す権利があるということだ。

残念なことに、現在の技術では、通常、母子の分離には赤ちゃんの死が伴うが、それは子どもに対する親としての義務に反する。だが、近い将来、胎児の命を奪うことなく母親から分離することが可能になれば、母親の権利と、まだ生まれていない赤ちゃんの権利の両方が守られるようになるだろう。そうすれば、文脈の中の正義というヘーゲルの概念によって、個人の権利と、私たちの生命の中心を成すものとの、しばしば悲劇的なものになる関係が克服できる。ヘーゲルによれば、私たちは、権利と人間関係のあいだで、あるいは個人とコミュニティーとのあいだで、選択をする必要がなくなるのだ。

第一八章　近代

ジェームズ・マディソン

建国の父《ファウンダー》

アメリカ独立革命のあと、独立した植民地は「連合規約」〔独立一三州の在り方を臨時に規定した合衆国憲法の原型〕（一七八一年）の下に緩やかに結び付いていた。しかし、生まれたばかりの中央政府は、税金を上げることも、州間交易を推進することも、新国家を外国の侵略から守ることもできなかった。そこで、各州の指導者たちは、新たに、より権限の大きな中央政府を作ることで合意し、一七八七年に合衆国憲法制定会議を開催することを決定した。

会議の準備をするために、ヴァージニア州代表のジェームズ・マディソンは、連邦制と共和制についてできるかぎりのことを知ろうと勉強に没頭した。彼は、親友で政治的盟友でもあったトマス・ジェファーソンに手紙を書き、古代や近代の連邦共和国に関する学術資料、「とくにギリシャやローマ時代のもの」を送ってほしいと頼んだ。当時、ブルボン朝宮廷へのアメリカ代表としてフランスに駐在していたジェファーソンは、パリの路上に並ぶ古本屋を探し回り、ほとんどがフランス語で書かれた一九七冊の本をヴァージニアのマディソンのもとに送った。

合衆国憲法の父

「合衆国憲法の父」、あるいはもっと広く、歴史上最も偉大な憲法設計の理論家かつ実践家、というマディソンの名声の裏には、途方もない努力があったのだ。しかし、多くの偉大な政治思想家たちと違って、マディソンは、書物から得た膨大な知識を政治家としての幅広い経験と結び付け、政治家の中の哲学者、哲学者の中の政治家になった。

彼は、政治家としてジェファーソンの歩んだ道をたどり、ヴァージニア州議会議員から大陸会議〔一三植民地が独立する前に二度開かれた植民地代表者会議〕の代議員に、国務長官から合衆国大統領になった。マディソンは、ジェファーソンのように華麗な修辞法（例えば「すべての人間は平等に創られている」など）は使えなかったが、人民政府というジェファーソンの理想を、人間性に関するより冷静なリアリズムと、組織の力学に関する鋭い洞察によって、穏当なものに変えた。

例えば、ジェファーソンは、それぞれの世代が自分たち自身の憲法を書くべきだと考えた。

人々が死者によって統治されるのなら、人民による支配に何の意味があるのだろう、ということだ。それと対照的に、マディソンは、健全な民主政治には安定した基本法の枠組みが必要だと主張した。頻繁に憲法を変えるのは、試合中にゲームの規則を変えるようなもので、民主的な権力闘争の公平性が損なわれるというのである。提案された新しい憲法を解説し擁護する評論集『ザ・フェデラリスト』（匿名で出版されたが、実際の著者はアレクサンダー・ハミルトン、マディソン、ジョン・ジェイの三人）へのマディソンの寄稿によって、その本は政治思想史に対するアメリカの最大の貢献となった。

若き日のマディソンは、ニュージャージー大学（現在のプリンストン大学）で、ジョン・ウィザースプーンに師事した。スコットランド出身で、カルヴァン派のキリスト教徒だったウィザースプーンから、マディソンは人間性に関するアウグスティヌスの悲観主義を学んだ。

覚えているだろうが、アウグスティヌスは、人間の根本的な悪徳について考察したことで、最初の政治的リアリストと呼ばれている。その悪徳とは利己的な性向のことで、育て方や教育によって緩和されることはあっても、取り除くことはできない。のちにアクトン卿が「権力は腐敗する。絶対的権力は絶対的に腐敗する」と言ったのも、その原因が人間の根本的な悪徳にあると考えたからである。この言葉が意味するのは、どれほど「徳の高い」政治家であっても、信用して政治の全権力を委ねてはいけないということだ。

アウグスティヌスの思想を受け継いで、マディソンは「人間が天使だったら、政府は必要ないだろう」という有名な言葉を残した。イマヌエル・カントは、制度的メカニズムによって専制的な権力の行使を制御するというマディソンの考えを高く評価し、巧みに設計された憲法は「悪魔の種族」〔『永遠平和のために』の中で使われた言葉〕にも有効だと言った。マディソンはそこまでは考えていなかっただろう。彼が訴えたかったのは、市民や政治家が公民的徳を大きく欠いていれば、憲法のどんな規定も有名無実になるということだった。

イギリス国王と議会の圧政を排除したマディソンは、アメリカが、今度は、同胞である市民たちによって専制化されることを恐れた。すでに彼は、アメリカ国家連合〔「連合規約」によって成立し、一七八一～八九年に存在した独立一三州の連合体〕において、多数の債務者が少数の債権者の富を収奪するのを目にしていた。もちろん、もっと苛酷なのは、多数派の白人による少数人種に対する長期間の虐待である。

マディソンにとって生涯で最も重要な課題は、人民政府を個人の自由と結び付ける方法、言い換えれば、少数派を抑圧することなく民主主義的な多数派に権限を与える方法を考え出すことだった。ヨーロッパの歴史を見ると、大衆に嫌われるユダヤ人のような少数派は、大衆が直接決定に関わるような合議制よりも、君主制において、より守られる傾向がある。

民主共和制という理想

マディソンは、民主制より共和制を好んでいたとよく言われるが、民主共和制が良いと思っていたと言う方が正確だろう。マディソンは、彼の言う「純粋な」民主制、つまり、すべての問題についてすべての市民が投票できる古代の直接民主制を、しばしば批判していた。熱狂した市民は会議を専制的なものにしてしまうと考えたのだ。「たとえすべての古代アテナイ人がソクラテスのような人間であっても、全員が集まればただの群衆になる」からである。

マディソンが望ましいと考えていたのは、わずかな人間が、ほかの人々を代表して統治する代議制だった。その形ならば、人民の生《なま》の感情が代表者たちの深慮によって緩和される。歴史上の共和国の多くは貴族制だったが、マディソンが支持するのは民主共和制である。古代世界には直接民主制の典型があるが、代議制ではない。中世ヨーロッパには代議制の典型があるが、民主制ではない。マディソンは古代と中世の政治的理想を組み合わせて、真の代議制民主主義に発展させようと考えたのだ。

マディソンに政治思想家として天賦の才があったことは、従来の政治思想と実践の前提となっていたいくつかの基本原則を覆したことに明白に表れている。古代から中世にかけて、政治思想の基本原則の一つは、コミュニティーは宗教的に統一しないかぎり政治的に統一できないという考え方だった。人類史において、ほぼすべての体制が、政治的統合のためには正統的宗教を強要する権利があると主張してきた。

ジェファーソンとマディソンは、ヴァージニア信教自由法を制定したとき、この伝統的な前提を排除した。ヴァージニア信教自由法は、やがて、信教の自由を保障した合衆国憲法修正第一条に受け継がれることになる。国教会は国家と宗教の双方を腐敗させるが、宗教多元主義は教会と政府の両方に良い結果をもたらすと、マディソンは主張した。正統的宗教の強制は政治紛争を防ぐ役には立たず、現実にはその原因になると彼は言っている。実際、蓋を開けてみれば、アメリカのキリスト教は、信教の自由の下で、どんな国のキリスト教国教会よりも速やかに浸透した。

伝統的政治理論の第二の基本原則は、民主的政体は小規模で均質でなければならないというものだ。古代の民主的政体は、結局のところごく小さな都市国家だった。共和制ローマの市民は、国が広大な帝国になると政治的自由を失った。アメリカでは、自州の権利を守るためにマディソンの新しい中央政府に反対する人々が、代表が人民に責任を負えるのは小さな州だけだと主張した。

だが、小規模な共和国の歴史を見ると、古代でも近代でも、すべて派閥争いによって破綻していると、マディソンは指摘する。実際、政体が小さければ小さいほど、富裕層と貧困層、債権者と債務者、カトリックとプロテスタントというように、敵対する二つのブロックに分裂しやすい。人間の性質や環境の多様性を考えると、自由社会が自発的に全員一致に至ることはあり得ない。派閥の形成や分裂は抑圧できないのだ。

敵対する派閥という致命的な危険の回避策は、逆説的だが、派閥を増やすことである。信教の自由が最も成立しやすいのは、多くの宗派が存在して、どれか一つがほかを抑圧するのを牽制し合っているような場所だと、デイヴィッド・ヒュームはすでに指摘していた。マディソンは、ヒュームの洞察を一般化するために、次のように言う。規模が大きく、多様性のある政体は、非常に多くの、程度もさまざまな性質や、多様な宗教、多くの地理的、文化的アイデンティティーを含んでいるので、一つの分裂が内戦につながったりはしない。広大で、地理的に多様な国家では、「北部の」「都市に住む」「貧しい」「カトリック教徒の」「白人」というように、個々の市民が多数のアイデンティティーを持っているのだ。

そして、マディソンは、公共の利益のために働くよう市民に働き掛けるのではなく、人は偏狭《パロキアル》な私利私欲のために行動するという現実を受け入れる。派閥の形成は避けられない。安全は、多様なグループの利害が交錯する所にこそ見いだせるのだ。民主共和制は、小さな国よりも大きな国の方が実現しやすいと主張した思想家は、マディソン以前にはいなかった。

主権を分散させる

伝統的な政治思想の第三の基本原則は、どんな統治機関にも主権がなければならないということだ。ヨーロッパの政体においては、国王か、議会か、「議会における国王（King-in-Parliament）」〔イギリスの憲法上の用語で、議会の助言と承認によって立法権を行使する国王の立場を表す言葉〕が主権者である。

では、主権とは何だろうか？　主権は究極のものであり、それ以上の根拠は問えない。機能不全に陥るのを避けるため、主権は分轄できない。主権は法によって制限されない。なぜなら、主権を制限できるものがあるとすれば、それは主権そのものだからだ。

マディソンは、公的には、合衆国では「人民」が主権者だと主張するだろうが、憲法の設計において彼が天才的なのは、主権をあらゆる所に置いたこと、あるいはどこにも置かなかったことである。第一に、彼は中央政府を州政府から切り離した。その場合、中央政府は主権者なのだろうか？　それとも州政府が主権者なのだろうか？　どちらの答えも「イエス」である。中央政府と州政府について言えば、それらはさらに、内部で、行政、立法、司法の各部門に分けられており、それぞれが独自の権力を持って、ほかの部門に抑制と均衡《チェック・アンド・バランス》を働かせる。政府のどの部門が主権者なのかと問うことは意味がない。政府全体ですら主権者ではないのだ。なぜなら、人民が憲法制定会議を設ければ、州政府だろうと中央政府だろうと廃止できるからである。

もし複数の政府部門が、権力を奪取しようと結託したらどうなるのだろう？　マディソンは、彼が軽んじて「羊皮紙の障壁」〔憲法制定の議論の中でマディソンが「権利章典」を指して言った言葉。法の条文のみでは権力を抑制する実効を持たないという意味〕と呼んだ憲法の規定だけでは、野心を持った政治家が法律の詳細を無視するのを防げないことを、よくわかっていた。マディソンは、制度として政府組織を分離すれば、公職者のあいだに有益な対立が生まれ、「野心が野心によって抑制される」と考えた。

政治家は、憲法への高邁な忠誠心からではなく、単に自らの権力基盤を守りたいがために、自分が支配する政府組織の特権をほかの組織から用心深く守ろうとする。マディソンの政治心理学によれば、政治家は自分の政府組織を自分と一体視するので、「どこに立つかは、どこに座るかによって決まる」〔就いた地位によって政治的な立場が決まるということ〕のである。ただ憲法を守るように政治家に説くのではなく、競合する彼らの野心を利用して、お互いの権力を抑制させるというのが、マディソンの考えだった。彼は人間を、あるべき姿としてではなく、ありのままに捉えていたのである。

マディソンがしばしば合衆国憲法の父と呼ばれるのは、一七八七年の憲法制定会議で知的なリーダーシップを取ったからである。しかし、会議では彼が推進していた「ヴァージニア案」は敗れた。それは、もっと大きな権力を持った中央政府を作って、各州が定めるすべての法律に関して拒否権を持たせるという案だった。マディソンが直接大きな貢献をしたのは、「権利章典」として知られる、憲法修正第一条から修正第一〇条の草案を書いたことだ。それは、世界史上、最も大きな影響力を持つ基本的自由の声明であり、マディソンの輝かしい政治的業績である。

マディソンは、人権の擁護者でありながら奴隷を所有しているという偽善を、十分に自覚していた。彼は、奴隷制を道徳的な悪として批判することをためらわなかったが、それを廃止しようとしたこともなかった。彼は、ヴァージニア州〔南部に属していたため、南北戦争が始まると合衆国を離脱して連合国に加わった〕の人間として、南部諸州が、奴隷制の放棄という犠牲を払ってまで合衆国に加わらないことをわかっていた。ジェファーソンとマディソンは、イギリスの作家サミュエル・ジョンソンの、アメリカ独立革命に対する厳しい批難の的になった。「黒人を酷使している連中の中から、自由を叫ぶ一番大きなわめき声が聞こえてくるのはどういうことだろう？」

マディソンが憲法を設計するに当たって何よりも重視した目的は、専制政治、とくに多数派による圧政の危険を避けることだった。彼の座右の銘は「分割統治」である。第一に、共和国を拡張したのち、社会を横断して多くの党派に分け、安定した多数派が少数派を抑圧できないようにする。第二に、主権を中央政府と州政府で分轄する。第三に、政府の内部を部門に分けて政治家同士の競争を生み、人民に不利益なあらゆる共謀を防ぐ。

この主権の分散に伴う危険は、それがしばしば政府の機能不全を招くことだ。どの部門も全面的な権力を持てないので、他部門の政策を容易に拒否するようになる。また、政府のどの部門も主権者ではないので、有権者は誰を信用したり批難したりすればいいのかわからなくなる。主権の分散は、多くの場合、責任の分散を伴うのだ。ウッドロー・ウィルソン（大統領在任一九一三〜二一年）以来、アメリカの進歩主義者たちは、マディソンの憲法が中央政府の権限をあまりにも弱めたせいで、アメリカ社会を改革しようとする試みは、特定の圧力団体によってほとんどすべて潰されると、訴えてきた。

マディソンの憲法は、政党に関する規定を設けていない世界で唯一の近代憲法である。しかし、政党がなければ、政府の部門のあいだで安定した協力関係が築けず、結果として統治能力が行使できない。同時に、政党は、政府の各部門からほかの部門を抑制する性質を奪っていく。

一つの政党が政府の複数の部門を支配するようになれば、抑制と均衡の機能は低下する。つまり、政党は統治に必要だが、同時に、マディソンが微妙に調整した権力の制御機能を削り取っていくものでもある。

マディソン以来、政治学者や経済学者は、人々が適切な行動を取るよう「そっと後押しする(nudge)」〔行動経済学者のリチャード・セイラーが提唱した概念で、明確なインセンティブや制約ではなく、何気ないきっかけで自然に行動を促すこと〕ために、ますます複雑で精緻なインセンティブや制約の制度を考案してきた。例えば現在、私たちは臓器提供者になるとか、定年後に備えて貯蓄するといった選択を、「道徳的に好ましい」選択肢をデフォルトにすることで構造化〔複雑な問題を単純化することで特定の選択肢に導くこと〕している。あるいは、経済的なインセンティブを与えることで、企業が大気汚染をやめたり、従業員に健康保険を提供したりすることを奨励する。私たちはマディソンのように、人々が、実は間違った理由で「正しい」選択をするよう、入念に制度を構築しているのだ。

一方、マディソンとは違って、私たちは、道徳的人格や公民的徳といった類いの言葉を、ほとんど捨ててしまった。公職を利用して豊かになることは、かつては堕落していると厳しく批難されたが、今では、ほとんどどこでも許容されている。私たちは、歴史から、そして現代の政治から、どんな憲法の規定も(どんなに慎重に設計されていても)、基本的な公民的徳を欠いた政治家たちをコントロールできないことを知っている。

第一九章　近代

アレクシ・ド・トクヴィル
預言者

フランスの著述家アレクシ・ド・トクヴィルは、一八三一年秋にマサチューセッツ州とコネティカット州のあちこちを旅したとき、ニューイングランドのタウンミーティング〔町政を執行するために全有権者が参加して行われる住民総会。植民地時代にニューイングランドで生まれた〕を一度も視察しなかった。にもかかわらず、今や古典となった『アメリカのデモクラシー』は、それが世界で最も優れた民主主義の実践だという、大げさな賛辞で始まっている。

ニューイングランドの、たくましく独立心にあふれた農民や商人は、州や中央政府が地域の問題を解決してくれるのをただ待つのではなく、定期的に集まって自分たちが直面する地域の問題について話し合い、論争し、結論を出していた。議題は、資金の調達方法から、分配の仕方、どこにどういう道路や学校を造るかにまで及んだ。

トクヴィルは、アメリカの地方自治に足りないものが多くあることは認めざるを得なかったが、それは問題ではないと言う。当時のアメリカの町には、自由の正しい使い方を自治を通じて市民に教えるという、かけがえのない美徳があったのだ。トクヴィルが、アメリカの民主主義を研究する上で、なぜタウンミーティングに注目したのかは謎である。そうしたミーティングは、現代アメリカの代議制民主主義よりも、古代ギリシャの直接民主主義に近いからだ。だが、トクヴィルが想定していた読者はアメリカ人ではなく、母国のフランス人だった。

民主主義の発展を歓迎するフランス貴族として、トクヴィルは、封建時代の祖先が持っていたたくましい自律の精神が、現代の民主的な市民に良い影響を与えるかもしれないと考えた。遠い昔、近代国家が成立する前のヨーロッパで、封建貴族は共通の問題を解決するために集会を開いていたが、そこでは各人が仲間の自由と独立を尊重していた。トクヴィルは、現代のすべての民主的な市民が、理想化された貴族が持っていた公民的徳に則って行動することを望んだ。言うなれば全員参加の貴族制である。

法律や道徳の領域に民主的な平等の概念が現れたのは、逆らい得ない神の意志だとトクヴィルは言う。私たちに選択できるのは、獲得するものが自由民としての平等か、奴隷としての平等かであり、自立した市民の社会か、従僕の社会かだけであると、トクヴィルは述べている。

彼は、大切な政治的自由を脅かす二つの主要な要素として、統治の中央集権化と、市場の大量消費主義を予測している。どちらも、人々を公民的徳の必要性から遠ざけ、物言わぬ奴隷の私生活に引き籠もらせてしまうからだ。彼は、旧約聖書の預言者のように、民主的平等の伸展に神の意志を見たと言うだけではなく、訪れるかもしれない未来についても私たちに警告する。そこでは、民主的な「羊の群れ」が蓄財して個人的な奢侈にお金をつぎ込む一方で、遠くの権力にうまく飼い慣らされている。それは、トクヴィルが「柔らかい専制」と呼んだものを表す未来像《ビジョン》であり、不気味なことに、二〇世紀の共産主義と、おそらく二一世紀の資本主義に当てはまる。

貴族であるトクヴィルが、なぜ民主主義者になれたのだろうか〔民主主義は平民が抱く思想だという前提がある〕？　彼が生きた時代が、フランスの、貴族政治は終わったが民主政治が始まっていないときだったからである。彼の人生の使命は、民主主義が避けられないものであることを貴族たちに警告し、政治的自由が必然ではないことを民主主義者たちに理解させることだった。古来、自国で称賛されないのが預言者の常であり、トクヴィルも、フランスでは貴族からも民主主義者からも歓迎されなかった。逆に、フランスの政治から離れた場所にいたことで、著述家という職業が続けられたとも言える。民主主義について真新しい視点から書けるのは貴族だけであり、アメリカについて発見に満ちた文章を書けるのはフランス人（あるいは外国人）だけだったからだ。

トクヴィルは一七八九年のフランス革命の影に怯えて生きていた。革命では、彼の多くの親戚が処刑され、彼の両親も処刑される寸前だった〔執行予定日の三日前にクーデターが起き、ロベスピエールが失脚した〕。時代を画すこの出来事が正義か否かについては、当時の人々の意見が大きく分かれたが、誰もが同意したのは、革命が封建君主制を根こそぎ倒したということだった。

ただ、トクヴィルだけは違う見方をしていた。封建秩序は、ルイ一四世以降の王によってすでに破壊されていた。革命はその残骸を取り除いたにすぎないと、彼は捉えていた。フランスの封建制が蛇蝎《だかつ》の如く嫌われたのは、それがほとんど存在しなくなったあとだった。一八世紀まで、フランスの貴族は多くの特権を持っていたが、政治の実権は握っていなかった。統治する必要がないにもかかわらず、統治に対する報酬をすべて受け取っていたのだ。それまでの二〇〇年間、パリの政治権力は野心的な君主に独占されてきた。一七八九年の革命家たちとナポレオンは、絶対君主が着手した中央集権化を完成させたにすぎず、その際も、貴族を飛び越して直接人民を統治したのである。

フランス革命を引き起こしたものは何だったのだろうか？　トクヴィルは、フランス人の問いに対するアメリカ人の答え（と解決策）を求めて、アメリカに旅立った。アメリカの民主主義の鍵をアメリカの地方自治に見いだしたのと同様に、フランス革命を解く鍵もそこで見つけられると考えたのだ。

中世と近世の封建制度において、農民は、貴族に政治を行ってもらう代償として労働を提供し、税を納めた。だが、一八世紀までには、農民は自分たちを管理しているのがパリの役人であることに気づいていた。にもかかわらず、何の役割も果たしていない地方貴族を支えるために税金を納めているのである。おまけに、貴族たちの多くはヴェルサイユに移り住んでいた。こんな不条理が長続きするはずがなかったし、実際に続かなかった。一七八九年までには、静かに進んでいた政治的、経済的、社会的革命が、すでにフランスの地方生活を変えてしまっていた。一七八九年に起きたことは、その暴力的な頂点にすぎなかった。地方自治を調査することで、トクヴィルは、アメリカの政治とフランスの政治の隠された秘密に気づいたのだ。

日々の経験から形成される「心の習慣」

地方政治を観察することは常に意義があると、トクヴィルは言う。なぜなら、あらゆる政治の基本となる「心の習慣」〔トクヴィルの用語で、社会における人々の道徳的、知的な性質の総体。習俗〕は、人民の日々の経験によって形成されるからである。ほとんどの人にとって、民主主義や立憲主義といったものは漠然とした抽象的概念であり、ワシントンDCやパリは外国のように感じられていた。

アメリカ人が民主的な習慣を身に付けるのは学校や書物からではなく、教区会〔町村より小さな単位の自治組織。教会の教区に起源を持つのでこの名前があるが宗教とは無関係〕や、タウン・コミッティー〔特定の課題を検討するために自治組織に設置される委員会〕、地方裁判所の陪審員などを通じてである。公民的徳とは、隣人と協力し、相違を許容することを学び、共通の問題の解決策にたどり着くことによって獲得する一連の習慣のことだ。

トクヴィルによれば、アメリカ人は、まず町を組織し、それから州、最後に中央政府を組織した。これが意味するのは、アメリカ人は自分たちがよく知っている町政からの類推で、あらゆるレベルの統治を直観的に考えられるということだ。「民主主義は鼻をかむようなものだ。たとえうまくいかなくとも自分でやらなければならない」と、G・K・チェスタトン〔二〇世紀のイギリスの小説家、評論家〕は言った。トクヴィルはこの言葉に同意するだろう。

トクヴィルは地方自治の美点を熱心に説いたが、これは、彼が州の権限の擁護者だったという意味ではない。彼によれば、州政府は中央政府と同じくらい日常生活からかけ離れた存在だった。トクヴィルが支持していたのは、連邦派（フェデラリスト）つまりハミルトン主義（アレクサンダー・ハミルトンにちなむ）による、強い権限を持った中央政府が必要だとする憲法解釈である。州の主権を重視する共和派（リパブリカン）つまりジェファーソン主義の主張には反対だった。トクヴィルは、いつもの予見力をもって、中央政府の命令を無視できる州の権限が、合衆国の存続を危うくすることを懸念したのだ。実際、のちの南北戦争中に、そのとおりのことが起きた。トクヴィルは、しばしばアメリカ人が中央政府の専制を批難するのを聞いたが、妥当な根拠はまったくなかったと論評している。彼によれば、実際には、自由に対する最大の脅威は州政府だった。

フランスで盛んに論じられ、トクヴィルがアメリカ人に答えを求めた問題は、キリスト教と政治の関係だった。フランスのカトリック教会は、何世紀にもわたって君主制と結託してきた。その結果、一七九二年に君主制が崩壊すると教会は瓦礫の中に埋没した。革命のあと、フランスの右派と左派は一つの原則に関して概ね合意した。すなわち、カトリックの教義は王政主義、反民主主義であり、民主的な平等と自由は世俗的なもので、非キリスト教的な理想である、とするものだ。

だがトクヴィルは、反対に、現代の民主主義はキリスト教の理想であり、イエスはすべての人類が平等であることを宣言するために地上に降臨したのだと、これまでになかったような情熱と決然とした意志で主張した。これはトクヴィル個人にとって焦眉の問題でもあった。彼はカトリックの信仰は失っていたが、キリスト教への愛はなくしていなかったからである。

古代の民主主義は、奴隷制や、階級の特権、家父長制に基づいていたと、トクヴィルは言う。プラトンやアリストテレスでさえ、人間が根本的に不平等であることを明確に認めていた。普遍的な人間の平等や、権利や、自由は、実はキリスト教の賜物なのだ。彼は、キリスト教が市民の倫理を作り上げてこなかったと、神学者や聖職者に苦言を呈する。王政主義者や、君主制主義者、民主主義者、社会主義者、無政府主義者は、一様に、キリスト教は基本的に近代的民主主義に反すると確信していた。トクヴィルは、ニーチェを先取りするかのように、キリスト教は、現在制度的にどれほど腐敗していようとも、実は私たちの民主主義の理想なのだと主張する。さらに、キリスト教は民主的な公民的徳が存続するために不可欠であるとも、トクヴィルは言っている。

トクヴィルには、アメリカ訪問中に強く印象に残ったことが二つあった。一つは、教会と国の分離である（彼が訪問したとき、いくつかの州はまだ公的な宗教を持っていたが）。二つ目は、この政教分離にもかかわらず、というより、むしろそのせいで、キリスト教が「アメリカの政治制度の中で最も重要なもの」になっていることだった。どうして民間の宗教が、最重要な「政治」制度になっているのだろうか？

ここで思い出すべきなのは、政治が「心の習慣」から生まれることであり、アメリカ人の人格形成においては、ほかの制度よりも教会が大きな影響を与えていることである。例えば、ニューイングランドに入植したピューリタンのあいだでは、すべての聖職者は信徒による選挙で選ばれた。アメリカでは、カトリックの司教でさえ元は司祭による選挙で選ばれていた。

要するに、アメリカの教会は、アメリカ政府ができる前から民主的だったのである。もし宗教がなかったら、アメリカ人は利己的な個人主義、とくに物質的富の追求にすっかり呑み込まれていただろう。キリスト教の教えというより、むしろキリスト教コミュニティーに参加することによって形成された心の習慣が、アメリカ人に公民的徳を身に付けさせたのである。トクヴィルに触発された現代の社会科学者たちは、実際に、礼拝出席者数（どんな宗教でも）と公民的徳を表す多くの指標とのあいだに明らかな相関があることを発見した。

奴隷制は精神的腐敗を生む

トクヴィルは、アメリカ民主主義の研究が長くなればなるほど悲観的になっていった。彼の悲観主義の最も根本的な原因は、黒人、インディアン、白人のあいだの関係だった。開明的なすべてのフランスの自由主義者と同様に、トクヴィルはアメリカの奴隷制、それも、目を覆いたくなるような奴隷たちの惨状だけではなく、所有主の精神的腐敗にも背筋を寒くした。奴隷制は労働の冒瀆であり、南部の白人を怠惰で、無知で、傲慢にしていると、彼は言っている。

オハイオ川を船で下っているとき、トクヴィルは対照的な光景を目にした。奴隷制を認めていないオハイオ州側の農場は整然としていて、人々が勤勉に働いているが、対岸の、奴隷制を認めているケンタッキー州側では、みすぼらしい姿で足を引きずって歩く奴隷たちが見えた。

古代の奴隷制は、身体は拘束されていても精神は縛られていなかったと、トクヴィルは考える。それに対して、アメリカの人種による奴隷制は、奴隷の身体と精神の両方を貶め、自分たちが生まれながらに劣った存在だと思わせてしまうのだ。やがて、黒人に対する罪は、復讐を求める叫びとして返ってくるだろうと、トクヴィルは言う。アメリカでは、平和的な共存よりも人種間戦争が起きる可能性の方がよほど高いと、彼は見ていた。

一八三〇年に「インディアン強制移住法」が制定された直後にアメリカを訪れたトクヴィルは、アメリカ・インディアンには、どこまでも貪欲で暴力的な白人の入植者に絶滅させられる以外の未来はないと思った。奴隷になるより死を選ぶ誇り高きインディアンの戦士を見ると、軍功によって貴族の称号を得た自分の祖先を思い出すと、トクヴィルは言っている。絶滅に直面したアメリカ・インディアンの戦士が見せる勇気とストイシズムへの心からの称賛は、彼自身の貴族的性質を何より雄弁に物語っている。

実用性に乏しい貴族的な学校教育の称揚

民主的な文化は、まったく実用本位で、物質的で、経験に基づいたものだと、トクヴィルは言う。だからアメリカ人は新しい技術の開発に秀でているのだが、それは短期的な利益が得られる場合に限られると、彼は付け加える。常識的に考えれば、実用的なアメリカ文化に必要なのは、実践的で、職業に直結する学校教育だろう。実際、アメリカの学校教育は総じて実用一点張りだった。

だが、例によってトクヴィルは同時代人の常識を退け、実用主義的なアメリカの民主主義者が真に必要としているのは、ギリシャ・ラテン語や古典文学、哲学、美術、音楽などを教える、実用性に乏しい貴族的な学校教育だと主張する。学校は、民主的な文化を貴族的なものにすることを目指さなければならない。そのために、純粋な真理や、高潔な道徳的理想、純然たる美などを愛する心と頭が育つように、生徒に働き掛けるべきなのである。そうした教育がなければ、民主主義は狭量な職業教育偏重主義に堕し、最終的には、アメリカ人が大事にしてきた芸術や科学の進歩を損なうだろうと、トクヴィルは言う。現実的で意欲に満ちたアメリカ人こそ、何よりもバレエを学ぶ必要があるのだ。

現在、先進民主主義国には、公民的徳が明らかに失われてきたことへの失望が広がっている。今、実際の政治権力は、遠く離れた国会議事堂や、もっと遠い国際組織に存在することすらあるので、ほとんどの市民は単なる観客になってしまった。一方で、政治自体は、利己的な私的金融取引の合間に見る、かわいそうだが野蛮な民族紛争のショーになっている。

そのため、欧米の多くの市民が、通常の生活に欠けている公民的徳を学校が教えることに期待している。だが、公民的徳は学校で教えられるものだろうか？　トクヴィルの答えはノーである。「自由にとっての地方自治は、知識にとっての小学校のようなものである。地方自治が自由を人々の手に届くところまで持ってきてくれるのだ」と、トクヴィルは書いている。

政治的自由の価値は、地域の教会や、各種の団体、地方自治体の活動に積極的に参加することによって学ばなければならない。公民的徳は、突き詰めれば心の習慣であり、知性で得られるものではない。だが、そうした地方制度が、インターネットの大量消費主義や政治的な中央集権化によって空洞化されるなら、市民はどこで適切な心の習慣を身に付ければいいのだろうか？

第二〇章　近代

ジョン・スチュアート・ミル

個人主義者

ジョン・スチュアート・ミルは、三五年（人生の半分以上）にわたり、ロンドンにあるイギリス東インド会社の本社に公務員として勤めた。東インド会社は、元々は民間のベンチャー企業だったが、極東のイギリスの貿易を管理し、実質的にインドを支配する勅許を与えられた。東インド会社を退職したとき、彼はインド通信審査部長〔インドとの通信を掌握し、公文書を起草する重要な役職〕という要職にあった。父親のジェームズ・ミル〔イギリスの哲学者、歴史家、経済学者。ベンサムとも交流のある功利主義者だった〕が東インド会社で就いていたポストと同じである。いうまでもなく、ミル父子は、自分たちがロンドンから何十年も経営を支援していた国に足を踏み入れたことはなかった。さらに言えば、父子のどちらにも、実際にインド人に会ったという記録はない。

リベラルな民主主義者で「急進派」を自認していたにもかかわらず、ミルは、専制政治を「野蛮人に対しては妥当な統治手法」だと考えており、彼の見解では、インドの先住民はそれに該当した。この点において、彼はその時代の人だった。すべての人間は、イギリス人のように「文明」の梯子を登る能力を、生まれながらに多かれ少なかれ持っていると考えていたのだ（フランスに埋葬されたミルは、フランスびいきのイギリス人という、自然の法則に大きく逆らう存在だった）〔当時のイギリス人の多くは自国が最も文明の進んだ国だと信じていた〕。

一九世紀の後半には、人種に関する生物学の理論がヨーロッパ中に広まった〔一八五九年にダーウィンが『種の起源』を発表して以降、ハーバート・スペンサーをはじめとする社会進化論が盛んになった〕が、ミルにはそれを学ぶほど時間の余裕がなかった。にもかかわらず、彼は、さまざまな社会は人類の進歩という梯子の異なる段に立っていると考えていた。つまり「発展の遅れた社会」は、最も「進化した」社会に特有な個人の自由や民主的権利を、同じレベルの発達段階に達するまで享受できないということである。彼は、最終的に、ほとんどの民族が最高レベルに達することを期待していたが、それが容易だとか必然だとか思ったことはなかった。

専制政治が適切だと考えられるのは、啓蒙専制主義〔専制君主の権力を用いて上から啓蒙思想を実現しようとする思想。プロイセン、ロシア、オーストリアなどで実践された〕によって、統治される人々の利益が増進する場合に限られた。この考え方はカール・マルクスと共通していた。マルクスはこう書いている。「イギリスはインドに対して二つの使命を果たさなければならない。一つは破壊であり、もう一つは再建である。古いアジア社会をすっかり壊し、次に、アジアに西洋型社会の物質的基礎を築くのだ」。

男女平等論の理論家

もしミルを植民地主義の点からその時代の人間だったと言うなら、ほかの面では十分に進歩的だったと言うべきだろう。彼は、一九世紀で最も偉大な男女平等論の理論家であり推進者だった。これはヴィクトリア朝のイギリスではきわめて支持者の少ない立場だったので、彼には多くの敵ができた。下院議員に立候補したときには、イギリスの政治家として初めて女性への選挙権の拡大を公約に入れ、議員になると女性の参政権を実現すべく活動した。下院議員として（わずか三年ではあったが）、ミルは初めて女性参政権に関する大量の請願を下院に提出し、選挙権を一定の資産のある男性の大部分に拡大した一八六七年の選挙法改正においては、選挙権を女性にまで広げる修正案を提案した（選挙法改正案は通ったが、彼の修正案は否決された）。イギリスがそうした変化に対応できるまでには、さらに半世紀が必要だった。

彼が著した先駆的なフェミニズムの本『女性の解放』は、あらゆる点で女性と男性を平等に扱うことを主張している。その中で彼は、公的な立場や職業から女性を排除するのは「人類の進歩を妨げる重大な障害の一つである」と言っている。

この問題や、ほかの多くの問題に関して、ミルは妻のハリエット・テイラーから強い影響を受けていた。ハリエットは「The Enfranchisement of Women（女性への参政権の賦与について）」という大きな影響力のあったエッセイの筆者だった。『自伝』の中でミルは、自分が個人的、知的に彼女に負っているものは「ほとんど無限」だと記し、彼が出版した著書はすべて彼女との「共同作業の産物」だと言っているが、どの著作にも彼女の名前は見当たらない。ミルのフェミニズムにも限界があったようだ。

同調圧力が自由に与える脅威

ミルの最大の業績は、大英帝国の公務員としての長いキャリアでも、政治家としての短いキャリアでもない。現在、彼の名前が記憶されているのは著作によってであり、中でも重要なのが『自由論』（一八五九年）である。これは、それまで個人の自由の擁護をテーマに書かれた本の中で、おそらく最も有名で影響力の大きなものだ。ミル本人もとりわけ誇りに思っており、「私が書いた本の中で最も長く後世に残るだろう」と正しく予測している。

当時、ミルが何よりも心を砕いていたのは、少数派の個人に対する「支配的な意見や感情による圧制」だった。彼はこの懸念を、社会的な同調圧力が自由に与える脅威を深く案じていた友人のアレクシ・ド・トクヴィルなど、ほかの一九世紀の自由主義者たちと共有していた。大衆社会には個性や異論が押し潰される危険があり、結果的に人類の進歩にブレーキがかけられたり止められたりすると、ミルは確信していた。人類の進歩は、考えを自由に表明できることや「生活の実験（experiments in living）」〔他人に危害が及ばない範囲で異なった生き方を試し、その価値を確かめること〕に懸かっていると思っていたのだ。

政治的には、ミルは古典的な自由主義者で、人類の幸福を増進させる最善の方針は、他人の自由と矛盾しないかぎり個人の自由をできるだけ広く認める、という一般原則だと考えていた。彼は、倫理的には父親と同じ功利主義者で、実際に、功利主義を自分の「宗教」とまで言っていた。

ミル父子は、自由主義者の多くとは違って、自然権に関するあらゆる理論を排除した。以前の章で見たように、ジョン・ロックは英米の自由主義の創始者であり、すべての人間は、生まれながらにして、生命、自由、財産に対する自然権を持っていると宣言した。トマス・ジェファーソンが、アメリカ独立宣言でロック流の自然権を主張したのはよく知られている。ミルは、個人の自由と両性の平等を擁護することを自分の使命だと考えていたが、自由や平等の根拠を自然権の理論に求めたり、ペインのように神を持ち出したりするつもりはなかった。彼が自分の主張の根底に置いたのは、それらの理念の有用性、つまり人類の幸福を増進する能力だった。カントが「あらゆる道徳の安楽死」と呼んで、厳に禁じた考え方である〔道徳は目的そのものでなくてはならないと考えるカントにとって、道徳を幸福という目的のための手段にするのは、否定するのも同じだった〕。

ミルによれば、私たち一人ひとりが「自分にとっての幸福を、自分の好きな方法で」自由に追求できる状態になれば、もっと真理を発見しやすくなる。そして、真理こそ、長い目で見たときに人類全体の幸福を向上させる最善の手段なのである。だから「天才」（男性でも女性でも）が思考を拡張し、アイデアを発表し、思いどおりに個性を伸ばす自由が得られるように社会は構築されるべきなのだ。個人の非凡な才能が開花して成長し、社会全体を上方へと牽引して文明化を進めることが可能なのは、そうした環境の中だけである。天才が成長する条件を維持することがどれほど難しく稀であるかを、ミルは痛感していた。

私たちの知力は筋肉のようなもので、常に積極的に使わないと衰弱してしまうことを彼は知っていた。検閲は、私たちが批評的に考える能力を抑圧し、たちまち知性を弛緩させ、鈍感にしてしまう。だから私たちは、オープンに議論し、考えや意見を自由に交換することによって、「絶えずお互いを刺激し合い、さらに高度な能力を発揮できる」ように、知的環境を醸成しなければならないのだ。

自由放任主義の提唱

自分にとって都合がいいことを人に強要し、結局、大人を子ども扱いする家父長主義には、ミルも、カントと同様に強く反対した。その代わりに彼が提唱したのは「自由放任主義《レッセ・フェール》」である。人が、独自のやり方に合った生活の形を見つけるのに任せるということだ。ただし、この方針が適用できるのは「能力が成熟した」人々だけであり、子どもや「野蛮人」は含まれない。家父長主義が適合するのは後者であり、それも、彼らが文明化された大人になり、自分で行動を選択し、行動の結果を予測し、結果について責任が持てるようになるまでに限られる。それ以外の場合は、他人に干渉しないかぎり、個人に干渉すべきではない。

ミルによれば、人間は誤りやすい生き物なので、容易に間違った信念を持ってしまう。だからこそ、意見をオープンに言えることがきわめて重要なのだ。信念は、制約のない意見のぶつかり合いの中で試され、どのくらい批判に耐えられるのかが明らかになる。しかし、ミルは、こうした論争の中で真理が必ず明らかになると単純に考えていたわけではない。信念が、宗教の教義のように検証や批判から守られているよりも、オープンな議論の下にある方が真理が明らかになりやすいと考えたのである。

誰にでも間違う可能性があるのだから、どんな信念も、神聖不可侵であるかのように扱われるべきではないし、疑うことを禁止されるべきではない。人類の進歩は、批判し、疑問を持つ自由に懸かっている。これは、ミルがソクラテスの生と死から導き出した最大の教訓であり、洞察である。ミルは、究極の犠牲を払っても多数の圧制に抵抗した英雄的な自由思想家として、ソクラテスを尊敬していた。

ミルはアナーキストではなかった。彼は自由を尊重していたが、カントと同様、自由には一定の制限があり、国家によってそれが強制されることもあると考えていた。人々が自由を行使できるのは、ほかの人に害を与えない範囲に限られるべきだということだ。彼が『自由論』に書いているように、「文明化された共同体の成員に対し、本人の意に反して権力が行使される」正当な目的は、「他人に害を及ぼすのを避けること」だけである。

家父長主義に反対する者として、ミルは、大人が自分自身を害するのを防ぐために国家が介入するのは適切でないと考えていた。だから、例えばシートベルトの着用を求める今の法律は、ミルの考える自由な国家には存在し得ない。本人に原因がある被害を防ぐために介入するより、間違いを犯させて、そこから学習させる方がいいと考えるのだ。

ミルは民主主義者であり、下院議員だったときには一八六七年の選挙権拡大法案に賛成した。その一方で、十分な教育を受けていない多数派が、高い教育を受けた少数派よりも優勢になることへの不安を、友人のトクヴィルと共有していた。そこで、ミルが提唱したのが「複数投票制」である。読み書きと簡単な計算ができるすべての成人には少なくとも一票の投票権が与えられるが、高度な教育を受け「知的優位性」を持つ有権者には、「最小限の教育しか受けていない階級の数の力とバランスを取るために」二票以上の投票権を与えるという制度だ。一九世紀には、教育水準の低い人々が持つ数の力を、知性を欠いた民主的多数派の権力と見なす人が多かったので、それを制限するような仕組みが支持を得るのは珍しいことではなかった。

多くの自由主義者と同様に、ミルは心配症の民主主義者であり、ポピュリストではなかった。彼は有権者の数を増やすと同時に、質を向上させるべきだと考えていた。また、個人の自由に重きを置く自由主義者として、多数派が少数派に及ぼす危険を懸念し、彼の考える質と量のバランスを取る手段として加重投票制〔前出の複数投票制のこと〕を提案したのだ。同時に、彼は直接民主主義ではなく代議制民主主義を支持し、選挙で選ばれた代表は有権者の「代理人」というより「受託人」であるというエドマンド・バークの主張に賛同した。

『自伝』に詳しく書かれているが、下院議員への立候補を求める地元の支持者に対して、ミルはあからさまに言ったそうだ。「たとえ当選しても、自分の時間や労力を、あなた方の地元の利益のために使う気はまったくない」。彼は、選挙運動の期間中もフランスに残る計画さえ立てていたが、結局、圧力に屈して有権者に向き合うことになった。選挙運動中、彼は、パンフレットに、労働者階級は「大体が嘘つきだ」と書いたとうそぶき、そのフレーズは選挙運動に使われたプラカードにも書かれた。ところが、驚いたことにミルは当選してしまった。予期せぬ勝利を宣言されたとき、あり得ないと思った彼は票の再集計を要求しようとして、寸前で思いとどまった。

現在、言論の自由の価値とその制限は、これまでの何十年か以上に幅広く検討され、議論されている。通信技術の進歩によって、世界は、思考やイメージが瞬時に惑星中に伝わる「地球村」になり、結果として、他者を傷つけたり誤解したりする可能性が指数関数的に増大した。そのため、表現の自由を制限すべきだという声が高まっている。

こうした衝突が掻き立てた論争によって気づくのは、社会の調和や、他者に対する寛容や敬意といったほかの価値が、ミルですら絶対ではないと言った自由とせめぎ合っている状況である。表現の自由の優位性は、自由主義ではない世界の大部分の人にとって自明ではないのだ。

この文脈において、ミルの著名な論文は、西側諸国では自由が最も高い政治的価値であることを論証するために、おそらくかつてないほど必要とされていて、おそらく人類の幸福を増進させる可能性が最も高いものである。さらに、長いあいだ単なるスノビズムとして片付けられてきた、大衆民主主義に対するミルの懸念は、現在の政治状況に危機感を覚える人々のあいだに新たな聴衆を獲得しつつある。その危機感を引き起こしたのは、ポピュリズムの台頭と、自由主義を現代の厄災の解決策ではなく災厄そのものだと見なす政党や政治家が、選挙で成功を収めていることである。

カール・マルクス

革命思想家

一八四九年、亡命者としてフランスからロンドンに着いた一文無しのカール・マルクスは、ソーホーのディーン・ストリート二八番地にある薄汚い二部屋のアパートに移り住んだ。当時のソーホーは、大気汚染のひどい、ごみごみしたロンドンの中でもひときわ荒廃した地区の一つで、今はお洒落なレストランになっている彼のアパートも、かつては売春宿だった。マルクスはそこで若い家族とともに、六年間、食うや食わずの生活を送った。

彼とJ・S・ミルは、二四年間、同じ時間をロンドンで過ごしていたが、二人が生活していた世界がかけ離れていたために、交わることはなかった。マルクスはミルを知っていて、著書も読んでいたが、ミルは、この無名のドイツ人革命思想家のことをまったく知らなかった。生前のマルクスは、イギリスではほとんど知られていなかったのだ。

極貧のマルクスの唯一の救いは、裕福なドイツ人の友人であり後援者でもあったフリードリヒ・エンゲルスの寛大さだった。エンゲルスの家はマンチェスターに織物工場を所有していた。それでもマルクスは、狭苦しく汚い新居で三人の幼い子どもが亡くなるのを防げなかった。幼児だった娘のフランツィスカが亡くなったときは、借金をしなければ彼女を埋葬する葬儀屋一人も雇えなかった。チャールズ・ディケンズ〔あとで言及されるが、一九世紀のイギリス下層階級の生活をリアルに描いた小説家〕のロンドンで生計を立てるというマルクスの見通しは、彼が英語を自由に操れなかったために壁に突き当たった。人生の大部分をイギリスで過ごしたにもかかわらず、彼が英語を完全にマスターすることはなかった。

一世紀前にイギリスで短い亡命生活を送ったルソーと同じく、マルクスもイギリスに好感を持っておらず、大陸での迫害から避難する場所を提供してくれた国に感謝の気持ちを表すこともしなかった。彼は、過激な思想のために大陸では常に当局に追われていた。ロンドンに来てから、極貧のマルクスはめったにその都市《まち》から出なかった。

産業資本主義の分析家であり、労働者の権利の擁護者、そしてプロレタリア革命の提唱者、つまり働く男女による働く男女のための革命の提唱者だったにもかかわらず、彼はイギリスの工場を一度も見学しなかった。そもそも、ブルジョアの家庭〔父親は資産家の弁護士だった〕に生まれ育ったマルクス自身は労働者階級ではなかった。働く人々の窮状に関する知識や、資本主義の法則や影響についての知識は、ほとんど（政府の監査官などが書いた）文献から得たものである。

彼は、家族と家政婦と一緒に住んでいた「不吉でゾッとするような部屋」〔マルクスの娘ジェニー・エリノアの言葉〕から、歩いてわずかの距離にある大英博物館の図書室に毎日通い、むさぼるように本を読んだ。図書室の、硬くクッションのない椅子にあまりにも長時間座っていたために、お尻に癰《よう》〔毛包などの皮下組織が細菌に感染して起こる化膿性炎症で、重症化すると激痛を伴う〕ができてしまったほどである。マルクスは、座り心地の悪い椅子によって生じた痛みと不快感をブルジョアジーのせいにし、彼らへの憤懣を募らせた。「ブルジョアたちは死ぬまで私の癰のことを覚えておくがいい」と彼はエンゲルスに息巻いた。「あのブタどもめ！」

資本主義の自滅

マルクスが研究の対象としたのは、イギリスや、フランス、ドイツの、規制が設けられる以前の、初期の産業資本主義だった。つまり、二〇世紀に社会保障制度ができ、労働法規や就業規則が定められて資本主義の行きすぎが緩和され、最も弱い立場の人々が守られるようになる前の、むき出しで野蛮な生産様式である。その姿を最も生き生きと感動的に描いているのがチャールズ・ディケンズの作品だ。マルクスは、そのヴィクトリア朝の偉大な小説家について、「読んでいると目の前に情景が浮かぶような説得力のある作品は、専門家である政治家や、ジャーナリスト、モラリストらがそれまでに語ってきたことを合わせたものより、ずっと多くの政治的、社会的真実を世界に伝えている」と称賛している。

景気循環によって好況と不況の激しい変動が繰り返され、貧困労働者の労働条件が過酷さを増していくので、資本主義の自滅は避けられないとマルクスは確信していた。彼は、本や、報告書、新聞などの資料などから、選択的に、とは言わないが、慎重に、資本主義の内的メカニズムを分析した。その結果、資本主義は、自らの内部矛盾によって本質的な不安定さが増し、矛盾の重みに耐えかねて崩壊する運命にあると結論づけた。この運命は避けられないと彼は確信していた。

マルクスによれば、階級に基づくあらゆる経済システムがそうであるように、資本主義は、豊かで権力を持った人々による、貧しく無力な人々に対する情け容赦のない搾取の上に成立している。そうした体制はどれも、困窮した大多数の人々の生活が耐えがたいものになったときに破綻する運命にある。だから彼は、欲で血迷ったブルジョアジーを、自らの墓掘り人と呼んだのだ。資本主義体制が崩壊したあとで、ようやく共産主義社会、すなわち、階級や、搾取や、暴力のない社会を構築する前向きな作業が始まると、マルクスは確信を持って予言した。

資本家による労働者階級の搾取

マルクスによれば、彼が「ブルジョアジー」と呼んだものは「プロレタリアート」を搾取する。つまり「生産手段」（工場や、資金、資源）を所有し管理する、資本主義社会における支配階級が、働くための身体的能力（労働力）しか自分の「所有物」がない労働者階級を搾取するのだ。

労働者は、理論上、労働力を自由にブルジョアジーに売り、その代償に可能なかぎりの賃金を得る。だがほとんどの場合、賃金はかろうじて生活ができる程度の額でしかなかった。そのため、大部分の労働者は、長時間、過酷な労働をして物を生産した。だが、生産された物はほかの人間の所有物であり、彼らの利益のために売却される。これは、大多数の人が絶望的な人生を送ることを運命づけられる一方で、ごく少数の特権的な人々が莫大な富を享受し、すべての権力を掌中に収める、完全な搾取のシステムである。

では、資本家はどうやって賃金を低く抑えるのだろうか？　より高い賃金を求める労働者と入れ替えるための「失業者予備軍」を用意するのだ。そんなふうに時間がたつうちに、富める者はますます富み、貧しい者はますます貧しくなり、ついには体制が革命の暴力の中で崩壊し、粉々になる――マルクスはそう信じていた。

資本家は競争を支持するようなふりをしているが、競争を避けるためにできるかぎりのことをしているとマルクスは主張する。なぜなら、競争をすれば価格が下がり、利益が減るからである。商業社会を称賛し擁護した古典派経済学者のアダム・スミスですら、企業家が集まれば必ず独占について共謀し、カルテルを結んで小さな企業を情け容赦なく追い出そうとする、と書いている。

しかし、利益を高水準に保つために賃金を非人間的なレベルにまで下げようとする、資本家のとどまるところを知らない圧力は、長期的に見れば自己破壊的である。労働者が、まさに自分たちが生産した物を買う経済的余裕がなくなって「過剰生産の危機」が起こり、資本主義を破綻させるからである。多すぎる商品が少なすぎる顧客を求めて争うという、長くは維持できない状態が生じるのだ。

一八四八年に暴動の波がヨーロッパ中に広がると、マルクスは、それが、最終的に必ず訪れると自分が予測した、資本主義の終わりの始まりだろうと考えた。結局、一連の暴動が夜明け前の微光にすぎなかったとわかると、彼は、避難場所のロンドンで、必然的に訪れる革命を待つことにした。ロンドンは、共産主義者同盟〔世界初の共産主義者の国際組織。『共産党宣言』はその綱領として執筆された〕のメンバーなど、急進派やアジテーターに比較的寛容な姿勢を示していた。そのため、共産主義者同盟の本部はロンドンに置かれ、マルクスとエンゲルスは、かの『共産党宣言』の執筆を依頼された。同盟が解散したあと、マルクスは第一インターナショナル（国際労働者協会）の活動的で重要なメンバーになり、総評議会〔第一インターで最も強い権限を持っていた執行機関〕の委員に選出される。その役職に就いたことで、彼は国際共産主義運動の指導者の一人となり、運動の知的支柱と見なされるようになった。

それでも、彼が一八八三年にロンドンで亡くなったとき、イギリスではなお無名に等しい存在だった。一つの原因は、マルクスがドイツ語でしか執筆しなかったことであり、生前に英語に訳された著作も『共産党宣言』だけだった。一八六〇年代の半ばまでには、彼が書いたものはほとんど絶版になっていた。カール・マルクスは、いつか必ず起こると確信していた革命を待ちながら、あまり人に知られないまま客死した。彼の死から三〇年後、革命がついに起きたのは、彼が予想していなかった場所、ロシアだった。

国家は支配階級の利益のために働く

アウグスティヌスやホッブズのように、マルクスは国家をまったく否定的に捉えていた。政府は、支配階級がほかの階級を抑えつけるための一つの武器にすぎないと彼は書いている。政治権力は、単に「ある階級がほかの階級を抑圧するための組織的権力」だと考えていたのだ。国家は、形式的に公平な法律や手続きを看板に掲げているが、実際にはまったく公平でも公正でもない。国家の唯一の目的は支配階級の利益のために働くことなので、当然、常にその目的に従い、決して公共の利益のためには行動しない。国家は、異論を抑え込み、秩序を維持するために、大きく（そして、しばしば容赦なく）暴力に頼っている。

また、資本主義は私たちの心にも働き掛け、大部分の人が資本主義の下で生活しているという恐ろしい現実に対する私たちの認識を、宗教を含むイデオロギーによって都合よく歪めている。なぜこうしたことが必要かと言えば、大多数の人々が暮らし、働いている世界は、非常に抑圧的で搾取が激しいので、彼らに正しい現実を見せれば、自然発生的に反乱が起きるからである。イデオロギーはカメラ・オブスクラ〔ピンホールカメラの一種で、結ばれる像は上下左右が反転する〕のような働きをし、認識される現実を逆さまにするので、私たちは搾取を正当なものとして受け入れてしまうのである。

例えば、資本主義における労働者は、最高の賃金を提示した雇用者に労働力を売ることができる「自由な」主体であると言われる。これは、現実には大規模な賃金奴隷制度でしかないものを、労働者に受け入れさせるためのフィクションである。実際には、労働者は、より良い労働条件やより高い賃金を求めて交渉できるほどの力は持っていない。だから、マルクスは資本主義は滅びる運命にあると考えたのである。豊かな人々がますます富や権力を増やしていく一方で、大多数の人々の生活環境は、ますます悪化していくからだ。

必然的に革命が起こり、階級社会が廃止されれば、最終的に国家は必要なくなるとマルクスは信じていた。だが、その前には、まず過渡期が来なければならない。過渡期とは、資本主義が崩壊し、プロレタリアートがブルジョア国家を掌握したあとで、旧体制の残骸を破壊して労働者の完全な勝利を確保するための期間である。

マルクスは、共産主義に至る過程の、この一時的な段階を「プロレタリア独裁」と呼んだ。その段階で、労働者階級の手中にあるブルジョア国家が、資本主義の下で確立した私有財産制を強制的に解体し、階級が消滅するのである。ソビエト連邦はこの段階から先に進めなくなり、次の段階である共産主義に移行するために、残りの資本主義世界が崩壊するのを七〇年間待ち続けた。結局、崩壊したのはソビエト連邦の方で、ロシアはまた資本主義に戻ってしまった。

マルクスの理論では、資本主義体制を解体する作業が完了すると、もはや階級が存在しなくなり、階級闘争は消滅する。彼にとって、競争や、利己主義、暴力、欺瞞などは、すべての階級社会に共通する本質的な特徴であって、人間に固有な性質ではなかった。だから、階級のない共産主義社会が成立するとこれらの悪徳は消滅し、やがて自発的に他人と協力しようとする人間の本性が現れ、国家の強制力は余計なものになる。エンゲルスの言葉を借りれば、国家は必要がなくなって、ただ「しおれていく」のだ。共産主義の下で生産され分配されるすべての物や資源は、必要に応じて割り当てられる。だから、共産主義社会はすべての人の善のために機能し、すべての人の要望が平等に満たされる。市民は、自分が生産したものを私有財産として保持しようとしない。私有財産は資本主義とともに廃止されるのだ。あるいは、共産主義の下では、人は私有財産を持ちたいと思わなくなるのである。

共産主義についての、こうした大雑把で限られた想定を別にすれば、マルクスは、資本主義が終焉を迎えたあとに訪れるものの姿について、驚くほどわずかしか語っていない。彼が、資本主義体制の内的メカニズムを詳細に説明するために書いた多くの長大な本、とりわけ、何巻にも及ぶものの未完に終わった大著『資本論』と比べると、その違いは歴然としている。共産主義社会についてのマルクスの寡黙さは、決して偶然ではない。彼は「未来の計画を立てる者は反動主義者である」〔実証哲学者・歴史学者のエドワード・スペンサー・ビーズリーに宛てたマルクスの手紙より〕と書いている。実際、未来について語る空想的社会主義者〔サン＝シモン、オーエン、フーリエなどに対してエンゲルスが付けた名称。自分たちのように「科学的」ではないという揶揄を含む〕を、ただ中世のコミューン主義〔中世の自治都市に見られた相互扶助、相互防衛のための共同体の在り方〕を再現しているだけだと言って嘲笑した。

マルクスは、ポスト資本主義の世界を、自ずと起きる未知の発展に委ねたかったのだ。彼は、基本的に初期産業資本主義の分析家、批評家であり、来るべき共産主義社会について語ることをそれほど持っていなかった。だからあえて漠然としたままにとどめたのだ。

世界初の正式なマルクス主義国家であるソビエト連邦の歴史と最終的な崩壊は、マルクスの思想の信頼性を大きく損ねた。それはちょうど、フランス革命期にジャコバン党がルソーの思想を流用したために、多くの人々の中で彼の評判が損なわれたこととよく似ている。同様に、あとの章で述べるように、ナチが、ドイツの思想家フリードリヒ・ニーチェを奉じたために、彼の評判は一世代にわたって地に墜ちた。ソビエトの体制が、実際にはマルクスの思想とあまり関係がなかったことを考えると、マルクスにとっては不運だったと言える。一九一七年のロシアはまだ封建社会だったにもかかわらず、資本主義を経験しないまま一足飛びに共産主義に移行しようとして、一連の段階をたどるマルクスの歴史的発展理論を無視したのである。

西側世界において、資本主義が終末論的に崩壊せず、漸進的に進化して脱工業化後の形態に変わったことは、同じくマルクスが予測しなかった社会保障制度の登場や中産階級の拡大とともに、彼の分析の誤りを証明することになった。好況と不況の景気循環の破壊的性質を抑制するために考えられた、二〇世紀の財政金融安定化政策の発展には、皮肉なことにマルクスが貢献していた。その結果、彼の思想は、資本主義を救った「自己破壊的予言」〔予言することによって予言が実現しなくなる予言。ここでは、マルクスが資本主義の破綻を予言したために、対策が取られ、資本主義は破綻しなくなったということ〕と呼ばれてきた。

ところが、西側世界で二〇〇八年に始まった金融危機によって、不平等や、不安定、不公正を増大させる傾向があるという、マルクスの描いた資本主義像への関心が大きく高まった。現在、政治学者は、アメリカの政治体制は、民主主義というより富める者が支配する金権主義だと言っているし、最近の経済学者の中には、資本主義は、長い目で見ると、富める者をその他の人々より速く豊かにする、と主張する者もいる〔二〇一三年にはトマ・ピケティが『21世紀の資本』を発表した〕。

一方、中国やインドといった、現在発展しつつある国々の資本主義経済の状況は、マルクスが分析し批難した、一九世紀の西側世界の状況に非常によく似ている。これらのことが示しているのは、どんな形態であっても資本主義が存在するかぎり、マルクスの著作は資本主義の病気を診断し、おそらく最終的にはその死亡記事を書くために、ほぼ確実に必要とされるということである。

第二二章｜近代

フリードリヒ・ニーチェ

心理学者

フリードリヒ・ニーチェは生涯にわたって精神疾患に苦しめられた。父親は、彼がまだ五歳のときに「脳軟化症」〔脳梗塞の古い呼称。かつては組織が壊死することを「軟化」と言った〕で亡くなった。ニーチェが初めて、激しい頭痛や、視力障害、極端な気分の変動、抑鬱、嘔吐を主な症状とする精神障害に襲われたのは一〇代だった。それらの症状は重篤化しながら三〇年続き、最終的に彼は錯乱状態に陥って回復することはなかった。その後は生ける屍のような状態でなお一〇年生き、一九〇〇年にこの世を去った。

ニーチェから正気を奪った精神障害は、そこに至る前にバーゼル大学教授〔ニーチェは二四歳で、スイスにあるバーゼル大学の古典文献学の教授に就任した〕の職を奪っていた。わずか三四歳で大学を退いたニーチェは、ささやかな年金で暮らすことを余儀なくされた。彼はそれからの歳月を孤独な漂泊者〔直接的には療養と執筆のためにヨーロッパ各地を転々とした事実を指すが、ニーチェはこの言葉を精神的にさすらう人の意味で使う〕として送り、今日広く知られている著作の多くを上梓したが、生前に日の目を見たものは一つもなかった。ニーチェの病気が何であったかについては、いまだ結論が出ていない〔梅毒による進行麻痺をはじめとして、統合失調症、双極性障害などが指摘されている〕。

苦痛や病気は天恵だとニーチェは言う。想像力を刺激し、病苦を抱えた人々を健康な人間には踏み込めない深淵に導くからだ。さらに、彼は「大きな苦痛こそ精神の最後の解放者である」と明言する。知的な活動は、苦痛が最大になったときに最も豊かな成果を産むと彼は確信していた。

また、ニーチェは、現代文明を診断する際に医学的な言葉を用いた。「善と悪」や「美徳と悪徳」といった概念を、「病気と健康」や「弱さと力」といった概念に置き換えようとしたのだ。ニーチェにとって、来るべき時代の予言者は狂人であり、『悦ばしき知識』では狂人が無知な大衆に向かって「神の死」を叫ぶ。

西洋がキリスト教の神への信仰を失ったあとにはニヒリズムが到来するが、それは克服できるし、克服しなければならないというのが彼の信念だった。西洋文明が呈する症状に彼が処方した解毒薬が「超人」である。超人とは類いまれな天才で、あふれ出る創造力と「権力への意志」〔より大きな力を獲得し、より高いところに昇り、より多くを支配しようとする、人間の根源的な動機〕は、道徳という拘束衣から解き放たれたときに初めて発揮される。

ニーチェにとって道徳は病気の一種だった。あらゆる神への信仰が失われた今、西洋文明は伝統的な道徳の束縛から解放され、広々とした大洋に出たとニーチェは告げる。偉大なこと、畏怖すべきことが再び可能になったというのだ。もし彼が精神疾患に苦しんでいなければ、この重要な洞察にたどり着いていなかっただろう。少なくとも彼はそう確信していた。

ニーチェがしばしば自分を心理学者になぞらえ、彼の言う「心理分析術」の特別な才能があると自認していたのは、内なる悪魔と闘ってきたからだと言える。ジークムント・フロイトやカール・ユングもニーチェを優れた心理学者として見ていた。そのために、ウィーンの高名な精神分析医だったフロイトは、ニーチェの著作に関する体系的研究を意図的に避けたほどである。ニーチェの著作をある程度読んだ段階で、フロイトは自分が提唱した理論の多くをニーチェが先取りしていたことを知った。ニーチェについて研究を進めれば、自分の独創性が脅かされることに気づいたのだ。

また、ニーチェが心理学に引き付けられたのは、それが伝統的な哲学に代わるものだったからでもある。従来の哲学に深く幻滅していた彼は、さまざまな思想を心理学的に分析することで、それらを「論駁」しようとしていた。心理学はニーチェにとって手段（あるいは武器）だった。彼は心理学を使って、考えを異にするプラトンや、ルソー、カントといった哲学者たちの高邁な思想の背後にある動機を暴こうとした。彼らの動機の多くが、ニーチェには、歪んだ、見苦しいものに感じられたのである。ニーチェは、彼らの思考の在り方を、隠れた精神病理の症状として捉えた。「思想家が行っているのは、自分の健康状態を最も知的な形式に変換することに他ならない」と彼は書いている。「この変換作業こそ哲学なのだ」。手法がどれほど邪道であっても、ニーチェの著作は、彼の言うとおり、哲学者と思想の心理学的関係についての鋭い洞察と、しばしば機知を含んだ鮮やかな分析に満ちている。そして、本人が真っ先に認めているように、その手法はニーチェ自身に適用した場合にもきわめて有効だった。

キリスト教の否定

家族のあいだで「フリッツ」〔フリードリヒの短縮形〕と呼ばれていたニーチェは、何代も続くプロテスタントの聖職者の家に、ルター派の牧師の息子として生まれた。母親もまた聖職者の娘だった。ニーチェが生まれたのはマルティン・ルターの生誕地の近くで、その地域にはルターから続く宗教文化が根強く残っていた（ニーチェの生誕地〔ライプツィヒ近郊の小村レッケン〕とルターの生誕地はともに現在のザクセン＝アンハルト州にあり、七〇キロしか離れていない）。

こうした環境で生まれ育ったにもかかわらず、ニーチェはキリスト教を、彼が軽蔑するものすべての源泉であり象徴だと考えるようになった。むしろ、彼の出自は、彼が最終的にキリスト教を否定する上で、決定的な役割を果たしたように思える。彼のキリスト教との孤独な闘いを記した著作の一つは『反キリスト者』と題されている。

ニーチェは、自分を育んだヨーロッパの、社会的、政治的、道徳的、宗教的な秩序全体に反旗を翻した。絶望した古代ユダヤ人が起こした「道徳における奴隷の反乱」〔弱さや卑近さを善とする被支配者が、強さや高貴さを尊いものとする支配者の道徳に対抗して、価値を逆転させようとする試み〕を拡大したのはキリスト教であり、古代ユダヤ人を突き動かしたのは強大な支配者に対する妬みや恨みだったと、彼は考えた。力では支配者に対抗できないユダヤ人や後のキリスト教徒は、暴力ではなく道徳によって支配者に勝利したとニーチェは解釈する。

それを可能にしたのが、奴隷の価値と利益を正当化する「善」と「悪」という概念の発明だった。以来、西洋は「道徳の系譜」〔ニーチェの著作の題名でもある〕に支配され、あらゆる偉大さが排除されてきたと彼は考えた。ニーチェは、キリスト教徒の反ユダヤ主義は策略であり、強く健康な者に対抗するための両者の深い共謀関係を隠蔽するものだと捉えた。また、キリスト教は、ユダヤ人が、弱く病んだ者の代表として世界を征服するための陰謀だと述べている。本来なら、弱く病んだ者は、強く健康な者に支配されるのが自然なのだと。

ニーチェは、道徳は人間が考え出したもので、始まりと終わりがあり、西洋のキリスト教世界では終わりを迎えていると考えた。キリスト教以前に、古代の貴族的な戦士社会が善悪に先んじて存在していたのと同様に、来るべきキリスト教以後の世界は「善悪の彼岸」（彼の別の著書の題名）に存在するだろうと彼は予言する。キリスト教の神は現代の西洋ではすでに信じられなくなっており、その信仰の上に築かれたすべてのもの、つまり「ヨーロッパの道徳全体」は神とともに崩壊すると、彼は確信していた。キリスト教の神とそれに基づく道徳体系が失われた後の空虚に、ニーチェは、奴隷ではなく支配者にふさわしい、新しく、貴族的で、道徳を超越した価値を確立する千載一遇のチャンスを見いだしたのだ。

ニーチェは、キリスト教後の新しい世界としてどういうものを想像していたのか、詳しく明らかにしていない。一つの理由は、その世界が、支配者となる「高等な種」いわゆる「超人」が、未来において創り出すものだからであろう。そうした「自由な精神」は、自分たちのあふれ出る創造性や生来の優越性を阻害する既存のルールや制限に従わない。オリュンポスの神々のような超人は、止めどない「権力への意志」に駆り立てられ、「劣った」人間たちを無慈悲にも新しい作品の「粘土」〔聖書に神は粘土で人間を造ったという記述があり、以来、肉体の材料を示唆する言葉になっている〕にして、真っ白で無辺のキャンバスの上に偉大なものを創り出していくのだ。ニーチェにとって人間は「不格好な石」にすぎず、人間の姿を得るためには超人という彫刻家を必要とする。だから彼は、「貴族のために、無数の人間を犠牲にして押し潰し、それを使って、不完全な人類や、奴隷や、道具を形作ること」を肯定的に書いているのだ。

これらすべての前提として、まず、キリスト教道徳の手枷足枷を叩き壊し、それが象徴する、憐れみや、同情、思いやりといった「奴隷」の価値を拒絶しなければならない。ニーチェが称賛した古代ギリシャ人は、そういう退廃的な感情に影響されなかった。だからこそ、彼らは人類の芸術的成果の頂点に達したのだし、翻って、現代文明は創造力の枯渇した深みに落ちてしまったのである。

過去には、自分の意志を世界に押しつけるために、男女を問わず普通の人々のおびただしい生命や幸福を犠牲にしても、決して良心を痛めなかった「彫刻家」がいた。アレクサンドロス大王や、ジュリアス・シーザー、チェーザレ・ボルジア、ナポレオンなどである。ニーチェは、これらすべての、無慈悲で強い意志を持った「芸術家的暴君」を称賛した。だが、彼が最も崇敬していた近代人で、彼の言う偉大さの典型だったのは、芸術家的暴君ではなく純粋な芸術家だった。近代ドイツの詩人であり作家のゲーテである。

超人の最大の使命であり目標なのは、キリスト教道徳が残した空虚を埋める文化や価値を創造することであり、政治はその目的に従属する。しかし、善悪を超越した世界ではあらゆることが可能なので、時として現れるナポレオンのような芸術家的暴君は、あふれ出る権力への意志に従って、人間に関わるすべてのことに自分が望む姿を容赦なく押しつけるように運命づけられている。だからこそニーチェはナポレオンを「統治の芸術家」として称賛したのだ。

政治は芸術的な目標に従う

こうしたことをすべて考慮すると、ニーチェ思想における政治について語ることは難しい。彼は、望ましい政治の制度や目標に関して、理論はおろか、何の方針も示していない。彼は自分を、キリスト教のあと、つまり道徳が終わったあとに訪れる世界の予言者だと考えていた。それは、底知れぬ権力への意志に従って思うままに世界を形作る芸術家が支配する世界である。ニーチェにとって芸術は「この世における至高の仕事であり、真に形而上学的な活動」だった。だから、ニーチェ思想における政治は芸術的な目標に従うのである。最も偉大な芸術（芸術としての政治を含む）は、ニーチェが「ディオニュソス的」（ゼウスの息子で、酒と踊りを司るギリシャの神ディオニューソスにちなむ）と呼んだ、放埒と、酩酊、純粋な意志の原理と、「アポロ的」（やはりゼウスの息子で、ギリシャの太陽神、アポローンにちなむ）と呼んだ、秩序と、調和、美しい形姿の原理が、理想的なバランスを取ったときに成立する。その結果が、「制御された情熱」が具現化した、美しく、力強く、偉大な芸術作品であり、そこでは、対立する二つの原理が、独自の、美しい形で均衡している。

ニーチェによれば、超人は、自分の意志を外界に押しつける前に、まず自分自身を統制する。つまり、内なる精神の戦場の戦士となって「自己超克」の闘いに挑み、自らを（心理的に）形作ったあとで、外界の形成に向かうのだ。そう考えるニーチェが高く評価したのは、盲目的で制御されない衝動ではなく、美を創造し価値を確立するための、制御され、自己訓練された自然の情動である。

ヴァイキングやサムライの精神を支配した、健全で、自然で、良心にとらわれない衝動を、とりわけキリスト教や民主主義の、生命を否定するような虚弱さや凡庸さと比べて称賛したのは、彼の究極の理想が高次元の秩序だったからである。自然な権力への意志は、古代ギリシャの悲劇のように、創造的なイマジネーションを通じて訓練され、表現されなければならないのだ。つまり、情動や衝動が渦巻く私たちの内面のカオスを、統合された自我によって組織化するのである。そこでは、一つの動因がほかのすべてを支配してその人を定義し、その人独自の「様式」を形作る。だから、自我の創造は、芸術家に最初に求められる創造になるのだ。

ニーチェとナチの結び付き

ニーチェの思想がなぜナチの人気を集め、なぜ彼が多くの人々にファシストの哲学者と思われるようになったのかは想像に難くない。彼の著作では「金髪の野獣」〔高貴な道徳を持って弱者を支配する残忍で勇猛な種族。金髪はのちにゲルマン民族の特徴と結び付けられた〕や「権力への意志」への言及が頻繁になされるし、彼は自分自身を、野蛮で道徳にとらわれない戦士の倫理を、新しい種族に告げる予言者だと見なしていたからである。新しい種族というのは、劣った一般大衆を奴隷にする、生まれながらに他に優越した「超人」のことだ。

ニーチェとナチの結び付きが皮肉なのは、彼はドイツのナショナリズムに激しく反発していた（彼はドイツ人を「奴隷根性の民族」と呼んでいた）し、反ユダヤ主義をしばしば批判していたからである。彼は、妹エリーザベトの反ユダヤ主義的な考えをあからさまに軽蔑し、成人してからは、ほとんどドイツ国外で暮らし、仕事をすることを選んでいた。

また、ニーチェはエリート主義者、個人主義者だったので、「家畜の群れ」のような大衆を本能的に蔑視し、のちのヒトラーやナチが代表するような、ポピュリズム的大衆扇動を心底嫌っていた。おそらく、彼がもっと先まで生きていたら、大衆社会や政治の主流について彼が最も軽蔑していたことの典型をナチが行うのを目撃しただろう。

死後のニーチェの評判にとって不運だったのは、アドルフ・ヒトラーが報道陣を引き連れて、大々的にワイマールのニーチェ資料館を訪問したことだった。ヒトラーを招いたのは、資料館の創設者で館長を務めていた、ニーチェの妹エリーザベトである。彼女は熱心なナチ党員だった。ヒトラーは専属カメラマンのハインリッヒ・ホフマンを帯同しており、ホフマンは、総統が、資料館の応接室に置かれたニーチェの大きな胸像をじっと眺めている姿を写真に撮った。その写真はドイツのさまざまなメディアで公開され、ホフマンのベストセラーになった写真集『*Hitler wie ihn keiner kennt: 100 Bild-Dokumente aus dem Leben des Führers*（誰も知らないヒトラー――総統の生涯をとらえた一〇〇枚の写真）』にも、目玉の一つとして、次のようなキャプションとともに収録された。「ドイツの哲学者の胸像を前にした総統。その哲学者の思想は、ドイツのナチとイタリアのファシストという二つの偉大な民衆運動に寄与した」。ホフマンによって運悪く撮られた写真によって、民衆のイメージにおけるニーチェとナチの結び付きは数世代にわたって固定され、戦後ヨーロッパにおけるニーチェの信用は、それから数十年失われたままになった。

現在のニーチェの評価は、このナチズムとの不当な関連付けから回復しただけではなく、むしろ、かつてなかったほど高まっている。彼は今、思想史の中で最も広く読まれ、最も多く引用される著述家に数えられている。もしニーチェがそれを知ったとすれば、大衆の意見をあからさまに軽蔑していた彼は、きっと驚き、ゾッとしていただろう。彼は「万人のための本は常に悪臭を放っている」と書いているが、自分の本が売れなかったときのための「酸っぱいブドウ」〔イソップ童話で、欲しかったブドウを食べられなかった狐が、あのブドウは酸っぱいに決まっていると言った話から。負け惜しみの意〕の匂いが強く漂っている。「そういう本には下等な人間の臭いが染みついている」と彼は書いている。

ニーチェの思想で、現代まで響き続けているのは、彼が提案した治療法ではなく、西洋文明の危機に対する彼の診断である。彼の治療法は病気そのものよりはるかに害が大きいのだ。幸いなことに、現在、ニーチェの処方箋を真面目に受け止めているのは、声は大きくても数は少ない周縁的党派だけである。だが、現代の自由で民主的な社会を支える基本的前提に対する彼の分析や批判は、病的な精神の産物とは言えず、容易には否定できない。例えば、近代の自由主義や、平等主義、人権は、フランス啓蒙思想においてキリスト教を拒否したことから生まれたと、多くの非宗教的な自由主義者は言い続けてきた。

しかし、ニーチェは、これらの近代的原則は、実は、最も貧しかったり弱かったりする人々への配慮を持ったキリスト教道徳から直接生まれたものだと言う。近年、西洋の道徳感情を研究する歴史学者の中には、キリスト教道徳に対するニーチェの曖昧な評価はともかく、道徳の系譜に関する彼の解釈を支持する者が増えてきた。その解釈は、私たちが持っていた近代のイメージに大きな疑問を投げ掛けただけではなく、近代の核心的価値の多くがたどる運命を宗教的信念の喪失と結び付けた。そして、ニーチェが現代の最大の危機だと警告した、道徳的ニヒリズム〔正邪、善悪の規範、つまり道徳や倫理といったものは存在しないという思想〕という化け物を出現させたのである。

第二三章｜現代

モーハンダース・ガンディー

戦士

ガンディーは決まって、穏やかで徳の高い聖人として描かれるが、彼は何よりも、正義のために戦う戦士だった。おそらく、自分の命や信奉者の命をいつでも犠牲にする覚悟ができていたと思われる。ガンディーが最も尊重していたのは恐れを知らないことであり、彼自身、生涯を通じて命を奪われるような攻撃に遭ったが、少しも怯まなかった。南アフリカで働くインド人のために、当時国防相だったヤン・スマッツ〔南アフリカの政治家、軍人、思想家で、首相を二度務めた。元来、人種差別主義者だったが、のちに反アパルトヘイトに転じた〕に対して行った運動で、ガンディーは暴力に依らない、ボイコットや、デモ行進、ストライキという戦略を貫き、人種差別的な法律を撤廃するよう政府に圧力をかけた。こうした二〇年に近い闘争のあいだに、ガンディーは、暴行を受け、リンチに遭いそうになり、苛酷な獄中生活を送ったが、それらに耐え抜いた。

一九一四年一月、南アフリカのヨーロッパ人鉄道労働者が経済的理由でゼネストに入ると、少数派の白人政府は存亡の危機に直面した。ガンディーは、相手の危機に乗ずるのは間違っているという理由で、予告していた自分たちのデモ行進をただちに中止した。思いがけないガンディーの譲歩にスマッツは驚いた。スマッツの秘書の一人は、ガンディーに対する当惑を次のように記している。


わたしはあなたがたの民族がきらいだし、助けようなどとは、金輪際《こんりんざい》思っていない。しかし、いったいわたしはどうしたらいいのか? あなたたちは、私たちが困っているときに助けてくれている。そのあなたたちに、どうして手を振り上げられようか。わたしは、ストライキをやっているヨーロッパ人のように、暴力に訴えてくれればいいなあと、ときどき思うことがある。そうなれば、あなたたちを片づける方法がすぐ見つかるというわけだ。ところがあなたたちときたら、敵でも痛めつけない。あなたたちは、自己受難だけで勝利を収めようとしている。そして、あなたたち自身で心得た礼儀と義俠《ぎきょう》の限度を、一歩も越えようとしない。そこで私たちには、どうにもならないほど扱いにくいことになってしまった。

(マハトマ・ガンジー『ガンジー自伝』蠟山芳郎訳、中公文庫)

一九一四年の六月までに、ガンディーとスマッツは新たな「インド人救済法案」について合意に達し、南アフリカのインド人コミュニティーに基本的な権利が回復された。その翌月、インドとイギリスのあいだに友好関係を保ちながら、何世紀にもわたるイギリスの不当な支配から祖国を解放するという使命を負って、ガンディーはインドへと出航した。ガンディーのインドでの運動は最終的には成功するが、彼自身やほかの人々に途方もなく大きな犠牲を払わせることになった。一九四八年に、ガンディー自身がついに仲間のヒンドゥー教徒に暗殺されるという悲劇と引き換えだったのだ。

南アフリカでもインドでも、ガンディーが敵対する相手は、彼の型破りな戦術に五段階の反応を見せた。無関心↓嘲笑↓批難↓抑圧、そして最後は尊敬に至るのだ。実際、ヤン・スマッツは、かつて軽蔑していた敵対的なインド人と生涯にわたる親交を結び、彼を称賛した。

ガンディーは人間の争いにおける卓越した戦略家であり、非暴力のナポレオンだった。歴史上の偉大な戦士たちの中でもほかには見つからないガンディーの独自性は、傷つくことや死ぬことさえ厭わない勇気を、人を傷つけたり殺したりしないという同じように断固とした意志と組み合わせて、力で圧倒的に勝る相手に対して勝利したことである。

臆病者に非暴力は教えられない

ガンディーは、暴力を、殺される恐怖のために人を殺す弱者の武器だと考えていた。彼が何より嫌ったのは、臆病さゆえに圧制に屈服することだった。「跪いて生きるより、自分の足で立って死んだ方がましだ」〔スペインの政治家ドローレス・イバルリがスペイン内戦のさなかで言った言葉〕ということである。最も好戦的なインド人（パシュトゥーン人）〔アフガニスタンの主要民族だが、イギリス領インドだったパキスタンの北西部にも居住する〕が、非暴力的抵抗の最も忠実な実践者になっても、ガンディーは驚かなかった。臆病者に非暴力は教えられないと、彼はよく言っていた。ガンディー自身も、ボーア戦争（一八九九〜一九〇二年）〔オランダ系移民の子孫ボーア人が、アフリカ南部の支配権をめぐってイギリスと戦った南アフリカ戦争のこと〕で野戦救急車の運転手として戦い、勇気ある行動によってイギリス政府から勲章を授けられた。

ガンディーの中には、西洋のキリスト教文化と東洋のインド文化の高い理想が共存していた。インドに生まれた彼は、青年時代に弁護士になろうとロンドンに渡り、イギリスの法律と自由に対する深い敬意を培った。ガンディーの全人生は、南アフリカとインドのイギリス人支配者を、イギリス人自身の理想である法的な正義に従わせようとする試みだったと言える。

やがてインドの修道士となるガンディーだが、ロンドン留学中はシルクハットと燕尾服を身にまとい、社交ダンスを習い、ラテン語やフランス語を学び、ヴァイオリンを奏でた。もっと重要なのは、ロンドンで、敬虔なキリスト教徒や元キリスト教徒の平和主義者や、菜食主義者、フェミニスト、社会主義者といった多様な人々に出会ったことである。皮肉なことに、ロンドンにおけるガンディーのキリスト教的な理想の追求は、最終的に彼をルーツであるヒンドゥー文化に回帰させた。

彼が最初に作った実験的なコミューン（のちにアーシュラムと呼ばれるようになる）は、キリスト教平和主義者だったロシアの偉大な小説家にちなんで、「トルストイ農場」と名付けられた。ガンディーは、歴史上、宗教的な党派心が最も少ない聖者だった。仲間のヒンドゥー教徒は、時々、ガンディーはあまりにもキリスト教徒的だとこぼした。世界の主要な宗教すべてを等しく尊重すべきだというのがガンディーの考えだった。親から受け継いだのがどんな宗教でも、その宗教の模範になるように努力しなさいと彼は語った。

ガンディーの中に非暴力的抵抗という理想が芽生えたのは、福音書でイエスに出会ったときである。ガンディーは常に、イエスを非暴力的抵抗の最も偉大な実践者だと考えていた。イエスはローマの圧制の下で暮らすユダヤ人たちにこう言っている。「だれかがあなたの右の頬を打つなら、左の頬をも向けなさい。あなたを訴えて下着を取ろうとする者には、上着をも取らせなさい。だれかが、一ミリオン行くように強いるなら、一緒に二ミリオン行きなさい」（『マタイによる福音書』第五章、『聖書 新共同訳』。ミリオンはローマの距離の単位で約一・五キロメートル）。

ローマの法律では、兵士は市民に自分の荷物を一・五キロ運ぶよう命じることが認められていた。にもかかわらず、ローマの兵士が不当にもさらに一・五キロ運ぶように命じたら、三キロ運びますと応じなさいと、イエスは言うのだ。なぜ、ローマの悪に善をもって報いるのか？自分が苦難を受け止めることで、圧制者の罪を相手の顔に投げ返すためである。圧制者に良心のかけらでもあれば、その批難に痛みを感じるだろう。ガンディーにとってのイエスは、ローマ帝国に対する積極的な非暴力的抵抗の戦士であり、悪に抵抗しないだけの、おとなしく消極的な考えの持ち主ではなかった。

聖なるものを追求するガンディーの姿勢は、私生活でも政治でも同じだった。若い頃、彼は性欲やその他の欲求に悩まされるようになり、内面の静穏を得るため、思索によって肉体的な衝動から距離を置きたいと考えた。

同時に、南アフリカで働く若い弁護士として、白人の中にある支配欲と、自分が目にする有色人種の卑屈な服従に憤りを募らせた。彼自身、南アフリカに着くやいなや、肌の色だけを理由に列車の一等客室から追い出された。

そして、弁護士の仕事では、自ずと、個人の心理と社会の抑圧の関係を見ることになった。アメリカのナチュラリストで急進的な思想家だったヘンリー・デイヴィッド・ソローや、ジョン・ラスキン〔一九世紀のイギリスの評論家、社会思想家。『この最後の者にも』はガンディーの思想に大きな影響を与えたと言われている〕、レフ・トルストイと同様に、ガンディーは、階級や人種による抑圧の心理的基盤を生んでいるのは近代の資本主義だと考えるようになった。資本主義が、より多くの物を求めるように人々の欲望を煽り、妬みと社会的な競争を刺激したということだ。

模範とするヒーローであるソクラテスに倣って、ガンディーは、世界の平和と正義は一人ひとりの心の平穏と調和に懸かっていると常に訴えた。それゆえ、彼の社会正義のための運動は、自ら進んで清貧な生活を送る禁欲的なコミューンでの自己修養に常に根差していた。

平和と正義を目的とする禁欲主義

ガンディーの禁欲主義は平和と正義を目的とした世俗的なものだった。あらゆる兵士は、肉体的な欲求を無視し、苦痛や死さえ受け入れられるように、厳しい訓練を受けなければならない。同じことは修道士にも当てはまる。彼らの禁欲のやり方は兵士の訓練とまったく同じである。小さな欲望や欲求を捨てることを積み重ね、最終的に自分の命まで犠牲にできるようにするのだ。

非暴力的抵抗に必要な勇気は、セルフコントロールや、自己浄化、苦行などの、長期にわたる禁欲的訓練によって培われる。ガンディーの信奉者は、貞潔、清貧、奉仕という決められた誓いを立てた。断食し、体を動かし、労働し、祈ることが求められたのである。こうした自己完成のための修練は、それ自体が目的であると同時に、社会正義を実現するための勇敢な戦士を養成する手段でもあった。個人の自己完成は、世界を治癒させるのに必要な基盤である。世界に変化を求める人は、その変化を自分の中に起こさなければならない、とガンディーが言ったことはよく知られている。

ガンディーは、自らの世俗的な禁欲主義を表すために「サティヤーグラハ（satyagraha）」という新しい言葉を作った。「サティヤー（satya）」はヒンディー語で「現実」や「真理」を意味し、「サティヤーグラハ」で「真理の追究における意志の堅固さ」という意味になる。かつてガンディーはその言葉を「自分自身が苦しむことによる敵の攻略」だと説明した。サティヤーグラハによって得られるのは、非暴力的抵抗を行う勇気、つまり「アヒンサー（ahimsa）」である。命を捨てる覚悟があれば、命を守るための暴力は必要ないのだ。

歴史的に、禁欲主義の修練は強靭な精神を持ったエリートだけのものであり、それをすべての人に求める伝統的宗教はなかった。しかしガンディーは、ほぼすべての人間にこの宗教的修練が可能だと確信していた。禁欲主義の理想を民主化しようとしたのだ。彼の徹底した完全菜食主義のために、彼の妻と子どもたち、そしてガンディー本人は危うく死にかけ、別の修行では、彼と家族との関係が、控えめに言っても緊張の極に達した。

ガンディー主義は、ガンディーの家族でさえ全員が実践することができなかったのだ。一般の信奉者について言えば、さまざまな運動の最中に多くの人々が衝撃的な暴力に走った。それはとくにインドで著しかった。ガンディーは、人生最後の三〇年を、かつて一つだったインドでのヒンドゥー教徒とイスラム教徒の融和のために費やした。

しかし、彼が最終的に見たものは、組織的な民族虐殺の拡大であり、コミュニティー同士の激しい暴力の応酬であり、第一次印パ戦争だった。インドとパキスタンはイギリスと戦うことなく独立を果たしたが、ガンディーは自分のライフワークは完全な失敗だったと考えていた。

ガンディーは戦士であると同時に賢者だった。彼は最も哲学的な政治家であり、最も政治的な哲学者だった。真理や、暴力、禁欲主義に関する理論に加えて、政治における目的と手段の関係全体についても考え直した。彼は常に、暴力と非暴力は同じ目的、つまりインドの独立を達成する別の手段ではないと主張していた。暴力に訴えれば、それに頼らなかった場合とは大きく違った未来が訪れることを、よく知っていたのだ。

第一に、人の性格は、何をするか、あるいは何に耐えるかを選ぶことで形成される。暴力を選んだ人間は粗暴になる。暴力的な人間がどうやって真の平和を生み出せるだろう？　第二に、ガンディーは騎士道を守る戦士として、常に敵対者との和解と友好を望んだ。真実という鎧をまとい、愛という剣を持って戦うことで、彼は、戦いを終えたあとで敵と融和する土台を築いた。第三に、ガンディーは政治の不確実性をよく認識していた。政治に関して信じられるのは現在の選択だけである。彼にとって、不確かな未来のために今日できる善を犠牲にすることは意味がなかった。そして、手段はやがて目的になってしまう。真の平和につながるのは平和的な手段だけなのだ。ガンディーにとって、非暴力は政治的手段であっただけではなく、倫理的信条でもあった。

非暴力的抵抗という信条はあらゆる場面に適用できるし、道徳にもとるところがまったくないと、ガンディーは主張していた。非暴力的抵抗の論理は、抑圧者の罪のために自分自身が苦痛を引き受けることで、相手の良心を痛ませるというものだ。だから、抑圧者に良心がなければ、それに訴えようとする非暴力的抵抗は失敗する。

非暴力主義の普遍性

通常、国民国家には良心がないので、国家間の平和主義は、たいがい侵略国に対する宥和政策を意味することになる。ガンディーでさえ、一九三八年のミュンヘン協定でのヒトラーへの譲歩〔ヒトラーの要求を容れて、ドイツがチェコスロヴァキアのズデーテン地方を併合することを認めた〕を批難した。ナチや共産主義などの体制では、体制を代表する人々の人間的な良心は、邪悪なイデオロギーによって、その全体ないし一部が封殺される。人間的な良心への訴えが不可能な悪は、非暴力的抵抗では阻止できないのだ。スマッツ将軍は心を動かされたかもしれないが、ハインリヒ・ヒムラー〔ナチの親衛隊、ゲシュタポ、警察などを掌握して、ユダヤ人絶滅政策を推進した〕はそうはいかない。

その上、ガンディーの政治手法には、協力して直接行動をするためのコミュニケーションの自由が必須である。もし、非暴力的抵抗のすべての指導者が突然消えてしまったら、果たして集団行動を起こせるだろうか？　こうしたことから言えるのは、ガンディーの政治手法は、基本的人権が存在している国でしか機能しないということだ。ナチ・ドイツのユダヤ人はどうすればよかったのかと聞かれたとき、ガンディーは集団自殺しか示唆できなかった〔ナチに命を差し出すのではなく、崖から海に飛び込むなどして集団で積極的な死を選べば、世界の人々の良心に訴えられただろうという趣旨の発言をした〕。

ガンディーの非暴力主義に普遍性がないとしたら、道徳にもとるところがまったくないというもう一つの主張は妥当なのだろうか？　残念だが、集団行動には必ず罪のない第三者の犠牲が伴う。イギリスのインド統治に抵抗するためのガンディーの不買運動〔中心になったのは、イギリス製の綿製品をボイコットしてインドで作った綿製品を買おうという運動〕は、彼らに同情的だったランカシャーの織物工場の労働者を失業に追い込んだ。不買運動やストライキは、紛争の当事者ではない多くの人々に損害と犠牲を強いるのだ。

そして、ガンディー自身の自己懲罰的な断食は、当時の多くの人々の目には一種の道徳的恐喝のように映った。「命を賭けたハンスト」によって、彼は「今やっていることをやめないと、餓死してやるぞ」と、敵対者を脅迫したというのである。これは、殺すぞと言うほど威圧的ではないが、威圧的であることに変わりはない。そもそも、政治は何らかの威圧がなければ成立しない。ガンディーの非暴力的威圧は、多くの場合、暴力による威圧より有効で道徳性も高いが、たとえ非暴力的であっても、政治であるかぎり道徳的に潔白ではあり得ないのである。

ガンディーの非凡さは、むしろ、禁欲的な修練が、非暴力的抵抗という英雄的な政治手法を持続させるのに役立つことを示したところにある。彼の思想の継承者で最も有名なのはマーティン・ルーサー・キング牧師だろう。キング牧師は活動家たちを訓練して、非暴力的抵抗のテクニックと、苦難に耐える方法を身に付けさせた。キングの非暴力的な政治手法は、アメリカ南部で人種分離を定めている法律の撤廃を目指すものだった。彼が成功したのは、アメリカに基本的人権が存在していたからであり、アメリカ南部に住む大部分の人々の良心が、人種間の平等を求める声に耳を傾けたからである。

　ガンディーの政治手法がほかのどこよりも劇的な成功を収めたのは、おそらく一九八九年の東ヨーロッパである。ポーランドや、チェコスロヴァキア、ルーマニア、ブルガリア、ハンガリー、東ドイツ、そしてバルト三国で、政権に抵抗する多くの市民が、数カ月にわたる暴力の脅威や実際の暴力に粘り強く耐え、共産主義体制を倒したのだ。十分な数の市民が悪に協力しないと決心すれば、どんな体制も存続できない。非暴力的抵抗が最も有効な手段となるのは、強圧的な体制を打倒する場合であることが、政治学者によって明らかにされつつある。

　ガンディーの政治手法はどこでも有効なわけではないし、道徳的に潔白でもない。だが、ほとんどの場合において、社会正義や政治的公正を実現するための、暴力より優れた手段になる。ガンディーの政治手法は、当時、進歩的な人々から中世的で復古的だと批判された。しかし、未来は、この修道士かつ平和のための戦士のものであるように思える。

第二四章｜現代

サイイド・クトゥブ

聖戦主義者《ジハーディスト》

一九四八年、一人の理想主義的な現代文学の教師が、自宅のあるエジプトのカイロから、アメリカ西部のコロラド州にある、保守的で何の変哲もないグリーリーという小さな田舎町にやって来た。コロラド州立教育大学〔現在の北コロラド大学〕で、教師としての専門的な訓練を受けるためだった。このサイイド・クトゥブという教師は、グリーリーできちんと教育を受け、アメリカのほかの大学でも学んだが、どこも彼が期待したような場所ではなかった。

彼がアメリカから家に送った手紙に記したのは、恥知らずな性的乱倫としか思えない行為や、野蛮なスポーツへの熱狂、金銭を万能視する拝金主義などへの激しい嫌悪感だった。外国生活を経験した大半の人と同じように、クトゥブも、滞在した国よりも自分の国や信仰について多くのことを学んだ。アメリカの男女共学（クトゥブによれば「動物のような両性の混交」）や、物質至上主義、人種差別から受けた衝撃は、クトゥブを穏健なイスラム主義者から過激なイスラム主義者へと変えた。だから、コロラド州グリーリーは、現代の戦闘的イスラームが生まれた町と言えるかもしれない。

アメリカから帰国するとすぐ、クトゥブはエジプトの「ムスリム同胞団」に参加した。彼はガマール・ナセルの軍事クーデター〔一九五二年、ナセルらが組織した自由将校団が国王ファールーク一世を追放して権力を掌握した〕を支持したが、間もなく、その世俗的な将軍と衝突する。ナセルによって投獄された〔ナセルの暗殺を企てたとされた〕クトゥブは繰り返し拷問を受けるが、一九六六年に絞首刑にされるまでに、六巻に及ぶクルアーンの注解書を獄中で書き上げた。彼は、処刑によって、現代の政治的イスラームで初めての偉大な殉教者となった。

多くの欧米人は、戦闘的イスラームの第一の敵はキリスト教徒やユダヤ教徒だと考えがちだが、クトゥブの人生と思想、そして死からわかるのは、現代の急進的イスラム主義者の第一の敵はイスラム教国の政府だということだ。敵と見なされる欧米人は、そうした政府を支援している人々である。キリスト教徒はほかのキリスト教徒を、ユダヤ教徒はほかのユダヤ教徒を、イスラム教徒はほかのイスラム教徒を主に殺してきたということをまず把握しておかないと、宗教的動機による暴力の理解は始まらない。基本的に、宗教的暴力が近しい関係の中で起きるというのは、ガンディーが仲間のヒンドゥー教徒に暗殺されたことを見てもわかる。

生活全体を信仰に捧げる幸福

多くの敬虔なキリスト教徒や、ユダヤ教徒、イスラム教徒と同じように、クトゥブは、信仰が安息日の礼拝だけになった現代生活の世俗性に深く心を痛めていた。現代人の生活は、彼には、ただの動物の暮らしに見えた。平日は、食べて、眠り、買い物をし、金を稼ぎ、子どもをつくるだけで、神のことはまったく考えない。精神的存在になるのは安息日の礼拝のあいだだけだ。普段は物質至上主義で、モスクにいるときだけ精神的になるという分断された人間の在り方を、クトゥブは否定した。

真の幸福は、生活全体を統合して信仰に捧げたときに初めて得られる。そうすれば、食事や、仕事、交遊、子育てのすべてが、神に対する一種の祈りになる。クトゥブが理想とする真にイスラーム的な社会は、絶えず自己否定をする禁欲的な世界ではなく、節度があり、人間的なイスラム法の枠の中で、あらゆる生きる喜びを享受できる統合された世界である。イスラームは、安息日の礼拝だけではなく、生活のすべてを求めると彼は言う。物質的なものの追求と精神的なものの追求が完全に統合されないかぎり、私たちは幸福にはなれない。イスラームは宗教ではなく、生き方の総体なのである。それがクトゥブの考えだった。

戦闘的なイスラームは中世的で復古的だとしばしば批判される。それに対し、クトゥブは、第一世代のイスラム教徒〔預言者ムハンマドとその仲間（サハーバ）を指す〕の姿がその後のイスラム教の堕落を測る基準だと、事あるごとに強調した。

しかし、クトゥブのイスラームは、ほかのイスラム原理主義と同様、まったく現代的なものだった。伝統的なイスラームでは、クルアーンを、さまざまな解釈の伝統や、イスラム法学の諸学派の視点から研究する。だが、クトゥブはそれらをすべて否定し、クルアーンに書かれている（と彼が解釈する）ことそのものに立ち返ることを求めた。

伝統的なイスラム教社会では、イスラム法と個々のイスラム教徒とのあいだに、民族的な慣習や、部族の長老、法学者、王など、多くのものが介在している。クトゥブは、個々のイスラム教徒が直接イスラム法だけに従うように、すべての介在者を取り払いたいと考えたのだ。彼は、昔ながらの社会的、宗教的ヒエラルキーに代えて徹底した平等を提案し、従来の政治的権威に代えて、人間による支配からの完全な自由を提案した。クトゥブによれば、自由、平等、友愛という近代の理想が実現できるのは、すべての個人が神のみに服従したときだけなのである。

神以外に主権はない

クトゥブの「神の主権」という概念は、聖書やクルアーンに描かれる「妬む神」なしには理解できない。「あなたには、わたしをおいてほかに神があってはならない」〔『出エジプト記』第二〇章三節、『聖書 新共同訳』〕とあるように、神は私たちが彼だけに忠実であることを要求する。アブラハムの宗教においては「神の唯一性（divine monotheism）」だけでなく「神との一夫一婦制（divine monogamy）」〔前者は神はただ一つしか存在しないということ、後者は人はただ一つの神しか信じてはならないということ〕までが重要になる。

神は背信、つまりほかの神を崇拝することを許さない。私たちが、富や、軍事力、テクノロジー、人間が作った政府などを信じれば、背信の罪を犯したことになるとクトゥブは言う。「神の主権」が意味するのは、神以外の、人間の権力などに服従してはいけないということだ。現代の政治的主権に関する理論は、神の主権と相容れないというクトゥブの主張は間違っていない。人間による統治を主権と呼ぶなら神は主権を持ち得ないし、神に主権があるのならその他のどんな統治者にも主権はない。本質的に主権は分割できないのだ。現代のあらゆる統治者は自らに主権があると主張しているので、神の主権は否定される。

神が何らかの形で地上の支配者を指名し、その支配者と主権を共有するという考え方も、クトゥブは否定する。何しろ、アッラーは完全な忠誠心を求める嫉妬深い神である。「アッラーのほかに神なし」という言葉は、神以外に主権はなく、神以外に法はなく、神以外に権威はないことを意味している。

神は一つしか存在しないのだから、民も一つでなければならない。イスラームは伝統的に、アラビアや、アラビア語や、大アラブ国家と特別な結び付きを持ってきた。だが、こうした国家や文化に関する特殊性は一掃され、地球規模の一つのイスラーム共同体の中に吸収されなければばならないと、クトゥブは主張する。彼は、ユダヤ教を単なる部族宗教だと批判し、キリスト教を精神的な領域だけの宗教だと批判した。彼によれば、イスラームのみが普遍的でホリスティック(全体的)であり、すべての人類にとって、個人、家族、経済、社会、政治など、あらゆる領域の指針となり得るのだ。

「イスラーム」という言葉は「服従」を意味し、真の自由は神への完全な服従によってのみ実現されるとクトゥブは主張する。彼によれば、人間に服従すれば奴隷状態に転落する。人間の恣意的な意志に従属するからである。一方、神への服従は、完全に理性的で公正な意志に従属することを意味する。真の人間的自由を生み出すのはこうした服従である。ルソーによれば、特定の人間の意志に服従するのは隷属だが、「一般意志」への服従は人を自由にする。クトゥブはルソーに同意するが、真に一般的な意志は神の意志だけであり、大衆の意志ではないと言う。

クトゥブが理想とするイスラームの支配者、つまりカリフ〔ムハンマドの後継者としてイスラームを統率する、政治と宗教の最高権威者〕やイマームは、独立した権限を持っておらず、法律を制定する資格もない。彼らは単なる神の代理人であり、イスラム法の解釈や、適用、執行に責任を負うだけである。クトゥブが理想とする体制は神による支配(文字どおりの神権政治)である。

神権政治は、実際には聖職者による支配を意味するようになってしまったが、イスラームには聖職者がいないので〔神の声を聞けるのはムハンマドだけとされているため、組織立った専従の聖職者は存在しない。宗教儀式は、ほかに職を持つ学識のある信徒(ウラマー)が執り行う〕、そういう意味での神権政治に陥る可能性はないと、クトゥブは言う。イスラームの支配者には聖職者や聖人のような神聖な権威はない。カリフといえども宗教的に平等な人々の中の筆頭にすぎない。だから、それぞれのカリフはイスラム教徒によって選ばれるべきなのだ。カリフがイスラム法を、そしてイスラム法だけを執行するかぎり、人々は彼に従う義務を負う。

「殺し、殺される」ジハード

クトゥブの悪名を高めたのは彼のジハード理論だった。彼は「イスラームテロの哲学者」と呼ばれてきたが、女性と子どもは絶対に攻撃してはならないとも主張していた。クトゥブにとってのジハードは、誘惑に対する精神的な戦いから始まる。自分の中の不正を克服していない者は、社会正義のための戦いで成果を上げられないと彼は言っている。

人に自分の信仰を説き、その素晴らしさを伝え、証言することはジハードの一種だが、ジハードが「殺し、殺されること」を意味することも、彼には明白だった。彼はジハードを、アッラーを知らない人々に対する聖戦の一種として擁護し、それは旧約聖書で支持されているし、キリスト教徒も十字軍の遠征の際に実践していると指摘する。歴史的に言うと、ジハードはまず、アラビアから異教を駆逐するために正当化され、次に、不信心者の侵略からイスラム教徒の祖国を守るために正当化された。クトゥブの革新は、この防衛的（かつ部族的）なジハードを、イスラームを確立するための世界的な闘争に変えたことである。彼は、主にイスラームの支配者やイスラーム社会に向けたジハードに先鞭をつけた。

クトゥブのジハードは、彼の宗教的ホーリズム（全体論）の自然な帰結である。もしイスラームが完全な生き方を意味するのであれば、イスラム教徒は、私生活や、社会、宗教、政治などにおける活動のあらゆる側面を支配するために戦わなければならない。イスラームは、それ以外の経済生活や政治生活から切り離された、個人の宗教的な信念や実践ではあり得ない。生活のあらゆる領域で宗教を実践できないのなら、イスラム教徒にとって「信教の自由」は無意味なのだ。

これには非常に重要な意味がある。イスラム教徒は、イスラームの政体の中に少数派としてキリスト教徒やユダヤ教徒がいるのは許容できるが、自分たちが非イスラム政体の中の少数派として信仰生活を送ることはできないのである。

だとすれば、ジハードはどうやって信教の自由と両立し得るのだろうか？　クトゥブによれば、クルアーンはどちらの原則も認めている。「そして彼らと戦え、迫害がなくなり、宗教がそっくりアッラーのものとなるまで」〔『クルアーン』第八章三九節／『日亜対訳クルアーン』中田考監修、中田香織、下村佳州紀訳、作品社より引用。以下同様〕および「宗教に強制はない」〔『クルアーン』第二章二五六節〕である。

イスラム教徒が、あらゆる面でイスラームと一致しない社会に暮らすかぎり、たとえ支配者がイスラム教徒であっても、宗教的に抑圧される。しかし、真にイスラーム的な政体は、少数派のユダヤ教徒やキリスト教徒の信教の自由を認め、彼らが自分たちの宗教を実践するのを完全に許容する。そして、ひとたびイスラム政体が確立されたら、ジハードは、信仰を説き、徳を証言するという形に変わる。それはいつの日か、ほとんどのユダヤ教徒やキリスト教徒の信仰を変えさせるだろう。こうしてジハードは、普遍的で真正な信教の自由に必要な条件を作り出すのである。

イスラム教が近代の自由主義と両立するためには改革を経験する必要があると言う欧米人が多くいる。だが、戦闘的イスラームは、自分たちがすでに改革を起こしていると思っている。宗教改革初期のルター派やカルヴァン派の人々と同じように、クトゥブは、聖職者や、神学者、法学者の堕落を批難した。ルターのスローガンは「聖書のみ」だったが、クトゥブのスローガンは「クルアーンのみ」である。カルヴァン派の人々が、「原始的な」キリスト教が本来持っていた純粋さを取り戻そうとしたように、クトゥブも第一世代のイスラム教徒が持っていた純粋なイスラームへの回帰を訴えた。

何世紀ものあいだに、イスラームも、カトリックと同様に、神秘主義や、典礼、殉教者や聖堂の崇拝、行進、宗教的な音楽や美術といった、聖典に書かれていない宗教的慣習を増やしていった。戦闘的イスラームは、カルヴァン派と同じように因習打破を方針にしている。彼らは、こうした伝統的な宗教的慣習や芸術形式を、ただの偶像崇拝だとして激しく攻撃する。ピューリタンが、聖書の律法だけに基づいて統治される政治的コミュニティーを作ったように、クトウブもクルアーンで定められた律法だけに支配される世界を求めたのだ。
クトゥブは、人間は経済的動物《エコノミックアニマル》というより宗教的動物《ホモ・レリギオースス》だと考えていた。マルクスが「宗教は大衆のアヘンである」と言ったのに対して、クトゥブは、マルクス主義や資本主義こそ真の大衆のアヘンだと言う。現代の政治家は、かつてないほど大量の物質的資源で大衆の感覚を麻痺させているが、人々が本当に求めているのはもっと精神的な意味なのだ。

二〇世紀に、アルジェリアや、リビア、エジプト、イスラエル、インド、パキスタンなどで起きた非宗教的革命が、これらすべての国で宗教的な反革命を引き起こしたことに現代人は驚いた。だが、クトゥブは驚かないだろう。人間の本性が唯一神に関する知識を渇望するのであれば、人類がどれほど経済やテクノロジーを進歩させようと、この渇望には応えられない。振り返れば、人間の本性について無知に見えるのは、二〇世紀半ばの世俗的進歩主義者たちの方である。クトゥブによれば、あらゆる政治的紛争の根底には神学的対立がある。西洋の帝国主義が得ようとしたのは、政治的あるいは経済的な権力ではなく、キリスト教の主導権だった。政治に関して私たちにできる唯一の選択は、真の神を崇拝するか、私たち自身が作った偽の偶像を崇拝するかなのだ。

西洋人が宗教改革で発見したように、過去への回帰ほど革命的なことはない。クトゥブのクルアーンへの回帰は、私たちの世界が同じように劇的に変わることを約束している。イスラームの最初の政治哲学者アル＝ファーラービーは、イスラームは西洋で最高の哲学や科学と融合できると確信していたと、本書の前の方で書いた〔第五章の、プラトンやアリストテレスの思想とイスラームの親和性に関する記述を参照〕。それと対照的に、クトゥブは、イスラームが、まさに同じ西洋の技術や科学によって致命的に汚染されることを恐れた。世界の命運は、今、これら二つの対照的なイスラームのどちらが優勢になるかに懸かっているのだ。

第二五章 現代

ハンナ・アーレント

除け者《パーリア》

ハンナ・アーレントは、二度、すんでのところでナチの手を逃れた。一九三三年、彼女はベルリンでゲシュタポに逮捕され、八日間拘束された。釈放されるとすぐ、彼女はパリに逃れた。そこでは、間もなく、ユダヤ人としてドイツの市民権を奪われた（以来、戦後にアメリカの市民権を得るまで無国籍状態だった）。一九四〇年にナチがフランスに侵攻すると、彼女は再び捕らえられ、「敵性外国人」としてスペイン国境近くの収容所に入れられた。だが、幸運なことに、その夏のフランスの降伏によって起きた混乱の中で、アーレントは収容所を出ることを許された。彼女はしばらく身を隠し、ナチに任命された新しい傀儡政権が出国許可条件を緩めた短い期間に、夫とともにアメリカに脱出した。

一九四一年（アーレント三五歳）にアメリカに着いたとき、アーレントは二五ドルしか持っておらず、英語の知識はわずかしかなかった。彼女の名前を高めた著作は、まだ一つも書かれていなかった。だが、全体主義体制の迫害の犠牲者として（二度も）亡命を余儀なくされたという彼女の経歴は、アメリカにたどり着くまでに揺るぎない政治観を形成していた。そこでアーレントは、初めて世間の注目を集めることになる本『全体主義の起源』の執筆に取り掛かった。

「恐ろしく普通」なアイヒマン

一九六〇年代初め、『ザ・ニューヨーカー』誌に発表した『エルサレムのアイヒマン――悪の陳腐さについての報告』が本として出版されると、世の中はアーレントへの囂々《ごうごう》たる批判であふれた。一九六一年、彼女は『ザ・ニューヨーカー』の特派員としてイスラエルに赴き、ナチのホロコーストにおけるアドルフ・アイヒマンの役割を追及する戦争犯罪裁判を傍聴した。

アーレントはアイヒマンの人物像を、担当がジェノサイドだったというだけの、深い考えのない陳腐な役人で、狂信的なナチのイデオロギーの信奉者というより「恐ろしく普通」の人間だと書いた。その報告は、裁判自体の合法性に対して彼女が呈した疑問とともに、当時、大きな論争を巻き起こした（し、現在も激しい議論が続いている）。

彼女はまた、一部のシオニストは時代遅れのナショナリズムを持っていて、それは、ドイツの国家主義と同じ、一九世紀の「民族主義的《フェルキッシュ》」〔敗戦までドイツ民族の美点を称揚するために盛んに使われた言葉。反セム主義、反カトリック、優生学、自然への回帰、ロマンティシズムなど、さまざまな要素を含んでいる〕な文化的土壌で育ったものだと挑発的に批判した。

何よりも物議を醸したのは、大戦中にナチが公認した「ユダヤ人評議会」〔ドイツ占領下の東ヨーロッパ諸都市に設けられたユダヤ人居住区の自治組織。当初は、警察、徴税、衛生などの行政機能を担っていたが、ユダヤ人の強制収容所への移送が始まると、それに伴う作業にも使われた〕で働いていたユダヤ人に向けた、彼女の厳しい批判だった。彼女は、ホロコーストにおけるナチとの共犯関係をほのめかして「被害者たたき」をしているという、激しい批難にさらされた。

戦前、ユダヤ人として仲間のドイツ人の中でパーリア〔除け者。元は南インドで最下層の被差別カーストを表す言葉で、さまざまな理由で社会から排除され、蔑視されている人々を意味する〕だった彼女は、その裁判以降、多くのユダヤ人仲間の中で同じようにパーリアになった。アメリカでは正確にはパーリアとは言えなかったとしても、ヨーロッパからの亡命知識人であり、自立した女性だったアーレントは、戦後のアメリカ中産階級が形成した大量消費社会ではいつまでも異邦人だった。彼女はそこで残りの人生を過ごすことになる。

戦前のドイツで、若き日のアーレントは政治学ではなく哲学や神学を学んだ。当時、政治にはほとんど興味がなかった。それがすっかり変わったのは、一九三三年にナチが政権を握り、命からがら逃げることを余儀なくされたときである。

二〇年後、アメリカで暮らす彼女はものの見方が完全に変わっていた。アーレントは、政治学には独自の価値があり、現在は正しく理解も評価もされていないが、きわめて重要な役割があると考えるようになっていた。彼女は、政治が哲学に支配されるという、はるかプラトンまで遡る傾向を批判した。プラトン以降、哲学者たちは、ほぼ例外なく、西洋思想の起源から存在した反政治バイアスを共有してきたと、アーレントは主張する。そのために政治が歪められ、市民の判断力が損なわれ、しばしば悲惨な結果がもたらされたというのだ。

こうした長い思想的伝統に対抗するために、アーレントは原初のギリシャ時代の政治の捉え方を回復しようと考えた。古代の認識に従えば、政治参加は人間であることの欠かせない要素であり、トマス・ペインが言ったような、ただの必要悪ではない。プラトン以来、西洋の哲学者は政治的活動が持つ大きな実存主義的意義から目をそらし、政治が本来持っている尊厳を否定してきたと、彼女は主張した。この見解を聞いた彼女の批判者の中には、それはヘレニズム懐古趣味だとか、哲学に対する反主知主義的な敵意が感じられると言って、彼女を批難する者もいた。

こうしたものの見方が明確に表れているのが、政治を主題としたアーレントの最も重要な著作『人間の条件』である。この本はpoliticsという言葉の元になったギリシャ語の意味の解説であり、なぜ人間は、アリストテレスが言うように本質的に政治的な動物なのか、という問いへの答えである。この本では、人間の活動が、労働（labour）、仕事（work）、行為（action）〔これらの訳語は『人間の条件』ハンナ・アレント著、牧野雅彦訳、講談社学術文庫、二〇二三年、による〕の三つのカテゴリーに分けられている。

古代ギリシャ人にとって「労働」は最も下等で、最も基本的な人間の活動であり、すべての動物に共通するものだったと、アーレントは解説する。それは自然に最も近く、食べるなどの生物としての基本的ニーズを満たすことで、生命そのものを維持するのが目的である。

それに対し「仕事」は、ただ肉体を存続させるという目的を超えた先に広がる。生命の維持だけに消費されるのではない、技術や、建築、絵画といった、時の流れに耐えるものの世界を創造する活動である。動物には決してできないことだ。だから古代ギリシャ人は仕事を労働の上に位置付けたのだと、アーレントは言う。

政治は人間の生活に意味を与えるもの

そして、三つの中で群を抜いて高い所に位置しているのが「行為」、つまり政治の世界である。古代ギリシャ人にとって、政治は市民が共有する公共空間だった。自由市民は、そこに集まっては自分たちの都市国家《ポリス》に関する共通の問題について議論し、その過程で人間としての主体性を発揮し、自らの個性を開示し、共通の公的世界を確認したのである。アーレントによれば、古代ギリシャ人にとって、この独特な形式の集会以上に人間的なものはなく、彼女は、それこそが古代ギリシャの政治の真髄だと捉えた。労働や仕事など、より下等な活動は、私的領域（家庭、農場、作業場、市場など）に厳しく限定され、必要性に従って管理された。一方、「行為」は、自由な領域である公共領域でしか発生しない。アーレントにとって自由は、公共活動に参加する積極的な市民だけが経験するものであり、政治に関係せず、自分の好きなことをするだけの私的な個人には味わえないものなのである。

古代ギリシャの都市国家の世界では、政治は、市民が自然の範疇を超え、集団行動を通じて人間としてのアイデンティティーを形成する場だったと、アーレントは指摘する。自分たちが共有する現実を確認するためには、人々は共通の公共空間で一緒に行動したり話をしたりする必要がある。だから、ギリシャ人は、私的なことにしか関心がない市民を軽蔑して「イディオーテース（idiṓtēs）」つまり「愚か者（idiot）」と呼び、何よりも公益のために献身する市民「ポリーテース（polítēs）」に対置したのだ。学問の追究のために公的な役割を顧みない哲学者や、非市民として政治から排除された奴隷は、ともに、元々のギリシャ語の意味における愚か者だった。アーレントの言葉で言うと、「完全に私的な生活を送ることは、何よりも、真に人間的な生活に欠かせないものを奪われていることを意味する」からである。

これは、アリストテレスがとくに強調した、人は政治の外では真に人間的な生活は送れないという主張を肯定するものだ。ただし、アリストテレスが、人間は生まれながらに政治的な動物であると認識していたのに対して、彼女は、政治は、人間が創造し得る、自然から最も離れたものだと考えていた。ホッブズやロックが、政治を、基本的に生命を維持する手段として擁護したのは間違いであり、政治は本来、人間の生活に意味を与えるものだと、アーレントは言っている。

共有された公的世界の必要性

アーレントによれば、哲学者と専制政治のあいだには本質的な政治的類似性がある。哲学者は真理を知っていると主張し、それを、必要なら力ずくでもほかの人々に押しつけようとしがちだ。そういう傾向があるからこそ、プラトンは民主主義に反対し、慈悲深い哲人王による支配を支持したのである。彼は統治を、賢明なエリートが適切な訓練によって習得し、すべての人の利益になるように実行する科学だと考えていた。

だが、アーレントには、そうした家父長的支配は、起源であるギリシャ人の政治の理解の対極に思えた。ギリシャ人は、政治を、大多数の市民のあいだで言動を共有し、それによって共通の世界を作ることだと考えていた。決して真理の追究ではないのだ。アーレントにとっては、どれほど優れた人物であっても、哲人王や、特定のイデオロギーの信奉者、テクノクラート、啓蒙専制君主などに政治を委ねるのは、人類にとって破滅的なことだった。人類には、人為的に市民をまとめるための、共有された公的世界が必要なのである。

ユダヤ人の歴史的悲劇は、彼らが公的領域から締め出された政治的パーリアだったことだと彼女は言う。そのために、ユダヤ人は、人間性や政治的現実感を奪われてしまった。これが、ユダヤ人にとどまらず、現代人の一般的な特徴になりつつあると、彼女は懸念する。私たちが、全体主義や部族的ナショナリズムといった政治病理に対して脆弱になっているのではないかということだ。こうした憂慮すべき傾向に対する最善の策は、原初のギリシャの政治観を取り戻すことであり、それを持続させるための制度や人々の姿勢を回復させることだと彼女は考えた。

近代において、政治は、経済に従属したことで劣化を続けてきた。古代ギリシャでは適切に捉えられていた、労働、仕事、行為の上下関係が逆転してしまったと、アーレントは考える。政治は次第に市民の富と健康の増進に集中するようになり、名演説や歴史に残る行為が生まれる空間ではなくなった。これは資本主義体制にも社会主義体制にも同じように言えることだ。そもそもこれらの体制は、基本的に、アーレントが定義した古典的な意味では反政治的である。古代ギリシャ人は、生産や消費に関わるすべてのことを私生活という低級な領域に追いやり、公共領域を労働や仕事に関わることで汚されないようにした。

一方、現代人は「政治経済」に夢中になっているが、それは、アーレントの理解では古代の精神と明らかに矛盾する。ただし、アテナイ人は実際には富の分配や税について公の場で議論していたので、彼女の誤解とも言える。彼女は、フランス革命が、社会正義や、貧困、経済的不平等といった問題を前面に出したことを批判した。それらは本来、政治の範疇の外にあるものだと考えたからである。彼女の厳格で古典的な政治の理解に従えば、他者の苦しみに対する同情は公的領域の外に置いておくべきであり、公的領域は、あくまで市民のための言動がなされる共通の世界でなければならないのだ。

アーレントによれば、カール・マルクスの思想はこうした近代的傾向の典型ということになる。彼女は、マルクスの労働の賛美を、プラトンまで遡る同じ反政治的態度の別の症状だと考えた。確かに、マルクスとエンゲルスは、共産主義の下では国家は必要なくなると確信していた。それは、最終的には「しおれて」しまい、自発的な協力と善意に基づく自律的な社会に置き換わる。言い換えれば、結局は政治そのものが消滅するということである。マルクスにとって労働は「人間がまさに人間らしくあることの表現」だったが、古代ギリシャ人にとっては最も人間らしくない活動だったと、アーレントは言う。一方、資本主義側では、ジョン・ロックが、政府には財産の保全以外の目的はないと主張したが、アーレントには、財産の保全を考えることなど、政治から真っ先に排除されるべきことだった。

富と貧困の問題が次第に政治の領域に入ってきたのは近代になってからだとアーレントは捉える。その結果、マルクスが予言したように、純粋な政治はやがて消滅する。代わりにその場所に出現したのが、彼女が「社会」と呼ぶ「政治的なものと私的なもののあいだの、それらがいくらか混ざり合った奇妙な領域」である。

社会には、真の公共領域に見られる多様性や自由とは正反対の、家畜の群れのような従順さがある。アーレントは、社会問題の政治への侵入、あるいは政治問題の社会への侵入と見なす現象に、強く反発した。そうしなければ、人を人間らしくするという性質が政治から失われてしまうからである。例えば、彼女は、政府が社会における不平等や差別を禁止する法律を作ることは意味がないと考える。平等はボディ・ポリティック〔さまざまな統治機能を一つの人格として行う人間の集まりを指し、国家もこれに含まれる。政治的統一体、統治体、政体といった意味〕の「最も深いところの原則」であり、政治のレベルで、市民のあいだだけに適用されるものだ。社会のレベルで集団や個人のあいだには適用できない。差別行為は社会のレベルでは正当だが、政治のレベルでは間違っている。

だから、アーレントは、たとえ論争を巻き起こすことになっても、戦後アメリカでの、人種差別を犯罪にしようとする国家の試みに反対したのである。果たして、彼女の姿勢は左翼に多くの敵を生むことになった。一方で彼女は、戦後アメリカの、社会における人種的分離を強制する法律の廃止に賛成し、右翼にも敵を作った。どちらの政策も、政治と社会の相互侵入の例であり、政治的なものの真の性質が保持されるべきならば、反対しなければならないとアーレントは考えたのだ。

アーレントほど崇高な政治の姿を描いた現代の思想家はいないし、公的世界の管理を他人に委ねることのリスクの大きさを、彼女ほど深く理解していた思想家もいない。彼女が理想とした古代ギリシャの都市国家のイメージの中で最も重要なのは、政治の世界には人間性を高める働きがあり、そこでは偉大なことが起こり得るということである。そこは、勇気や、人を鼓舞する演説、自由、市民の共通の行動の場になり、私たちを、取るに足らない心配や些細な利益を超越したところに引き上げ、私たちが共有する活動や成果に文脈を与えてくれる。私たちのような政治から深く疎外された世代にとって、これは非常に有益な教訓になる。

しかし、歴史上には、こうした政治が実践された例や、それに近づいた例さえほとんど見つからないので、普通の市民ではなく、英雄のような人々を対象にしているのではないかと考えてしまう。古代のアテナイでさえ理想に届かなかったのだから、理想の政治とは文字どおりユートピア〔ラテン語で「どこにもない場所」という意味〕なのかもしれない。アーレントが提示した近代の政治行動の具体例は革命だが、それは例外的なもので、安定した政治秩序にふさわしい土台にはならない。それに、近代の革命でさえ、しばしば、アーレントも批難する政治的惨事につながった。だが、私たちの行動の指針となり、行動を評価する基準となる理想を持つことは、まったくの実用主義に基づいた、目的のない空っぽの政治よりも良いことであるのは間違いない。

第二六章｜現代

毛沢東

主席

一九四九年一〇月一日、北京の中心にある天安門広場で、公式に共産主義を謳った世界最大の国家の成立が毛沢東によって宣言された。毛沢東は中国の地方の小さな村で生まれたマルクス主義者の農民で、以前は学校の教師や図書館の司書補をしていた。

振り返れば、一九二一年、上海代表だった李漢俊の自宅で開かれた中国共産党第一次全国代表大会に、彼はわずか一三人の代表の一人として参加した。そんな慎ましいスタートを切った毛沢東が、今、中国の新しい元首として天安門に立ち、熱狂的に喝采を叫ぶ人々がひしめく広場を見下ろしているのだ。彼は、中国共産党を率いて、断続的に二〇年以上続いた内戦に勝利し、当時の人類の四分の一にあたる五億人を擁する国家の誇らしき指導者として、新たな一歩を踏み出したのである。

ようやく立ったその高みから、毛沢東はさらに高く上がって、やがてカルト的崇拝の対象になり、一種の生きている神になり、少なくとも公的には中国人民の民意が具現化した存在になっていくことになる。中国人民の「偉大なる舵取り」であり、多くの人に「私たちの心の中の赤い太陽」と呼ばれる人物を称える集会に参加するために、何百万もの人々が、はるばる天安門広場へと集まっていた。「毛主席、万歳!」と彼らは繰り返した。「毛主席、万々歳!」。清帝国の小学生だった毛沢東は、毎朝、仲間の児童と一緒に孔子の肖像の前で恭しくお辞儀をしたものだった。革命後、彼の仲間の市民は、毎朝、毛沢東の肖像の前でお辞儀をすることになる。建物の二階分に相当する彼の巨大な肖像は、今も天安門の上に掲げられている。その近くの、かつて帝都の正面玄関だった場所〔以前はそこに皇城の南門である「中華門(大清門)」があった〕には誰もが見学できる毛主席紀念堂があり、防腐処理された彼の遺体が安置されている。

毛沢東は、思想的にはマルクス=レーニン主義の革命家だった。彼は、カール・マルクスと、マルクスの信奉者であるロシアのウラジーミル・レーニンの著作を、数多く深く読み込んだ。毛沢東が熱心なマルクス主義者になったのは、一九一七年にレーニンがロシアを社会主義に導いた直後のことだった。

毛沢東は二人の思想を二〇世紀中国の特殊な状況に合うように大きく修正し、それによって

「中国の状況から生まれた」独自の政治思想を作り上げた。毛沢東思想と呼ばれるものは、一九四九年以降、中国の国家思想になっている。しかし、実際には、毛沢東の考えや政策は常に変わっているし、彼は、変化する状況にたびたび思想を合わせてきた。その上、毛沢東は、矛盾を内包していることを人生と思想両方の基本的性質だと捉える「弁証法的」な思想家を自負し、繕おうとしなかったので、「毛沢東思想」が正確に何を意味しているのかは、いよいよわかりにくい。正統派マルクス主義者の中には、それをマルクスの思想からの逸脱だと批判する者もいるが、毛沢東自身は、マルクス＝レーニン主義の「普遍的真理」を、具体的な中国の歴史的条件に適用したものだと考えていた。

二〇世紀前半の中国はまだ資本主義社会ですらなかった。極度に貧しく、農業を中心とした半封建的な農民社会で、工業は、農業に比べればないに等しかった。マルクスは、共産主義は（マルクスが直接に知っている例では）フランスや、ドイツ、イギリスなどの成熟した産業資本主義経済が崩壊したあとに初めて成立すると考えたが、中国はそれに必要な物質的条件を満たしていなかった。だから、正統派マルクス主義者は、中国にはまだ共産主義の機が熟していないと見なしていた。彼らにとっての共産主義は、資本主義がまず封建制度を打ち壊し、社会を近代化し、強大な生産力を解き放ったのちに、資本主義の灰燼《かいじん》の中から立ち上がるべきものだった。来るべき共産主義社会は、すべての人間の基本的ニーズを満たす生産力の存在を前提としていたからである。

地方の農民階級による革命

毛沢東はこの論理を退け、中国の相対的な「後進性」は社会主義の障害にならないと主張した。のみならず、彼は、将来、革命が世界中に展開する際は中国が主導的役割を果たすと考えていた。まず、地方で農民が起こす民衆革命を共産党が指導して民主的独裁を確立する。その後、国家権力を使って半封建的な中国の社会や、文化、経済を、共産主義へと「大躍進」させるというのが毛沢東の構想だった。だが、それはマルクスが歴史的に不可能だと考えたことである。政治は常に経済に従属するからだ。

また、マルクスは、真に社会主義者の自覚を持てるのは、彼がプロレタリアートと呼ぶ都市の工場労働者階級だと考えていた。マルクスは農民を歴史に無関係な存在だと見なし、「田舎暮らしの低能な連中」と侮蔑的に書いた。マルクスが成人後の人生を送ったのは、西洋の中でも工業化が進み、すでに封建社会の農民階級が崩壊した地域の、しかも大都市だった。

ところが、二〇世紀前半の中国は、革命の担い手として意味を持つほどのプロレタリアートが存在しなかったので、マルクスにとっては、革命が起こりそうにない場所の最たるものだった。そこで毛沢東は、中国で革命を起こす原動力として、都市の労働者ではなく、人口の九〇%を占める地方の農民階級に目を向けた。彼自身が農民の息子〔彼の家は貧農ではなく、土地を所有する比較的豊かな農家だった〕だったので、都市生活と、都市の洗練されたエリートに深い不信感を抱いていた。

毛沢東が決して忘れなかった地方出身の田舎者であるという意識は、若き日に読んだという『社会契約論』の著者ルソーに通じるものがある。二人は都市に対して深い疑念を抱き、ルソーは都市を悪徳と堕落の元凶だと見なし、毛沢東は反革命的な策動の中心だと考えた。長く続いた内戦のあいだ、毛沢東は地方出身者で編成された農民軍を率いて戦い、一九六〇年代半ばに開始した「文化大革命」の最中は、「プロレタリアの美徳」を学ばせるために、都市住民を地方へと追い出した〔上山下郷運動、広く言えば「下放」のこと〕。中国には、何億人もの絶望的に貧しい農民が長い苦しみの中で蓄積してきた力が潜在していた。毛沢東の大衆主義戦略は、その抑圧されている力を解放し、都市部に根強く残る旧体制を転覆させるというものだった。

だからこそ、毛沢東思想は、発展途上国で革命を目指す、カンボジアのクメール・ルージュやペルーのセンデロ・ルミノソといった社会主義グループに支持されたのである。共産主義に至るすべての道が、マルクスやレーニンが言うように必ず資本主義を通るとは毛沢東は考えなかったのだ。

毛沢東が共産主義への唯一の道にこだわらなかった理由の一つは、歴史は人間と無関係な経済的要素ですべて決まるのではなく、しばしば人間の意識的な行動に左右されるという信念があったことだ。マルクスと違って、毛沢東は、政治や経済が発展するプロセスに、意志の力や、文化、思想といった「主観的要素」が働く余地を残した。この信念は、彼が中国を変革するために行った「大躍進政策」（一九五八〜六二年）と「文化大革命」（一九六六〜七六年）という二つの有名な試みの思想的根拠になった。毛沢東が「正しい思想意識」にこだわったのは、革命に心血を注ぐ活動家には、自らの思想に合致する社会的現実を生み出す力があると信じていたからである。正統派マルクス主義者であれば、容易に切り捨ててしまう考え方だ。

建設するためには、まず破壊せよ

否定的側面に目を向けると、毛沢東思想は、中国の伝統的な文化や価値の組織的破壊という要素を含んでいた。「建設するためには、まず破壊せよ」がスローガンだった。毛沢東は「四旧」、つまり、旧思想、旧文化、旧風俗、旧習慣を打破するための改革運動を起こした。例えば、結婚に関する伝統的習慣を近代化するために、彼の言う「何千年ものあいだ、人類、とくに女性を縛ってきた封建的な足枷」を壊した。

だが、それは始まりにすぎなかった。文化大革命では、宗教改革やフランス革命の「恐怖時代」と同じように、嵐のような破壊が爆発的に広がり、当の毛沢東さえ驚かせた。「過去が現在を抑圧する」という信念の下に、革命を妄信する人々によって無数の像や寺院が倒され、墓や僧院が壊され、書物や絵画が燃やされた。この改革運動には孔子批判が含まれていたために、紅衛兵と呼ばれる過激な若者たちは古代の賢人の像を粉々にし、曲阜にある孔子一族の墓地を荒らし、伝統的な封建制中国の究極の象徴だとして、孔子が眠る墓まで破壊した。

肯定的側面としては、毛沢東は「四旧」が抜けたあとの空虚を「四新」つまり、新思想、新文化、新風俗、新習慣で埋めようとした。彼は、中国の人民は「貧しく、白紙状態」だと言ったが、それは、白紙には「最も新しく最も美しい文字が書けるし、最も新しく最も美しい絵が描ける」という意味である。そのために、街路は、革命とその英雄を称える名前に変えられた。毛沢東の狂信的な妻、江青は、先陣を切って新しい「革命模範劇（モデルオペラ）」を制作し、外国の敵や革命の敵と戦う夫、毛沢東や人民を称賛した。これは当時認められた唯一の娯楽であり、中国全土の学校や、工場、農場で頻繁に上演された。

ナショナリズムとインターナショナリズムの結合

マルクス主義は本来、国際主義の政治思想である。すべての国の労働者階級に共通するものは、それを人為的に分割した国家による違いよりも大きいと、マルクスは考えていた。彼もレーニンも、世界革命による国際共産主義の実現を期待していた。『共産党宣言』には「労働者は祖国を持たない」と書かれている。

毛沢東はこの考えを受け入れた。だが、同時に、マルクス主義を中国の状況に適応させる方途として、国際主義を愛国心と統合することも考案した。彼は、膨大な農民を動員して世界資本主義に対抗するための手段として、しばしば中国人のナショナリズムに訴えた。世界各国の植民地解放運動を支援したのも同じ理由からである。この、ナショナリズムとインターナショナリズムの結合は、毛沢東にとって知的にも思想的にも何の問題もないものだった。矛盾を抱えていることを隠さない彼は、「対立物の統一」〔唯物弁証法の三大法則の一つ〕は「宇宙の基本法則」だと信じていた。スターリンも、とくに第二次世界大戦中は、ロシア人の中にあるナショナリズムに訴えたが、表向きは共産主義のコスモポリタンな理想にこだわっていた。

マルクスと、レーニン、毛沢東の考えが完全に一致していたのは、毛沢東の言葉で代表する「銃によってのみ世界は変えられる」という信念である。自分たちが理想として共有する目標は残酷な手段を必要とするが、たじろぎはしないと、毛沢東はレーニンと同様、固く信じていた。二人は、マキャヴェッリの言う「武装した預言者」だと言える。すなわち、政治的成功には暴力が不可欠であると明確に認識していたルネッサンスの偉大な外交官が、最高の評価を与えるタイプの指導者だ。「革命は、宴会を開くことでも、文章を書くことでも、絵を描いたり刺繍をすることでもない」という毛沢東の冷静な言葉には、マキャヴェッリの思想が反響している。そして彼は「政治権力は銃身から生まれ育つ」という教訓に則って中国を支配した。銃をなくすために、まず必要なのは「銃を取ることだ」と彼は言っている。銃を持つ必要のない共産主義社会を建設するために、毛沢東は、権力を握っているときも失ったときも、常にその言葉を実践した。

マルクス主義においても、レーニンや毛沢東の思想においても、戦争や、暴力、テロなどは、人類を共産主義へと前進させるかぎりすべて正しいのだ。彼らは、人類の夢の実現に必要だと考えれば、どんなに大きな人的犠牲でも躊躇なく受け入れた。孔子は「和」を教えたが、毛沢東は「永久革命」を説いた。「均衡は一時的で相対的だが、不均衡は正常である」と彼は言う。人生は矛盾に満ちていて、矛盾は必然的に絶え間ない変動と衝突につながり、それは少なくとも共産主義社会が到来するまで続くと、彼は考えていた。

毛沢東は、階級闘争は革命後も続き、残存する封建勢力やブルジョア勢力が反撃してくれば激化する可能性もあると考えていた。文化大革命を始めたときに、彼は、国民に再び活力を与え、革命精神を甦らせるためには、政治や社会の暴力的な変革が七、八年おきに必要になるだろうと記した。革命後の中国において、制度として確立した官僚機構に惰性が生まれ、革命精神が窒息させられるのを恐れたのだ。毛沢東にとって革命は一時の出来事ではなく、対立する社会の動きのあいだで続く永久的な闘争に他ならなかった。

彼は、文化大革命を通じて何とか中国に革命精神を育てようとし、文革を、自分が成し遂げた最大の事業の一つと見なしていた。それだけに、自分の死後に革命精神が薄れていくことを恐れていたが、杞憂ではなかった。中国の体制が共産主義の原則から離れていくにつれて、毛沢東の象徴的なイメージを維持してきた官僚的な後継者たちも次第に毛沢東思想を捨てていき、マルクス主義者として最大の矛盾を露呈することになった。

共産主義国家に主導される資本主義経済の出現である。中国で、毛沢東はまだ公的には称えられているが、毛沢東思想はそうではない。孔子が公的に名誉を回復されたのは、毛沢東思想が中国を支配する力を失ってきたことの表れである。「偉大なる舵取り」は、かつて仲間に警告した。もし後継者たちが誤った道に進むことがあれば、「必ず、われわれの孫たちが立ち上がって反乱を起こし、父親たちを倒すだろう」と。今、毛沢東の孫の世代が中国を経営しているが、反乱が起こる気配はない。だが、現在の中国の所得格差は世界で最も大きく、アメリカを超えている。この傾向が続くようなら、おそらく、毛沢東のひ孫たちは、近代中国の父だった人間の思想に回帰するだろう。

第二七章｜現代

フリードリヒ・ハイエク

リバタリアン

一九七四年、スウェーデンの経済学者グンナー・ミュルダールは、自分がノーベル経済学賞を受ける立場になってしまったことに驚いた〔ミュルダールはノーベル経済学賞の創設に尽力した側だった〕が、同じくらい驚いたのが、同時に受賞したオーストリア生まれのイギリスの経済学者フリードリヒ・ハイエクだった。ハイエクは、一九六九年に創設されたノーベル経済学賞を自由市場擁護論者として初めて受賞した。当時、ハイエクの主張は大きな議論を呼んでいたので、ノーベル委員会は、賞をハイエクと、社会民主主義や社会保障制度の擁護者であるミュルダールで分けざるを得ないと考えたのだ〔実際は、ミュルダール単独授賞の方針だったが、社会民主主義者のミュルダールだけでは政治的バランスが悪いと考えて、自由主義者のハイエクが加えられたと言われている〕。

グンナー・ミュルダールは、その分野の先駆者であるイギリスの経済学者ジョン・メイナード・ケインズよりも前に、経済を安定させるための財政・金融政策による政府の介入を支持していた「ケインジアン」だった。それに対し、ハイエクは、戦後ほぼすべての民主主義国が採用してきたケインズ主義のマクロ経済政策に反対する学者の代表だった。一九七一年には、共和党〔基本的に「小さな政府」志向が強く、経済に関しては自由主義〕のアメリカ大統領リチャード・ニクソンでさえ「私たちは、今や、みんなケインジアンだ」とジョークにしたと言われている。

断固として自由市場を擁護

政府が経済を管理する能力に対して楽観的なケインズ主義全盛期に、断固として自由市場を擁護しようとするハイエクの姿勢は明らかに時代遅れに見えた。のちにミュルダールが、ハイエクのような「反動主義者」に与えるぐらいなら、ノーベル経済学賞は廃止すべきだと横暴な要求をしたほどである。

だが、ハイエクは、政府は絶対に経済に介入してはならないと主張していたわけではない。彼は、すべての市民を深刻な貧困から守るための、公的な社会保険の提供を支持していた。政府の役割を警察と国防に限定するのを純粋なリバタリアンと言うなら、ハイエクは穏健なリバタリアンだった。

ハイエクはある種の保守思想に影響を受けたが、「保守主義者」のレッテルは拒み、自分はアダム・スミスの伝統を受け継ぐ「古典的自由主義者」だと考えていた。社会民主主義者からは反動だと批難されていたが、ハイエクは多くの純粋なリバタリアンが納得するほどのリバタリアンではなかった。実際、当時の代表的なリバタリアンだった作家のアイン・ランド〔ロシア生まれのアメリカ人作家、思想家。個人の権利を侵害するものを忌避し、政治的には自由放任資本主義者だった〕は、ハイエクを「私たちの最も有害な敵」だと批判した。

フリードリヒ・アウグスト・フォン・ハイエクは二〇世紀を生きた人だった。一八九九年にウィーンに生まれ、イギリスやアメリカで教鞭をとり、一九九二年にドイツのフライブルクで亡くなった。彼は常にその時代の主流に逆らって泳いできた。破滅的なナショナリズムに蕩尽された世紀に、ハイエクは国境にとらわれない国際主義者だった。共産主義や、ファシズム、社会民主主義が経済を管理した世紀に、ハイエクは自由市場を擁護し続けた。政治的中央集権の世紀に、ハイエクは政治権力や経済力の分散を支持し続けたのだ。

二〇世紀のファシストや共産主義者は、自分たちが巨大な産業社会の経済全体を運営できるという考えを、どこから得たのだろうか？　カール・マルクスからではなく、第一次世界大戦の経験からである。全体主義は総力戦から生まれたのだ。その戦いの中で、民主的な政府も独裁的な政府も、軍事的要請の名の下に政治・経済活動に厳しい統制を敷いた。人員と物資を供給するために、経済全体を徴用し、管理し、指揮した。

巨大で複雑な現代の経済が一つの企業のように運営できき、政府の権力の道具にできると気づいたことで、政治が根底から変わった。独裁者は政治権力の新たな源泉を発見し、社会民主主義者は経済的平等を促進する新しい手段を発見した。何をどんな価格で生産するかを市場に決めさせるのではなく、国家や、党や、労働者のために政府が決定したらどうかと考えたのである。

全体主義への警告

もう一つの戦時経済の経験、つまり第二次世界大戦中のイギリスでの経験によって、ハイエクは、政治目的のために経済や政治を操作していると、民主主義国家でさえ全体主義に変わっていくと確信した。ジョージ・オーウェルも、戦争中にイギリス政府のために働いた経験から同じ結論に達していた。オーウェルが描いた未来の全体主義の悪夢『一九八四年』は、ヒトラーやスターリンというより戦時のイギリスから想を得たものだということを思い出してほしい。

忍び寄る全体主義についてのハイエクの警告は、最も売れた彼の本『隷属への道』(一九四四年)にまとめられている。経済を政治目的で管理したいという誘惑は私たちを最終的には専制政治へと導く、とハイエクは書いている。彼は、戦後の社会保障制度の計画をとくに油断のならないものだと考えた。なぜなら、それは住宅供給や、教育、医療といった名目で経済的自由を制限するからである。隷属への道は善意で舗装されているのだ。

ハイエクがこの本を書いたとき、彼が経済学の世界で知られていたのは、もっぱらケインズの新しいマクロ経済学に対する鋭い攻撃によってであった。しかし、経済理論や政策は違っていたが、ケインズは、戦後世界での経済的・政治的自由の未来に関する懸念をハイエクと共有していた。実際、ケインズは『隷属への道』を、市場と自由に対する力強い擁護だとして絶賛した。一方で、ケインズはハイエクへの手紙の中で、ハイエクも、純粋なリバタリアニズムを拒み、かなり広範にわたる社会保障プログラムを受け入れたことで、隷属へと続く滑りやすい坂道に立っていると指摘した。ハイエクには、自由を促進する政府の政策と、それを破壊する政策とを見分ける原則がないとケインズは書いた。

ハイエクはケインズの批判を機に経済学から離れ、研究を政治哲学や法哲学にシフトした。それによって、公共の利益にとって善い法律や政策と、悪いものとを見分ける理論的な基盤を見つけられるのではないかと考えたのだ。この問いを追究していくうち、彼は、人間の社会や、文化、制度の、まさに基盤となるものの研究に取り組むことになった。

市場は個人より賢明だ

ハイエクは、人間の文化が非常に複雑なのは人類が際立って知的だからだという捉え方を退けた。むしろ逆の方が正しいと彼は言う。すなわち、人類が知的なのは（誤りやすくはあるが）、主に私たちが複雑な言語や文化に関わっているからなのだ。理性とは、無数の文化的習慣に具象化された社会制度である。彼は、一人ひとりの人間は愚かだが人類という種は賢明だ、というエドマンド・バークの言葉に賛同する。私たちが個人として持っている理性は取るに足らないものである。だから、文化的伝統の蓄積や資産に頼るべきなのだ。私たちの社会制度は、個人が理解したり、即座に納得したりできないほど多くの知識や知恵を含んでいる。

市場は個人よりも賢明だという、バーク的なハイエクの主張は、経済計画に対する彼の批判の土台になっている。どんな計画立案者が知っていることも、無数の買い手と売り手全体が持つ知識には（たとえスーパーコンピューターの能力を借りても）とうてい及ばない。市場は無数の生産者と消費者の経済的知識を取り込んでいるのだ。一人の計画立案者が、どうやってそれらすべての人が持つ局所的知識全体にアクセスできるというのだろう？　消費者は自分の欲しい商品や、それに使える金額がわかっているし、生産者は商品のコストや供給量を知っている。私たちの経済的知識の大部分は、自分たちが行う取引や、地域的な慣例、個人の習慣などに具現化された暗黙知なのである。国家の中央にいる計画立案者は、経済活動に関わる当事者でさえ意識していない多種多様な知識を把握することはできない。

ハイエクは秩序を二種類に分けた。自然や文化に見られる「自生的秩序」と、人工物や軍隊に見られる「設計的秩序」である。自生的秩序は言語や道徳のように自然発生的に形成されるが、設計的秩序は常に計画的に作られたり、押しつけられたりする。自生的秩序においては、結晶や市場の形成と同様に、成長のパターンは予測できるが、個々の要素がどこに行き着くかは予測できない。

ハイエクは、このことから、なぜ経済学が物理学のような予測力を持てないのかがわかると言っている。経済学は物理学よりも生物学に近いのだ。生物学では、特定の生物が生き残るかどうかは予測できないが、種分化や絶滅のパターンは予測できる。一方、経済学では、経済目標を立てることは言うに及ばず、景気動向の予測すらできないと、ハイエクは言う。

では、この二種類の秩序は、どのように人間の自由と関係しているのだろうか？　言語や市場のような自生的秩序には、それ自体の目的はなく、利用する個人が目的を達成するのに役立つだけである。だから、それは個人が選択した自由を推進すると言える。ところが、組織の設計的秩序は設計者の目的を体現する。企業や軍隊はリーダーの目的をすべてのメンバーに押しつけるという意味である。

そこで、ハイエクは、個人の自由を優先する彼の思想が、まさに人間の知識と社会秩序の構造に根差していることを示そうとする。自由市場は途方もなく複雑な社会生態系を作り上げている。だから、その生態系がどのように機能するかを十分にわかっていないのに、一時的な政治目的のために操作する場合には、慎重の上にも慎重を期すべきなのだ。例えば、二〇〇八年の世界金融危機の原因の一つは、通貨当局が、複雑な金融商品が生み出す新たな種類の富を理解できなかったことだった。二〇世紀の歴史を振り返ると、市場の生態系がどれほど壊れやすいものかわかるだろう。誰かが一過性の政治的野心を見せただけでも簡単に壊れてしまうのである。

ハイエクはしばしば、社会の自生的秩序と設計的秩序が相互排他的であるかのように書く。彼によれば、自生的秩序には「道徳、宗教や法律、言語や著作物、通貨や市場」などが含まれ、設計的秩序には「家族、農場、工場、商店、企業、政府」などが含まれる。

市場は自然に成長するが、政府は入念な設計を基に作られると、ハイエクは言う。彼は自生的秩序の成長を結晶の成長に譬えている。彼の言うとおり、分子を適切に配置するという意味では私たちに結晶は作れないが、結晶が自らを形成する条件を作ることはできる。結晶は、自然に育つものであると同時に、意図的に設計するものでもあるのだ。実験室で結晶を育てる際のことを考えればわかりやすい。研究者はまず成長を構造化する枠組み（マトリックス）を設計するが、マトリックスは分子の配置を正確に指定するものではない。自発的に成長するときのパターンを結晶に与えるのだ。だから、結晶は、成長するものであると同時に作られるものであり、自生的であると同時に設計的だと言える。

それと同じように、憲法や法令は、（土地からアイデアまで）何が売買できるのかを私たちに知らせることで、市場が成長する枠組みを提供する。つまり、市場は自生的であると同時に設計的なのである。何が合法的に売買できるのかがわからなければ、普通はリスクを冒してまで売買しないだろう。現代において、不動産や、労働力、資本などの市場が成立しているのは、さまざまなことを考慮しながら法令を整備して、長子相続権を廃止し、労働者を地主から解放し、高利を認めたからである。

また、市場は、新たな法律や規定が制定されることで、日々、生まれている。例えば、環境汚染や、健康保険、在宅学習などの市場がそうだ。確かに、市場は自生的に成長するが、それは、財産権を定義する法的枠組みが入念に作られた場合に限られるのである。

ハイエクによれば、市場が人間の自由を増進するのは、それが自生的に出現したもので、私たちの個人的な目的に寄与するからである。それに対し、政府の政策は統治者の目的にかなうように入念に考えられたもので、結局、個人の自由を制限することになる。しかし、ハイエク自身が挙げた結晶の成長の例は、社会秩序は常に設計的かつ自生的であることを示している。現代の市場が生まれた要因の一つは法律の制定であり、現代の社会保障制度そのものも、ここ一世紀のあいだに、「市場の失敗」〔市場メカニズムがうまく機能しないために資源が効率的に配分されないこと〕への小さな対応を積み重ねたことで自生的に発達してきた。市場と政府は、自由と強制ほど真っ向から対立しているわけではない。

ハイエクの言うように、実行できる公共政策は市場の生態系によって制限される。しかし、こうした制限は、ハイエク自身の穏健なリバタリアニズムから頑固な社会民主主義に至るまでの幅広い政策を排除するわけではない。だから、ハイエクが、戦時によく起きるように、市場を政府機関にしてはいけないと警告するのは当然である。市場と、それが実現する経済的自由は、全体主義的な体制の、中央がすべてを掌握するような計画に直面すると衰弱してしまう。一方で、市場や慣習法は、財産権やその他の権利を保障する政府や、法令、裁判所がなければ成長しない。だが、無政府状態《アナーキー》と全体主義のあいだには、法律や命令、市場機能や社会保障、民間主導のプロジェクトや公共政策などの、実現可能な幅広い組み合わせが存在する。

今、ハイエクは私たちに、市場の効率を損ねることなく、すべての市民の「基本的人間ニーズ」〔衣・食・住や、医療、教育など人間が基本的な生活をする上で必要最低限の財やサービス〕を充足させるよう迫っている。例えば、急速なテクノロジーの進化によって、近年、特定の産業の労働者に余剰が生じることが多くなっている。彼らを助けるために私たちがすべきことは何だろうか？　政府はすぐに、公的補助金を出して彼らが製造する商品の価格を支えようとしたり、国内製品と競合する外国製品の輸入に関税をかけたりしようとする。ハイエクは、こうした公共政策は自然な需給バランスを大きく歪め、大きな非効率をもたらすと言う。価格維持を図ったり、輸入関税を使って国内の工業や農業を守ろうとするのではなく、すべての市民にベーシック・インカムを保証すべきだとハイエクは主張する。私たちが守るべきなのは労働者であって、時代遅れになった彼らの仕事ではないからだ。この方法なら、ダイナミックな市場経済と、すべての市民の経済的保障が両立できる。

中央集権的な経済計画は、自由企業の純粋な生産性の向上とは相容れないと、ハイエクは断言した。例外があるとすれば戦時の動員くらいだ。こうした主張をしたのが、世界大恐慌によって資本主義が崩壊したときだったために、ハイエクはしばしば嘲笑されたり、無視されたりした。だが、彼は長生きし、ソ連や、東ヨーロッパ、中国などでの国家共産主義の崩壊によって、自分の考えが正しかったと証明されるのを見ることができた。市場が絶対に必要であることが認識された今、私たちはみんなハイエク主義者《ハイエキアン》なのだ。

第二八章　現代

ジョン・ロールズ

リベラル

マキャヴェッリと同じように、ジョン・ロールズも、人生が良くも悪くも運に大きく左右されることをよくわかっていた。彼が弁護士の息子に生まれたのは幸運だったと言える。そのおかげで、心地よい家庭でしっかりと育てられ、第一級の教育を受けることができた。だが、両大戦間のボルティモアで暮らす裕福な中産階級の一員であっても、悲運からは逃れられなかった。彼の弟二人が、ロールズから感染した病気で亡くなったのだ。彼自身は生き延びたが、弟たちにはそれが叶わなかったことは、彼の心にトラウマを残した。

第二次世界大戦では太平洋で戦ったが、そこでも、まわりで多くの戦友が死んでいく中、彼は生き残った。後年、彼は、広島が壊滅した直後に、くすぶっている廃墟を通った体験について書いている。無差別爆撃のおぞましい結果を直接目撃した彼は、それを「きわめて大きな過ち」だと批難した。

晩年のロールズは、彼に勲章をもたらしたこの従軍経験が、神の正義を信じる気持ちを粉々に打ち砕いたと述懐している。一九四三年に陸軍に入隊するまで、彼は米国聖公会の聖職者になる勉強を始めるつもりだったが、三年後には信仰を失っていた。ロールズは残りの人生を、神学ではなく、道徳哲学や政治哲学の研究に捧げ、残酷な運命が人々の人生に与える衝撃を打ち消す非宗教的な正義の理論を追究した。この研究の成果が、二〇世紀で最も重要で、最も大きな影響を与えた政治哲学の本の一つ『正義論』（一九七一年）である。

恣意的で不公平な運

もし社会が宝くじのようなもので、一人ひとりの人生が運によってランダムに決まるのなら、どんな社会も公正ではないとロールズは言う。生まれつきの才能や、財産を相続する立場といった、偶然にもたらされる幸運を要求する権利は誰も持っていない。それは、体の不自由な人や、人生で大きな不幸に見舞われた人が、そのことが原因で悪い結果に至るのが当然ではないのと同じである。

ロールズによれば、偶然が及ぼす影響は「道徳の視点から見れば恣意的なもの」なので、将来の展望や機会に影響を与えるべきではないのだ。偶然は単なる不公平である。だから、人は、恣意的で不公平な運の影響に対処するために「互いに運命を分かち合うことに同意」し、誰もが、その人が良いと考える人生を生きる機会を、平等に享受できるようにすべきである。つまり、財や資源は、まったくの偶然ではなく、公平な正義の原則に従って分配されるべきなのだ。

公正としての正義

では、その原則とはどんなもので、どうすれば見つけられるのだろうか？　これらの問いに答えるために、ロールズは読者に次のような問題を提起する。もしあなたが、想像上の「無知のヴェール」〔個人に関する情報を思考から遮断する架空の布〕を被っていて、自分が人生でどんな環境に置かれているのかまったく知らないと仮定したら、どうやって財や資産を分配するだろうか？この思考実験は、個人的な環境の影響を受けずに、分配の原則を考えさせることを狙ったものである。個人の置かれた環境は、人の判断を自分の利益に合うように歪めがちだからだ。

この考え方は法廷とよく似ている。被告に関する、事件とは無関係の事実は慎重に陪審員から隠されるので、裁判の判決にはバイアスがかからない。「正義は盲目」〔図像に表れる正義の女神ユースティティアは目隠しをしている〕というのはそういう意味である。正義は関係のないことを見ないし、見るべきではないのだ。もし裁判の途中で、陪審員が、被告に関する、事件には関係ないが有罪を思わせるような事実を知ったら、裁判官は陪審員にそれを無視するように命じるべきである。もちろん、人間は意志の力で物事を忘れることはできないので、陪審員が文字どおりそれを忘れるという意味ではない。事件について審議するときには、事件以外の情報は考慮に入れないようにして、公正さを保証するのである。正義について考えるときに、自分が社会の中でどこに行き着くのかわからなければ、利己的な人でさえ公平な選択をするだろう。ロールズはこれを「公正としての正義（justice as fairness）」と呼んでいる。

この方法をとれば、自分の利益を合理的に考える人は、不平等な社会の最下層に行き着かないように、最も安全な選択肢を選ぶだろう。そうすれば、ほかの誰よりもひどい暮らしぶりにはならない。とくに、合理的で公平な人々が「無知のヴェール」によって社会における自分の位置がわからない場合は、財が確実に公平に分配される社会の構造を選ぶはずだ。そのためには二つの「正義の原則」が必要になると、ロールズは言う。

一つ目は、すべての人の「平等な自由」〔ロールズの「第一原理」〕である。二つ目は、偏った扱いが「社会で最も不遇な人々に与えられる最大の優遇策」である場合に限って不平等が許容され（これをロールズは「格差原理」と呼ぶ）、職業や地位に就く機会が平等に与えられること〔ロールズの「第二原理」〕である。ロールズの言う「平等な自由」には、言論や集会の自由や、公職の選挙権と被選挙権といった、基本的な政治的権利と自由が含まれる。自分自身について何も知らない人はこれらを選択するだろう。なぜなら、その二つは「合理的な思考ができる人であれば、どんなものを求めている場合でも必要になる」ものだからである。こうした基本的自由を求めるのに、自分自身や自分の立場について知る必要はまったくないので、ロールズは、すべての合理的な人間がそれを求めると考えたのだ。

しばしば議論の的になるのは、彼が「特定の財産（例えば生産手段）を所有する権利と、自由放任主義と見なされる契約を結ぶ自由」を除外したことである。その結果、大企業の所有権や、現代の産業経済の基本的要素である重要な資源、つまり、工場や、銀行、公益事業など、全体として「生産手段」を構成するものの所有権は存在しないことになる。

公正な社会では、ジョン・ロックの考えとは違って、正当に得た（とロックなら考える）財産を、無制限に所有したり処分したりする権利は誰も持っていない。だから、例えば裕福な親から富を相続するのは不公正だということになる。それは単なる運の問題であり、運は正義に反するからだ。公正な社会は、偶然の出来事が人々の将来に与える影響を可能なかぎりなくすべきだと、ロールズは考えた。正義が求めるのは、偶然にもたらされる利益や不利益を、個人ではなく社会全体の資産として共有するように、社会の基本構造を変えることである。

これはマルクスの共産主義の考え方に似ている（「能力に応じて働き、必要に応じて受け取る」）〔マルクスの『ゴータ綱領批判』にあるフレーズだが、同様の文言はそれ以前から社会主義者によって使われていた〕。例えば、身体的な障害を持って生まれた人は、そのために生じる余分なコストの負担を強いられるべきではない。本人の責任ではないからである。それと同じで、優れた知能を持って生まれた人は、その能力によって余分な利益を得るべきではない。利益に値することをしていないからだ。ロールズが、現在、「運の平等主義（luck egalitarianism）」と呼ばれているものの代表だと見なされているのは、こうした考え方のためである。

だが、ロールズはマルクス主義者ではない。「無知のヴェール」を被った合理的で公平な人々が富の不平等を認めるとすれば、それは社会で最も貧しい人々の幸福が増進する場合（だけ）だろうと『正義論』は言っている。特定の環境では、一部の人にほかの人よりも多い収入を認めることで経済が成長し、その恩恵が最下層まで届けば、最も貧しい人々の環境が改善されることがある。例えば、特別に才能に恵まれた人は、その人の余剰収入が社会で最も貧しい人々の利益にもなる場合に限って、ほかの人より多くの収入を得ることが容認される。よくあるのは、経済が拡大した結果、税収が増加し、それが貧しい人々に再配分される例である。

ルソーとは異なり、ロールズは、平等を実現するために余剰を切り捨てることには反対している。人々をより平等にしようとして、全員を貧しくさせるからだ。ルソーは、富が道徳を堕落させるというソクラテスの考えに賛同していたので、物質的に（極端ではないにしても）貧しく、平等な社会が望ましいと考えたが、ロールズには、それは本末転倒に思えた。そうしたロールズの慎重さは、多くのマルクス主義者や社会主義者から、資本主義への寝返りだと見なされた。しかし、彼はのちに、実際には、リベラルな正義の原則は修正資本主義であっても相容れないと言っている。

ロールズの関心は、主に（基本的に）正義とは何か、にあったので、それをどう実現するかについての発言は比較的少ない。ロールズが強調したのは、彼の言葉を借りると「課税や、財産権に必要な調整などの手段によって、所得分配率におおよその正義を反映するためには」強力で積極的な国家が必要だということだった。これはおそらく、累進所得税や大幅な遺産相続の制限を指していると思われるが、どちらも先進国ではすでに当たり前になっている。また、物価を統制し「不当な市場支配力」の集中を防ぐ法律が必要とされるが、これも西側の成熟した経済では（程度の差こそあれ）どこでも行われていることだ。ただ、ロールズが考えていたのはもっと強力な施策だった。

『正義論』は、戦後の福祉国家型資本主義〔一般には、資本主義経済を前提に、経済成長によって国民生活の安定や、福祉の増進、所得の平等化などを図る体制のこと〕を、彼が主張する正義の原則に最も適合する体制として擁護するものだと、多くの人が結論づけたのは当然かもしれない。

だが、のちにロールズはこれを否定し、そうした体制が生み出す不平等は、正義の原則と矛盾しないだろうかという疑問を投げ掛けた。死の一年前に出版された『公正としての正義 再説』の中では、どれほど修正し、どれほど規制を強めても、資本主義という形を取るかぎり二つの正義の原則は維持できないと述べている。

公平な社会に必要なのは、もっと根本的に違うもの、つまり、彼が概念的に「財産所有制民主主義」〔資本主義経済を前提にしながら、再分配ではなく財産所有自体を民主主義的に制御する体制〕と呼ぶものであり、場合によっては、主要な公益事業や大企業が、個人ではなく国家に所有される社会主義国家であるかもしれない。言い換えれば、政治的リベラリズムは社会主義（あるいは社会民主主義）経済を必要とする可能性があるということだ。

『正義論』は、学者たちのあいだに数十年に及ぶ激しい論争を巻き起こし、まさに一つの研究分野になり、一世代以上にわたって英語圏の政治哲学の世界を支配した。リベラルな政治哲学が、大学で教育・研究される政治哲学とおおよそ同義になったのは、ロールズに依るところが大きい。彼の思想はきわめて刺激的だったが、一方で政治理論の幅を狭くしたのも事実である。この間、アメリカは著しく多様性を増し、ますます多岐になっていく信念体系や、宗教、価値観を取り込もうとするリベラルな理論や施策に重大な問題を突き付けた。ロールズの次の主要な著作『政治的リベラリズム』は、こうした問題を直接扱っている。

プラトンやアリストテレスといった古代の哲学者たちと違って、ロールズは、唯一の正しい生き方の原則と実践にすべての人が賛同するとは思っていなかった。多様性が大きな社会でそれを期待するのは不合理だし、非現実的である。自分の頭でものを考える人々なら、人生の目的が同じにはならない。

しかし、平和裏に協力できる、限られた「政治的」原則についてならば、深い部分に形而上学的な違いがあっても合意できるし、合意すべきである。個人と、個人が属する信念共同体のあいだであれば、そうした原則は、競い合うチーム間で合意され、国家という審判やレフェリーの下で公平に適用される試合のルールのようなものだ。これを受け入れないのであれば、残る選択肢は、すべての人が包括的な一組の信念に従うことを強制されるか、一七世紀のヨーロッパを荒廃させた宗教戦争のように、敵対するグループや個人が、際限なく続く内戦に突入するかである。どちらの選択肢も、永続する正義や安定した社会とは両立しないし、それらがなければ、(ホッブズが言ったように)人生における幸福はほとんど実現できないだろう。

自分の考えを強要しない「適理性」

多様な価値観や信念で分断された社会で平和を持続させるためには、自分の考えを受け入れるように他者に強要しないことが必要である。その姿勢をロールズは「適理性 (reasonableness)」と呼んでいる。これは相対主義ではない。なぜなら、多様性は、依然として政治的正義というリベラリズムの大きな原則によって抑制されているからである。また、それは、全員が一つの普遍的な生活形式を信じるべきだという一元論でもない。望ましい生活についての多様な考え方を正当なものとして許容するからだ。

適理性は、むしろ多様性と制約のバランスが取れる、相対主義と一元主義の中間にある考え方だと言える。そうした政治的リベラリズムが、個人的信念の多元性と、全体に共通する公共原則を結び付けるのだ。ロールズは、それを、個人の差異にうまく対処する、最も優れていて、最も公正な方法だと考えたのである。

しかし、ロールズのようなリベラルにとって合理的なことを、必ずしもすべての人が合理的だと思うわけではない。例えば、神が示した戒律が書かれている聖典を心の底から信じている人は、「公正な協力の枠組み」を優先する世俗的な正義の原則に従うことを、おそらく理にかなうとは思わないだろう。同じことは、来世に、永遠の祝福か、終わりのない罰が待っていると信じている人々にも当てはまる。一方で、平和的共存を重視するリベラルな政治原則を、信仰が命じるものよりも優先する人は、ロールズに説得される必要はそれほどなさそうだ。それ以外の人々については、何を合理的と考えるかということ自体に合意が得がたく、たぶんそれは変えようがないので、「合理的ではない」と言ったところで、理論的にも、行動の上でもあまり意味がない。「合理的」ということをどんなふうに定義しようとしても、結局は循環論法に陥ってしまうだろう。その上、政治哲学は個人の信念と公共の原則を明確に区別することを人々に求めるので、中立性と言われるものに対する疑問が持ち上がるのは必至である。

ジョン・ロールズはしばしば、本格的な政治哲学を戦後の沈滞の中から甦らせた立役者だと言われる。彼は、野心的にも、政治学と倫理学の土台を成す最も根本的な問題に、類のない厳密さと深さをもって取り組んだ。その結果、二〇世紀後半の英語圏において政治哲学の研究テーマを一変させ、政治的正義についての議論の在り方を決めた。

また、彼は、リベラリズムによって、政治的・経済的平等と、深い文化的・宗教的多様性の双方を、概念的に両立させられるという展望を示した。それによってリベラリズムを新たな手法で拡大し、知的に古臭くなり、多くの人にとって退屈なものになっていた政治思想に息を吹き込んだのである。こうした成果には議論の余地がなく、政治哲学の歴史におけるロールズの際立った重要性の土台となっている。しかし、公正としての正義と政治的リベラリズムが、自由な社会の前に山積する難題への最終的な回答になるかどうかは、今や、きわめて不確かになっている。

第二九章｜現代

マーサ・ヌスバウム

自己啓発者《セルフディベロッパー》

ペンシルヴェニア州ブリンマーにある名門校、ボールドウィン・スクール〔ブリンマー大学に進学するプレップスクールとして設立された中等教育までの女子校〕の生徒だったマーサ・ヌスバウムは、そこでフランス語や、ラテン語、ギリシャ語を学ぶだけではなく、その後ずっと持ち続ける演劇への情熱も育て始めた。ボールドウィン・スクールで、彼女はフランスの革命家マクシミリアン・ロベスピエールの生涯に基づいた演劇の脚本を書き、演出をし、主役を演じた。道徳哲学者、政治哲学者としてのヌスバウムの仕事を特徴付ける多くの要素は、早くも高校時代に現れている。古典語への習熟は、のちのギリシャ悲劇やアリストテレスについての著作につながった。実際、あとで述べるように、アリストテレスは、生涯、彼女にとっての試金石であり続けた。また、演劇への情熱は、彼女の中に哲学と文学との洞察に満ちた対話を育てた。つまり、彼女は、常に文学の観点で哲学書を読み、哲学の観点で文学書を読んだのだ。ロベスピエールについての脚本を書いたことからは、生涯続く社会正義と政治的改革への情熱が予感される。ただし、悪名高い恐怖政治の信奉者にならなかったのはいうまでもない。彼女は幼少期から非凡な才能を培い、やがて、多くの人々が自己啓発の機会を持つよう唱道することに人生を捧げるようになった。彼女自身は、その機会をボールドウィン・スクールで得た。

人間としての開花

ヌスバウムの道徳や政治に関する思想は、プラトンからジョン・ロールズに至る西洋の伝統全体に依っている。アリストテレスのように、ヌスバウムは道徳や政治の最も重要な目標は、すべての人類の幸福だと常に語っていた。そして、やはりアリストテレスのように、幸福とは楽しい気分になることではなく、潜在能力を開発することだと定義し、それを「人間としての開花（human flourishing）」と呼んだ（アリストテレスは「エウダイモニア」と呼んでいる）。

彼女の学究生活のすべては、この「人間としての開花」の意味を探ることに捧げられてきた。真に幸福な人生とは何なのか？　人間の成長はどうやって測るのか？　一方、政治活動家としてのヌスバウムの人生は、不当にも長いあいだ成長する機会を与えられなかった人々、とくに、女性や、貧しい人々、障害者のための運動に費やされた。さらに彼女は、幸福になる機会を人間以外の動物にも拡大するよう訴えた。

幸福あるいは人間としての開花を定義することは、その障害となるものの定義より難しい。ヌスバウムが障害と考える主なものは、若い頃に熱中したギリシャ悲劇から学んだものだ。死、無知、裏切り、中傷、戦争、政治的迫害などである。現代人なら、この古代のリストに、薬物依存、離婚、認知症、不当な差別などを加えるかもしれない。確かに、人間として開花した幸福な人生を阻害する可能性があるものは無数に存在するので、アウグスティヌスが説くように、幸福が実現するのは来世だけであり、今世には試練と苦難しかないと考えたくなる人もいるだろう。

プラトンは、こうした危険から人間としての開花を守るための戦略を考えた先駆者だった。幸福を純粋に道徳的美徳の観点から定義したのだ。美徳とは、常に正しい理由に基づいて正しい行いを選ぶ後天的性質だということを思い出してほしい。プラトンによれば、すべての人間には、多かれ少なかれ、善が求めるものを知り、それを実行する能力がある。いうまでもなく、正しく育てられ（これは運による）、一貫して正しい選択をしてこなければ、この能力は美徳として身に付かない。だが、ひとたびこの美徳を獲得し、自己の一部とすれば、自分の身体や、財産や、評判に何が起ころうとも、自分自身は何の影響も受けない。こうした道徳的美徳の実践を通じて人は自立し、揺るぎない存在になるのである。そうすれば、どんな悪も人の善なる意志の内郭までは到達できなくなる。

よく知られているように、不当な迫害を受け、果ては処刑を迎えてもソクラテスは幸福だった。外部のどんな悪も、正しいことを行うという彼の揺るぎない意志を脅かすことはできなかったのだ。プラトンの語るソクラテスは、しばしば「不正を働くぐらいなら不正を受ける方がいい」と言う。不正を受けることで真の自己に至ることはないが、不正を働けば自己が、すなわち高潔な意志が傷つくのだ。

人生の苦難に立ち向かう勇気

ヌスバウムは、何事にも動じない道徳的自立というプラトンの考えが持つ力に魅了されたが、最終的にはそれを退ける。彼女はアリストテレスに従い、人間であることは肉体の中に存在することであり、ほかの人々、とりわけ友人や家族を愛することだと考えた。これは、自分だけを守る精神的な内郭に逃げ込めないことを意味する。人間であるとは、常に悲劇と背中合わせにいるということなのだ。

肉体は傷つきやすく、愛する人々との関係も壊れやすい。人が、財産や、評判、他人、そして肉体からも離れようとすることは可能だし、実際、ある程度距離を取ることが賢明な場合もある。しかし究極的には、幸福や人間としての開花は、こうした執着を通じてこそ可能になる。

自立というプラトンの戦略は人をある種の悲劇的な苦痛から救ってくれるが、その代償として大きく人間性を損なう。勝ったとしても犠牲が大きすぎて引き合わない勝利が関の山なのだ。

アリストテレスも、プラトンと同様に、人間として開花する幸福な人生に必要なのは、道徳的、知的な美徳を持つことだと説いた。結局、人間の苦しみのほとんどは自分が招くものだ。愚かな信念や誤った選択は、たいがい美徳の欠如を反映しており、少なくともその一部は自分に責任がある。ヌスバウムは、道徳的、知的な美徳を育てることが人間としての開花につながる最善の道だというアリストテレスの考えに賛同する。

だが、美徳ですら、必要ではあっても幸福を保証するのに十分ではない。人間はなお多くの悪に対して脆弱だからである。いつ襲ってくるかわからない苦難の人質に取られている人生を受け入れるには勇気が必要であり、家族や、友人、親しい隣人たちの中で、真に人間として開花するためには勇気が不可欠なのだ。この問題へのヌスバウムの対応に関して目を引くのは、哲学の古典と並んで、古代ギリシャの演劇や現代の小説から得た洞察を用いていることである。

能力を発現させる力「ケイパビリティー」

政治哲学へのヌスバウムの最も重要な貢献は、経済学者のアマルティア・セン〔インドの経済学者。オックスフォード大学、ハーバード大学などで教鞭をとり、貧困や飢餓の研究でノーベル経済学賞を受賞した〕との共同研究から生まれた。

経済開発を研究していたセンは、一般に使われている経済発展の指標には重大な欠陥があると考えていた。長いあいだ、経済発展は所得の増加や幸福度の自己報告によって測られてきたが、センは、本当に計測すべきなのは人々の「ケイパビリティー（capability）」つまり、価値のある人間的な能力を発現させる力だと考えた。価値のある人間的な能力とは、読み書き計算の能力であり、人生の進路を決め、友人を作り、結婚する能力であり、遊び、自然を楽しみ、美を賞翫《しょうがん》する能力のことである。言い換えれば、アリストテレス的な観点から、経済発展は価値のある人間的能力を客観的に活性化することだと理解されるべきなのだ。金銭を得ることや、自分は幸福だという単なる主観的な感情ではない。発達した社会とは、すべての市民が基本的な人間的能力を開花させた社会のことをいうのである。

ヌスバウムは、経済開発に対するセンのアリストテレス的アプローチに惹きつけられた。そこで、彼の洞察を一般化し、公正な社会とは、基本的な人間的能力を発達させるために必要な資源や機会をすべての人が利用できる社会だとする、社会正義の理論に昇華させた。多くの社会では、女性や、貧しい人々、人種的マイノリティー、障害者らは、そうした資源や機会を利用できない。そのために、有利な立場にある市民よりも少ないケイパビリティーしか持てない。

単純に、生活がうまくいっているかどうかを尋ねるアンケートは、抑圧された人々の中には大きな期待を持っていない人が多いという事実を見過ごしていると、彼女は指摘する。読み書きを覚えたいとか、望むような進路を選びたい、政治に参加したいといった希望を持っていない人々は、そうした能力がないことに痛痒《つうよう》を感じない。だからといって、ケイパビリティーの大きな人生を望んでいないということにはならないのだ。

センのアプローチを一般化して社会正義の理論を構築したヌスバウムは、次に、そのアプローチを具体化して、基本的なケイパビリティーのリストを作る。センはこれを実行するのを明らかに拒んでいた〔センは、ケイパビリティーを具体化することは西洋の近代的価値観の押しつけにつながると考えていた〕。ヌスバウムによれば、ケイパビリティーがあるということは、以下のようなものを獲得できることを意味する。生命、健康、身体の不可侵性（移動の自由があり、暴行を受けない）、感覚、想像力と思考力（教育と創造）、感情（自由に恋愛し、愛情を育む）、実践的理性（自由に進路を決める）、ほかの人々とのつながり、ほかの種とのつながり、遊び、そして環境のコントロール（参政権や財産権）だ。幸福や人間としての開花は、こうしたケイパビリティーをどれだけ発揮できるかによって決まるのであり、公正な社会とは、すべての人にケイパビリティーを向上させる機会がある社会を意味する。

ヌスバウムのケイパビリティーのリストは、ジョン・ロックとカール・マルクスの思想を結合したものである。ロックや、その後継者のジェームズ・マディソンなどは、言論や集会の自由や、投票権といった政治的ケイパビリティーを重視した。彼らにとって、公正な社会の必須要件は、すべての市民に基本的な政治的自由が保障されることだったが、政治的自由は、それに優先する私有財産権に支えられていると考えていた。マルクスと、その継承者の毛沢東などは、社会正義は、衣食住や、医療、雇用などに対する権利といった経済的権利に基づいていると主張した。こうした経済的権利がなければ、自由主義的な政治的権利は絵に描いた餅だとマルクスは言った。空腹や病気のとき、失業しているときに、言論の自由は何の役に立つのか？ヌスバウムのリストに、自由主義的な政治的権利と、マルクス主義的な経済的権利の両方が含まれていることは注目に値する。

また、社会正義へのヌスバウムのアプローチは、アリストテレスとジョン・ロールズの結合でもある。アリストテレスから受け継いだのは、いうまでもなく、人間としての開花や幸福は、価値のある人間的能力を成長させ、道徳的、知的な美徳に結実させること（彼女が「ケイパビリティー」と呼ぶもの）から生まれるという思想だ。一方、ジョン・ロールズから取り入れたのは、リベラルな政体は、市民に能力の向上や美徳の獲得を無理強いしてはいけないというポリシーである。ロールズが擁護した「政治的リベラリズム」を思い出してほしい。そこでは、公正な政体は倫理的、宗教的に多様な生活様式を受け入れるとされていたが、彼らが他人にそれを強制しないかぎり、という条件が付いていた。だから、政治的リベラリズムの理想に則った社会は、市民がヌスバウムのケイパビリティーのリストを追求することは認めても、それを要求してはいけないのだ。

社会正義に必要なのは、すべての市民が、ヌスバウムのケイパビリティーを涵養するための資源や機会を持つことであって、それを実行することではないのである。反対に、アリストテレスによれば、政体は、市民がそうしたケイパビリティーを発揮する機会を提供するだけでなく、実際に市民にそれを発揮させなければならないとされる。人間の幸福は、人間ならではの優れた能力を発揮することに基づいているので、政治指導者には、市民が実際にそうしたケイパビリティーを発揮し、人生をつまらない娯楽で浪費しないようにさせる義務がある、とアリストテレスは言っている。

アリストテレスの政体は家父長主義的であり、たとえ市民が望んでいなくても、市民に道徳的、知的な美徳の涵養を要求する。ヌスバウムはロールズに倣い、子どもを例外として、このアリストテレスの家父長主義を拒否する。子どもには、例えば義務教育によって、基本的なケイパビリティーの習得を強制してもよいと考えるのである。しかし、ロールズ的リベラリストとして、成人に、自分の健康を守ったり、知性を磨いたり、道徳的美徳を追求することを強制する政府の権限には反対する。だから、ヌスバウムに従えば、誰もが基本的なケイパビリティーを育成する機会を持っているが、実際には誰も実行しない社会は、完全に公正な社会なのである。

マーサ・ヌスバウムは、多くの著書や論文を通じて、人間としての開花とその落とし穴について私たちに多くのことを教えてくれる。第一に、生きていることの身体的、感情的、社会的、理性的な側面を含む人間としての開花について、包括的に説明してくれる。第二に、人の命の逃れようのない脆弱性について警告してくれる。人間のあらゆる能力の陰には能力の喪失が隠れている。人間の幸福や尊厳は、きわめて脆いものだからこそ貴重なのである。

富が人間の発展を測る尺度になった世界に生きる私たちに、ヌスバウムは、非常に豊かな社会でさえ、個人や、社会、政治に関する基本的なケイパビリティーを発揮できない市民がたくさんいることに気づかせてくれる。それは、不当な差別や、貧困、障害、ネグレクトなどがもたらすものだ。エコロジーの観点から、より高い「生活水準」の追求を続けることが難しくなった世界に彼女が示すのは、物質的豊かさよりも、学ぶことや、愛や、市民であることを大切にする発展の道である。それは、人類の幸福にとっても、私たちの惑星にとっても良い道だと彼女は言っている。

第三〇章｜現代

アルネ・ネス
登山家

　幼少期から亡くなるまで、アルネ・ネスは夏休みや休日をノルウェーのベルゲンの東にある山地〔ヨートゥンハイメン山地と呼ばれ、北ヨーロッパ最高峰のガルフピッゲン（二四六九メートル）がある〕を探索して過ごした。一九三〇年代の後半、二〇代だったネスは、町から遠く離れた山のテラス（岩棚）に簡素な山小屋を建て「トヴァルガステイン」と名付けた。非常に険阻な場所だったので、材木を運び上げるのに馬を曳いて六二往復もした。標高一五〇〇メートルにあるトヴァルガステインはスカンディナヴィアで最も高い場所にある個人の山小屋で、たどり着くには、相当な距離を歩かなければならず、スノーシューやスキーも必要だった。

ネスは、環境保全活動や、研究、執筆、教育で世界中を転々とするコスモポリタンだったが、成人してからの時間の多くを山の隠れ家で過ごし、その地の植物相や動物相を調査し、プラトンや、アリストテレス、スピノザ、ガンディーなどを読んだ。彼は、愛する山に残す足跡だけでなく、地球に残す足跡も少なくしようとした。そのため、野菜しか食べず、必需品しか持たず、電気もガスもない山小屋でほとんど暖を取らずに暮らすことも多かった。なぜ著名な哲学者が、現代社会から、もっと広く言えば人間社会から遠ざかろうとしたのだろうか？　ネスはその山のテラスと恋に落ち〔自然の中に隠棲したアメリカの詩人ロビンソン・ジェファーズの言葉fall in love outwardから〕、愛に導かれるままに、ノミからヒトまであらゆる生き物と一体になったのだ。その思いの深さは、自分の名前を法的に「アルネ・トヴァルガステイン」に変えようと考えたほどだった。

人は、失って初めて本当に愛していたものに気づく。覚えているだろうが、エドマンド・バークは、フランス革命の勃発を受けて政治における保守思想を創成した。一七八九年に、すべての道徳的、宗教的、社会的、政治的な伝統が革命家たちの攻撃を受けるまで「保守主義者」などいなかったのだ。

同様に、まだ残っていた原野や、慣れ親しんだ田舎の風景が産業革命によって破壊されそうになるまで、環境保護主義者とか、エコロジスト、自然保護活動家などはどこにも存在しなかった。政治における保守主義者が、政変を、それによって失われるものの観点から見るのとまったく同じように、非常に多くの自然保護活動家が、経済の変化を自然の生息環境の喪失という観点から見ている。

現代の商業や、工業、テクノロジーのせいで失ったものを嘆き悲しむことにおいて、ネスほど雄弁で影響力の大きな人間はいなかった。一度などは、ダムの建設によって滝〔ヨーロッパで最も落差が大きいとも言われる名瀑マルダルスフォッセン〕が涸れるのを阻止するために、自分の体を岩に鎖でつないだほどだ。

ディープ・エコロジー

ネスに関して最もよく知られているのは、彼が提起した「ディープ・エコロジー（deep ecology）」という概念だろう。大部分の環境保護論者は、単に人間にとっての価値を増やそうとしているだけだと彼は考えた。環境汚染を減らすのは人間の健康のためであり、資源を保護するのは将来、自分たちが消費するため、わずかに自然を残すのはリクリエーションのためにすぎない。こうした「シャロー・エコロジー（shallow ecology）」は、人間の幸福とはまったく無縁な、自然そのものの価値を無視しているとネスは言う。

それに対しディープ・エコロジーでは、人類だけでなくすべての生き物が、生存し繁栄する権利を持っていると考える。自然界のすべてを、自分たちの都合で利用し、破壊し、消費できる材木の山でしかないように扱う人間の傲慢さに、ネスは愕然としたのだ。

聖書では、神はアダムに自然に対する「支配権」を与える〔『創世記』第一章二六節〕。だが、ネスは、人間が自然を支配するという思想や、自然の世話をするという考えすら否定する。これではまるで、自然の持つ無限の複雑さを「管理」できるほど、人間が深く自然を知っているように思えるではないか。

ネスに言わせれば、人間が自然を管理しようとした重要な試みはすべて裏目に出て、人間の傲慢さと無知を露呈して終わっている。例えば、現在、多くの巨大ダムが、それができたために生じた予想外の生態学的災害のせいで、改修や取り壊しを余儀なくされている。工業化された農業が残したものは砂漠と砂嵐だった。ネスが求めたのは、人類が地球の主人になることではなく、地球の善き市民になることだったのだ。

すべての生命体の自己実現

地球という惑星の善き市民として、私たちは、偏狭な人間の利益だけではなく、自然全体の共通善〔個体や部分ではなく、全体にとっての公共的な善を意味するアリストテレスに由来する概念〕についても考えるべきだと、ネスは訴える。では、共通善とは何だろう？　ネスは一七世紀の哲学者ベネディクトゥス・デ・スピノザに従って、自然とは神の別称にすぎないと言う〔神すなわち自然（deus sive natura）という言葉で知られるように、汎神論者のスピノザは神と自然を同一視した〕。

霊的実在あるいは神的実在は、自然とは別に存在したり、自然の上位に存在したりするのではなく、神性は自然が持つもう一つの相だというのがネスの考えだった。スピノザによれば人間の最高善は「神への知的な愛」であり、それをネスは、生命の無限の多様性に対する心からの感謝だと理解した。人類を含むすべての生き物は、自己を保存し、持てる能力のすべてを発揮しようと努めるとスピノザは言った。ネスは、自然における共通善はすべての生命体の自己実現だと言う。

ただし、自分たちがほんの一部でしかない自然全体のことを考え、それを愛する能力に到達できるのは人間の自己実現だけである。これは、人類が、自然に背を向けるのではなく、自然の中に真の棲み処を見つけることによって神に近づくことを意味する、とネスは言っている。人類は常に、自然の棲み処を離れ、新しい大陸や、新しい惑星にまで旅しようとしてきたが、特定の自然環境との密接な関係の中以外で本当に幸せになれる人間はいない、と彼は主張する。だから、ネスはグローバリゼーションや、コスモポリタニズム、ツーリズムといった現代の理想を否定する。宇宙旅行などは論外である。また、彼はノルウェーの欧州連合（EU）加盟に反対する運動にも加わった。言葉にこそしなかったが、彼は、すべての人が自分に倣って、生涯、特定の自然環境との密接な関係を保つことを願っていた。

ネスは、ディープ・エコロジー理論や人間以外の自然に対する崇拝のために、ほかのエコロジストから神秘主義者とか人間嫌いと言われ、ドイツ占領下のノルウェーで英雄的なレジスタンス活動をしたにもかかわらず、ナチと呼ぶ者さえいた。人類は、人の手が加わらない自然や、おそらく地球上の未来の生命にまで途方もない脅威を与えているので、「ディープ・エコロジスト」の中には、確かに極端な人間嫌いもいる。そういう人たちは、地球の自然が生き残るためには、病気や、戦争や、貧困が増えて人間の数が減った方がいいとすら言う。

ネス自身も、自然への共通善を尊重するなら、世界の人口を大規模に減らして一億人程度にする必要があるという見方に賛同していた。しかし、エコロジストになる前のネスは、ガンディーの非暴力哲学の信奉者だった。ガンディーは非暴力主義の対象を自然全体に広げ、毒ヘビや、毒グモ、サソリなどが家の中にいても放置していた。それと同様に、ネスも自然を守るために暴力や強制に頼ることを否定し、人口を減らす手段は自主的な産児制限に限るべきだと考えていた。

ネスの説くディープ・エコロジーは急進的で、暴力的な感じさえ与えたし、悪意で誇張された批判が浴びせられたが、彼は最も平和を愛する活動家だった。彼は一度たりとも口論をしなかったし、人を罵ることもなかった。彼は常に、相手への敬意のあるやり取りと、お互いが一致できる点を探った。彼と会ったすべての人は、彼が世界にもたらそうとしている平和と善意を体現していることに納得した。

若い頃、ネスはトラウマになる経験をした。顕微鏡で観察をしていたときに、酸性の液体に跳び込んだノミの姿を見たのだ〔二種類の溶液が混ざったときの反応を観察していたところに、偶然ノミが跳び込んできた〕。ノミがもがき、のたうち、断末魔の苦しみの中にいる様子に恐怖を感じたネスは、生涯にわたる菜食主義者になった。苦しむノミへの共感的同一化（empathetic identification）は、彼のディープ・エコロジーの原点である。

ネスが人類に求めたのは、ほかの生き物のために自分たちの利益を犠牲にすることではなく、自分たちをほかの生き物と同じと考え、「自己」を拡張して自然全体を取り込むことだった。この自己の拡張によって、自然保護は利他的な自己犠牲ではなく「啓発された自己利益（enlightened self-interest）」〔目前の自己利益ではなく、他者（公共）の利益のために行動することが最終的に自己の利益につながるという考え方。アダム・スミスの考えをトクヴィルが普及させた〕の一種になるのである。

ネスは、「権利」や「義務」という言葉を使うこともあったが、むしろ人々の「心の美しさ」や「喜び」に訴えることを好んだ。彼は、時々あらゆる生き物の「生存権」に言及し、生き物を殺してはならないという「義務」を人々に伝えようとした。そして「人を単なる手段として扱うのではなく、必ず、目的でもあるとして扱わなければならない」というイマヌエル・カントの有名な定言命法〔利益を目的とした条件付きの命令ではなく、無条件に行動を規定する道徳的命令〕を、あらゆる生命体の扱いに拡張した。

だが、ネスは、およそ倫理の類いには関心がなかった。道徳的な攻撃と大差ないものだと思っていたのだ。彼は、人間は倫理的義務よりも、その人の世界観によって動かされると考えていた。だから、もし私たちが、人類は無辺の「生命の網」〔多くの種が複雑に関わり合いながら生物界を形成している状態を表すフンボルトの言葉〕の、ほんの小さな一部だと思うようになれば、あるいは、私たちが、人類は自然より上位にいるのではなく、自然の中にいるのだと思ったり、人の手が加わらない生態系の複雑さと美しさの真価を理解したりすれば、私たちは、義務感からではなく、喜びから自然を保護するだろう。ガンディー的な平和主義者として、ネスは、ほかの人間に、法的な義務はもちろん、道徳的な義務を課すことさえためらった。むしろ、大小にかかわらず、すべての生きとし生けるものに愛情と思いやりをもって接する自分の姿から、人々が学んでくれることを期待した。

だから、殺生に関する彼のルールには、次のように、必ず例外が含まれた。「自分が生き延びるためにやむを得ない場合を除いて、ほかの生き物を殺してはならない」。娯楽のために生き物を殺すことは批難するが、飢えのための殺生は批難しないということだ。彼は、生物に明確な序列をつけることを一切拒んだが、人間の生存には暗黙に特権を与えたのである。

ネスはしばしば「神秘主義者」という言葉で語られたり中傷されたりする。彼は、そうした言葉では当然、哲学的議論はできないし、自然に対する「畏怖」を捉えられないと考えていた。ネスは突き詰めれば霊的な思想家であり、何らかの緻密な環境倫理が作られる前に、自然を前にして驚嘆する感性を育てなければならないと訴えたのだ。ネス自身が自然に対する霊的感性を培ったのは、スピノザの汎神論や、仏教、ガンディーを通じたヒンドゥー教だった。だが、自然に対する正しい霊的反応は、ほかの宗教的伝統の中にも見いだせると彼は考えていた。

「自然」という言葉は、「神」という言葉と同様、受け取る人によって多様なイメージを喚起する。自然は、育ての母を暗示するかもしれないし、生命の循環や、相互依存関係を示唆するかもしれない。あるいは、生存競争や、捕食者と被食者、絶滅のサイクルを思い浮かべる人もいるだろう。

自然という相互共存と調和の王国

ネスにとっての自然は、究極的には相互共存と調和の平和な王国だった。そこには、聖書のイメージで言えば「ライオンが子羊と一緒に寝そべっていた」〔『イザヤ書』第十一章六節が元になった慣用句〕のだ。人間だけが自然に反していると彼は示唆する。人間の思い上がった姿勢や、歯止めの利かない人口の増加、破壊的な知性は、自然の調和に途方もない脅威を与えている。自然は、かつて楽園の庭だったのに、人間が現れて神聖な秩序を覆してしまったのだ。人間が、無数にいる生き物の中の一つという本来あるべき場所に戻らないかぎり、自然は破壊され続けるだろう。

しかし、別の、もっとダーウィン的な視点から見ると、自然はとうてい平和と調和の場所などではない。あらゆる生き物は生存競争から逃れられず、過剰な子孫を残し、殺したり殺されたりしているのだ。自然史には、飢餓や、新たな環境〔低温、化学物質、紫外線、放射線、病原菌など〕への暴露による死、容赦のない捕食、絶滅などがあふれている。人類は、遺伝子の突然変異という偶然によって、知性と器用さの組み合わせを飛躍的に発達させ、捕食者の頂点に上り詰めた。こうした視点から見ると、人間の文化や、テクノロジー、都市化は、人間がその生態的地位（ニッチ）に自然に適応し、ほかのすべての生物を圧倒し、支配したしるしということになる。

では、これまでの人類は、自然と調和して暮らしてきたのだろうか？　ネスやその他のエコロジストは、有史以前と現代の狩猟採集民は自然と共存できたと言っている。しかし、化石記録は違う事実を示唆している。例えば、狩猟採集民は、アメリカ大陸に移り住むやいなや、氷河期の大型哺乳類をたちまち狩り尽くし、絶滅させてしまった〔「第四期の大量絶滅」と呼ばれる出来事〕。人類の「破壊性」（捕食を破壊と言うなら）を常に制限してきたのは、人類の知識と能力だけだったのだ。

カール・マルクスは、人類は本質的に、自然界を人間が手を加えたとわかるもの、つまり人間の生息環境に変える生き物だと言う。一方、アルネ・ネスは、人類は自然を変えることをやめ、自然に従うべきだと主張する。私たちは本質的に地球の主人であり、地球を所有する存在なのだろうか？　それとも、生来ほかの生き物たちと対等な存在にすぎないのだろうか？　これらは究極の宗教的、哲学的な問いであり、すぐに答えが得られるようなものではない。

だとすれば、私たちは、ディープ・エコロジーとシャロー・エコロジーというネスの区別をどのように解釈すればいいのだろう？　彼は、自然を「人間中心の」視点で見ることを否定したが、彼自身が称揚する、自然と親しく語り合うことの喜びや、生態系の多様性、あらゆる種の繁栄、地域生態系同士の調和なども、明らかに人間の価値観の反映である。言い換えれば、ディープ・エコロジーもシャロー・エコロジーも、「人間としての開花」との関係で自然を理解し、称賛しているのだ。シャロー・エコロジーは、自然が人間の一時的な物質的欲求を満たすかぎりにおいて自然を評価する。一方、ディープ・エコロジーは、人間の恒久的な精神的欲求を満たすかぎりにおいて自然を評価する。そこで得られるものは、美や崇高さについての思索であり、自然秩序の知的複雑さに対する驚嘆であり、人間には作れない神秘的な贈り物に包まれたときに生まれる謙虚さである。

結論

政治と哲学の不幸な結婚

政治思想の長い歴史を考えたとき、おのずと、思想は現実世界に影響を与えるのだろうかという疑問が浮かぶ。例えば、カール・マルクスは影響を与えないと考え〔マルクスにとって、資本主義が破綻して社会主義革命が起き、共産主義に移行するのは歴史的必然だった〕、その見解にはいくらかの妥当性があった。

政治的な活動は、それについて哲学的思索が行われるようになるはるか前から存在した。人間はたいがい、まず行動し、あとからその行動について考える。実生活でも、私たちが理論化を試みるのは、目標の達成を目の前で阻んでいる障害を克服する必要があるときである。錠がどういう仕組みになっているかを考えるのは、自分が持っている鍵でそれが開かなかった場合だ。アリストテレスの弓術の比喩〔『ニコマコス倫理学』第一巻第二章に、善という的を射貫くには標的を明確にしなければならないという趣旨の記述がある〕を借りれば、おそらく哲学は、私たちがすでに何度か外している的を、もっと明瞭に見せてくれるものなのである。

つまり、哲学者は、自由、平等、正義といった漠然とした概念について熟考することで、人々がそうした理想を追求する際の焦点を絞ってくれるのだ。だが、残念なことに、理想に関する哲学者たちの見解が相容れないのは、これまで見てきたとおりである。弓術の指導者たちがそれぞれ違う的を狙うように指示しているときに、どうやって狙いの精度を高めるというのだろう？　指導者がいない方がましかもしれない。

さらに悪いことに、ニーチェによれば、考えるという行為自体が政治の有効性を蚕食していく。大胆な統率力と断固とした行動力には、やはり信念や自信が必要なのに、哲学者が人を導く先は、自問や、内省や、優柔不断なのである。シェイクスピアのハムレットも哲学を学んだことになっているが、有名な彼の行動力の欠如は、そのことで説明できるかもしれない。ハムレットは、何をすべきかを考えすぎたために、何をすることもままならなくなってしまったのである。

もし哲学がより良い政治に役立つのであれば、哲学者は優れた統治者になれるはずだ。だが、プラトンは別として〔若い頃はレスラーで、「哲人王」を理想としたプラトンは、晩年にはシュラクサイに招かれて現実政治の改革に尽力した〕、哲学者は優柔不断で情けない統治者か、それ以下のもの（悪くすればもっと危険な存在）になるだろうと、ほとんどの人が思っている。

予言者としての政治哲学者

むしろ、政治哲学者は未来の政治の予見者もしくは予言者であり、私たちが今どこにいるかではなく、これからどこに向かうべきかを考えていると見なした方がいいかもしれない。こういう見方をすると、彼らは偉大な革新者たちに通じる。例えばレオナルド・ダ・ヴィンチは、飛行機や潜水艦が現実になるはるか前にそれらを想像していた。おそらく、偉大な政治思想家たちも予見者であり、実現するにしてもずっとあとになる新しい政治の姿を思い描いていたのだ。例えば、孔子は、王は国の政策を決める際に文学者の意見を聞くべきだと提言した。一〇〇〇年後、中国は、あろうことか文学者が国家官僚に就くように設計された公務員採用試験制度〔「科挙」のこと。試験の中心は古典や詩文の教養だった〕を作った。プラトンは共産主義を予見し、マルクスや、レーニン、毛沢東の思想に大きな影響を与えた。また、核家族をなくそうという彼の提案は、イスラエルにキブツ〔財産を共有し、全員が共同で労働する農業コミューン。衣食住は共同体から支給され、育児や教育も共同で行う〕が生まれる契機となり、現在でも一部の急進的なフェミニストに影響を与え続けている。アル＝ファーラービーが、哲学者でもあるイマームを理想としたのは、ラビでもある哲学者を理想としたマイモニデスと呼応する。

政治思想の中には実際に予言となったものもある。イタリアが何十もの王国や共和国に分かれていた一五一三年、マキャヴェッリはイタリアの統一を予言した。最終的に統一が達成されたのは三五〇年後のことである。ヨーロッパが数百もの世襲君主に支配され、彼らが絶え間ない戦いを繰り広げていたとき、カントは、一つの立憲共和国からなる、戦争が起こらないヨーロッパ大陸を予見した。欧州経済共同体（ＥＥＣ）が設立される一五〇年前のことだ。ルソーが「革命の時代」が来ると予言したのは、フランスでアンシャン・レジームが暴力的に転覆され、ヨーロッパの歴史の流れが変わる二五年前だった。バークは、ロベスピエールやナポレオンが登場する何年も前に、恐怖政治と軍事独裁の時代が来ることを予言していた。世界がイギリスとフランスに支配されていたとき、トクヴィルは、やがて地球全体がアメリカとロシアによって分割されるだろうと言った。米ソ冷戦時代には、まさにそうなった。

政治思想の中には予言とはならなかったものもある。マルクスが資本主義の「避けられない」崩壊を予言したのは有名な話だ。一八世紀にマディソンが中心となって起草した合衆国憲法を、巨大で複雑な工業化社会や脱工業化社会の理想的枠組みだと言う人は、現在ほとんどいないだろう。カントの言う「永遠平和」の時代は、その気配すら感じられない。君主は常に専制政治に向かおうとするというペインの主張は、カナダや、オーストラリア、ニュージーランド、北欧諸国などの平和的で民主的な立憲君主によって否定されている。これらの国々の社会は、ペインが人間性の進歩の指針だと考えたアメリカよりもずっと平等だ。

政治思想家が描いた未来の中には、暗すぎて実現しないことを願うしかないものもある。未来に関して、ルソー、トクヴィル、ニーチェ、アーレントが揃って懸念したのは、先進工業民主主義国の市民が、先人たちが苦労して手に入れた政治的自由をやすやすと捨ててしまうことである。暮らしがあまりにも安全で快適になったために、自由を、大衆的な娯楽や買い物で得られる束の間の喜びと引き換えにしてしまうのだ。エリートが連携して管理するが、誰も統治しないグローバル化された個人消費の世界では、おそらく、政治そのものが時代遅れになるだろう。あるいは、ネスの悪夢が正夢ならば、この惑星は自然を暴力的に搾取する強欲な人類によって破壊され、私たちは宇宙に作ったコロニーで、故国喪失者として生きることを余儀なくされるだろう。

政治哲学が、これから出現する政治（良いものでも悪いものでも）を想像する際に予言的な役割を果たすという見解には一定の根拠があるが、それは未来だけではなく過去にも関係している。最も革新的だと思われる要素でさえ、過去から示唆を得ていることが多い。孔子が、王は学者の助言を聞くべきだという提案をしたとき、彼が王に求めていたのは偉大な「聖王」の時代〔三皇五帝とくに堯舜の治世〕を振り返ることだった。プラトンが構想した大胆な共産主義国家〔能力に応じた垂直分業が基本で、身分は平等ではない〕は、古代エジプトの、神官、戦士、労働者などからなるカースト的階級社会から想を得たという〔マルクスによる指摘。古代ギリシャ人にとってエジプトは先進文明だった〕。アウグスティヌスや、アル＝ファーラービー、マイモニデスは皆、統治のモデルとして古代の聖典に立ち返り、アクィナスはモーセとアリストテレス双方を顧みた。現代の市民が公の場で議論するときは古代アテナイ人の勇気を持つべきだとアーレントは強調したし、マキャヴェッリのイタリア統一の夢は、古代ローマの栄光を回復する夢でもあった。

政治哲学者の中には、過去のあらゆる影響を避けようとした者もいるが、彼らの思想には、たいがいその歴史的源泉がはっきりと見て取れる。ホッブズ、ロック、ルソー、カント、ロールズらが行った思考実験では、決まって政治が出現する前の状態〔いわゆる「自然状態」〕が仮定され、その帰結として、人類は純粋に合理的な一連の権利について合意する。そうした思想家たちの関心は、人間が歴史的にどんな権利を持っていたかではなく、純粋に合理的で公正な社会では、人間はどういう権利を持つのかに向けられていた。

しかし、よく知られているように、「理性」が求めたと結論づけられる権利は、実は、イギリスの王権に対抗するコモン・ロー〔慣習に基づく判例の積み重ねによって形成された非成文法的慣習法の体系〕の自由の歴史をほぼ忠実に後追いしている。それは、一二一五年のマグナ・カルタ以来、長い時間をかけて少しずつ獲得されたものだ。つまり、政治哲学者たちが考案した、「純粋に理性的な権利」という抽象概念は、大部分、イギリス人が過去から受け継いだ諸権利のエッセンスを普遍化したものなのである。この観点から見ると、アメリカ独立革命は、過去との断絶というより、イギリスが、アメリカ植民地でも自国の伝統的な自由を尊重したことの表れであるように思える。理性を使って歴史を切り離したはずの哲学者たちは、結局、歴史を繰り返すことになっているのだ。

政治と哲学の緊張関係

政治と哲学が、隣り合わせでいながら緊張関係にあるのは、両者が異なるもの、場合によっては相容れないものを求めているからである。その結果、多くの哲学者が政治的信念のために迫害されてきた。この問題は西洋文明の黎明期から存在し、古代アテナイの市民は、最も偉大な哲学者ソクラテスに死刑を宣告した。過激な思想でアテナイの若者たちに道を誤らせたとしたのである。マキャヴェッリ、ペイン、ガンディー、クトゥブは投獄され、孔子、アリストテレス、マイモニデス、ホッブズ、ロック、ルソー、マルクス、そしてアーレントは祖国を追われた。西洋の歴史の中で、政治について、安心して、おおっぴらに語ったり書いたりできるようになったのは、比較的最近のことである。言論の自由は近代になってやっと手に入れたもので、まだ不安定だし、多くの敵がいる。

逆の視点から見れば、哲学者たちの思想が政治に対する脅威になることもある。ソクラテスに死刑を宣告したアテナイの市民たちにも道理があった。ソクラテスは独善的にアテナイの安寧を脅かし、個人的な真理の追究のために国家の利益をないがしろにしていると、彼らは信じていた。思想は思いがけない破滅的な結果を生むかもしれないのだ。思想が現実世界に持ち込まれ、一人歩きし始めたとき、社会がどうなっていくかを予測するのはきわめて難しく、不可能かもしれない。例えば、ルソーの政治的な善に関する理論は過激なジャコバン派に動機を与え、彼らはフランス革命の敵と見なした人々に対する恐怖政治を、ルソーの理論を使って正当化した。ロシアのレーニンや中国の毛沢東が、自分たちの作った体制を維持するために広範な暴力と弾圧に頼ったとき、彼らはマルクスの思想に従って行動していると主張した。また、本編に書いたように、ナチは、非人間的な政策の拠り所とするためにニーチェの思想を利用しようとした。プラトン、マルクス、ルソーは、いずれも、折に触れて全体主義に対する責任を問われてきた。

哲学と政治の難しい関係はヤマアラシのジレンマを思い起こさせる。寒さの中で、二匹のヤマアラシが暖を取ろうとして体を寄せ合うと、鋭いトゲが刺さるので離れてしまうという、あの逸話である。二匹はお互いを必要としているが、お互いの存在に耐えられない。相手に慰安を与えようとする行為が、痛みを与える結果につながってしまうのだ。政治と哲学もヤマアラシと同じで、お互いが恩恵であると同時に脅威でもある。結局、ヤマアラシは、かなり近づくが、わずかに離れているのが最善だと判断する。温もりが減るのは、痛みが減ることを意味し、痛みがないのは、凍え死ぬ可能性があることを意味するからだ。

政治と哲学が密接な関係にあることは、互いに危険を及ぼす可能性があったとしても、結局は望ましいことである。まったく思想がない政治体制はあり得ないし、政治を哲学的に考察することは、考えるという行為と同様、避けることができない。哲学は、現実世界から離れた世界には存在しないのだ。哲学が盛んになるのは、思索を促すために必要な最低限の平和と安定を提供する政治体制の中だけである。それに関して、ホッブズは次のように書いている。「閑暇は哲学の母であり、イングランド共和国は平和と閑暇の母である。哲学の研究が興ったのは、史上初めての偉大で繁栄した都市だった」(『リヴァイアサン』より。引用中の「イングランド共和国」は、一六四九年のチャールズ一世の処刑から一六六〇年の王政復古に至るまで存在した共和制のイギリスのこと)。もし、ホッブズが言うように政治が哲学の前提条件なら、哲学は自らが首尾良く存続していくために政治を研究しなければならない。ソクラテスが処刑の前に収監されていた監獄から逃げることを拒んだのは、おそらくそのためである。裕福な友人のクリトンが脱獄の準備を申し出たとき、ソクラテスは、法の名の下に処刑されるにもかかわらず、法を尊重するために脱獄を辞退した。そして、死刑を宣告された裁判では、国家の善にとって必要なものだと哲学を擁護した。

政治において当たり前だと思われていることに哲学が疑問を投じるのは、政治への理解を深めるためだけではなく、政治を改善するためでもある。その手段として、哲学者は、新しい政治の理想や、制度、正義の原則や、生活様式を想像する。そうしなければ、政治はただの泥沼になってしまうからである。

謝辞

本書を執筆するにおいては多くの人の厚意に助けられた。この場を借りて感謝の一端を伝えたい。

グレアム・ガラードから

本書に取り組むための研究休暇《サバティカル》を認めてくれたカーディフ大学、また、私を客員研究員として受け入れ、本書を構想し執筆に着手する環境を提供してくれたケンブリッジ大学のクレアホール〔学寮の一つ〕に謝意を表したい。

以下に挙げる人々は、草稿の段階でそれぞれいくつかの章に目を通し、本書の改善に役立つ建設的なコメントをくれた。ロナルド・ベイナー、トバイアス・パントリン、デイヴィッド・レズヴァーニ、ピーター・セジウィック、チェリー・サマーズ、ハワード・ウィリアムズ。彼らがその作業に費やしてくれた時間と労力に深く感謝する。

幸いにも、私がこれまで実りある研究生活を送ってこられたのは、支援を惜しまない友人や同僚たちのおかげである。とりわけ、次の人々に助けられたことを記しておきたい。マッテオ・ボノッティ、デイヴィッド・ブーシェ、アンドリュー・ダウリング、デイヴィッド・ハンリー、ショーン・ローリン、ニック・パーソンズ、ルイス・ポール・ブーリー、キャロル・ペイトマン、クレイグ・パターソン。

トロント大学の学部生時代に、政治思想の研究に初めて本気で取り組んだのは、ロナルド・ベイナーの指導があってのことだった。彼はその分野への興味を掻き立ててくれ、以来、私にとって、研究者はどうあるべきかのモデルであり続けている。

一番大事なことが最後になってしまったが、共著者、批評家、友人として、ジェームズ・バーナード・マーフィー以上の存在はあり得ないと思っている。

ジェームズ・バーナード・マーフィーから

私が政治哲学の面白さに目覚めたのは、一九七六年にイェール大学で「指導研究プログラム(Directed Studies Program)」〔古代に始まる人文学の重要な著作を多読し、議論し、論文を書くことを通じて、学術研究のやり方を身に付ける集中プログラム〕を受けたときであり、一九九〇年に博士号を取得したのもイェール大学だった。

学問に関して恩を受けたもう一つの大学が、多くの聡明な学生に政治思想を教える機会を与えてくれたダートマス大学である。そこでは、学生たちの積極的な質問や意見に鍛えられ、自分の知識の限界を知って謙虚になれたし、若い情熱に刺激されてさまざまな着想が得られた。そうした学生の中でも、本書の草稿を校正してくれた、ナタリア・マクラーレン、カタリナ・ネシック、ジョシー・ピアース、ジョセフ・トルセラには、とくにお礼を言いたい。

また、共著者のグレアム・ガラードほど、政治哲学と友情に関して多くのことを教えてくれた人はいない。

深い感謝を捧げずにいられないのは、快く原稿を読んでくれた妻のキルスティン・ギェブトフスキーである。もし私の文章に何か美点があるとしたら、それは彼女が丁寧に原稿を推敲してくれたおかげである。

私とグレアムは、本書で取り上げた思想家を等分し、古代と中世の全員（孔子からアクィナスまで）と近現代の数人（ヘーゲル、マディソン、トクヴィル、ガンディー、クトゥブ、ハイエク、ヌスバウム、ネス）の章については私が執筆し、残りの章はグレアム・ガラードが執筆した。

数多くの貴重な助言をくれ、私たちの背中を押し、賢明な判断をしてくれた出版エージェントのジェイミー・マーシャルと、ブルームズベリーの編集者ジェイミー・バーケットには、私たち二人とも深く感謝している。

どうしようもなく無力に思える私たちが
それでも矛盾の中に踏みとどまるために——訳者あとがき

本書は、Graeme Garrard and James Bernard Murphy, *How to Think Politically: Sages, Scholars and Statesmen Whose Ideas Have Shaped the World*, Bloomsbury Continuum, 2019. の全訳です。

大学で教鞭をとる二人の著者は、本書において、人類がこの二五〇〇年間に政治について考えてきたことを、三〇人の思想家の著作や言動をたどりながら市民に向けて解説しています。一般読者向けの本というと、専門的な内容を簡略化して平易に書いた啓蒙書か入門書だと思われるかもしれませんが、そうではありません。政治に関しては、仕事帰りに立ち寄った書店で本を手に取るような人たちこそ行為の主体、つまり、国を統治する権力を持つ「主権者」だからです。

この二五〇〇年間の人類の営為は、識字能力を持ち、本を買う経済力があり、内容に対する考えを公表し、意思を行動に移して政治に働きかけられる人の数を増やしてきました。言い換えれば、主権者を拡張する歴史でした。その結果、大衆が大きな力を持つようになりましたが、逆に一人あたりの影響力は著しく縮小し、無力感を抱いた大衆は政治から離れていきました。主権者がどこかに消えてしまったのです。そうした状況を変えたのがインターネットでした。つい三〇年前まで、社会に向けて意見を発信できるのはごく限られた人たちで、その立場は厳しい選別の果てにありました。今では、普通の人々が、かつての政治家や、マスメディア、評論家、著名な学者、大企業の経営者などと同じように自分の考えを発信できます。将来、選挙の方法も変わっていくでしょう。人々がその能力を適切に使っているかどうかは別として、本来の主権者が新たな力を得たことは間違いありません。

私たちが日々の生活を送る社会の枠組みは政治が形成しています。空気のように存在を忘れがちな基本的人権から、身近では賃金や労働時間、物価や税金、医療や年金、そして遠くは外交や安全保障、環境やエネルギー政策、災害対策や気候変動に至るまで、政治が関わらない問題はありません。序章に書かれているように「君は政治に興味がなくとも、政治の方では君に興味を持っている」のです。ちなみに、その言葉がトロツキーの発言を下敷きにしていたことを覚えているでしょうか？　訳注に記した「君は戦争に興味がなくとも、戦争の方では君に興味を持っている」という引用です。多少の不満はあっても何とか平穏に過ごせているから、あえて政治について考えることはないと思っている人も、戦争というような危機的な状況に直面すると、そうはいかなくなります。現在（二〇二三年一二月）、ロシアがウクライナに侵攻してから二年になろうとしています。この間、自国を（ロシアではなく）ウクライナに重ね合わせて、自分たちならどうするだろうと考えた人も多いのではないでしょうか。おそらく、ほとんどの人が確信を持って答えを出せなかったのではないかと思います。しかし、実際に戦争に直面したとき、より適切に言えばそうした状況が予見されるときには、主権者として意思決定をしなければいけません。「戦争の方では君に興味を持っている」のです。

政治について考えようとしたとき、私たちはいくつかの困難にぶつかります。まず、本書の冒頭にも書かれていた泥沼のような政治の世界への忌避感や、コミュニティーの中で浮いてしまうことへの恐れに引き留められるのではないでしょうか。ネットでの罵り合いに対する嫌悪感や、映像で見る「政治活動」をしている人たちへの違和感が呼び起こされるかもしれません。でも、こうした抵抗は、たぶんテクノロジーで回避されるでしょう。

政治について考えること、つまり政治哲学の本質的な問題は、政治と哲学の矛盾にあります。本書の最終章「結論」は「政治と哲学の不幸な結婚」と題されていますが、二人がすれ違う最大の原因は、それぞれが見ている場所が異なることです。社会や文化のさまざまな領域には固有の視程があります。例えば、芸術はほとんど時間に関わりなく、永遠を見ていると言ってもいいでしょう。哲学も普遍的な人間を念頭に置いていて、何百年、何千年という尺度でものを見ています。二〇〇〇年以上前の古代ギリシャの芸術や哲学が今も価値を持つのはそのためです。一方、政治の視程は短く、せいぜい数十年から一〇〇年くらいではないでしょうか。政治家の中には、自分が為政者の地位にある数年間のことしか考えない人もいます。こうした視程の違いが大きな意味を持つのは、そこから導かれる妥当性や正しさが変わってくる、つまり問題に対する答えが変わってくるからです。例えば核兵器について、長い視程で見る人は廃絶すべきだと主張するでしょうし、短い視程で考える人は現実に戦争の抑止力になっていることを強調するでしょう。どちらの考えもそれぞれの視程では妥当性を持ちます。日常の世界ではニュートン力学で十分正しいと言えることが、宇宙や素粒子といった尺度の違う世界では間違いになり、そこには別の正しさがあるようなものです。複数の正しさがせめぎ合う場所で一つの行動を選び取らなければいけないのが、政治について考えることの難しさです。

では、政治について適切な選択をしたいと思ったときに、私たちの力になるものは何でしょうか？　それは、多様な考え方を知っておくことです。たくさんの思考パターンを持ち、異なった視点から現象を見ることができれば、不適切な正しさに固執せず、状況に応じた視点を選び、他者の思考を推測し、行き詰まったときに出口を見いだすことができます。これは、無数の情報が得られるインターネットの普及によって容易になったように思えますが、現実には逆のことが起きています。私たちは、情報が多くなるほどに、すぐに簡潔な答えが得られるものに誘引され、意に添わない情報を排除するようになりました。多様な考え方から遠ざかってしまったのです。これを避ける一つの方法が、歴史的事実や実験を基に、時間をかけて考察し、整理された知識を利用することです。

みなさんが本書を手にした動機は何だったでしょうか？　教養として一通りの政治思想を押さえておきたいと思われたかもしれません。もちろん、本書はそういう欲求にも応えられます。しかし、筆者たちの狙いは、多様な考え方を提示することによって、政治に関する読者の思考を拡張することにあります。もし、この本が日本の大学の教科書であれば、スピノザや、モンテスキュー、ヴォルテール、アダム・スミス、ベンサム、ヴェーバーなどが入っていたかもしれませんし、アル＝ファーラービーや、マイモニデス、ウルストンクラフト、ヌスバウムなどは取り上げられていなかったでしょう。クトゥブやネスなどは思いがけない人選です。古くは孔子から同時代人のヌスバウムまでを見渡し、キリスト教ヨーロッパに限らず、イスラム教やユダヤ教、ひいては儒教やヒンドゥー教まで視野に入れ、ユートピア的な理想論から実践的な戦略論まで、保守思想から過激思想まで含めた選択には、著者たちの明らかな狙いが見て取れます。また、彼らの意図は叙述の内容にも表れています。それぞれの人物について、思想だけを抽出するのではなく、必ず、背景となる社会やその人の生き方が描かれています。その結果、思想家たちが、与えられた環境の中で、迷い、試練に遭い、模索しながら生きた、自分たちと同じ人間に感じられたのではないかと思います。

　本書には、折に触れて、死に直面したソクラテスが登場します。それは政治と哲学の矛盾に引き裂かれる人間の象徴的な姿です。粛々と刑を受け入れることにも、脱獄して、生きる可能性を探ることにも正しさがありました。みなさんは、ソクラテスの選択をどう考えたでしょう？

そして、同じような選択に直面したとき、何を選ぶでしょうか？

二〇二三年一二月

神月謙一

推薦図書

以下は、本書で取り上げた思想家が政治について考察した最も重要な著作のリストである。古代と中世の著作に関しては、現代英語への優れた翻訳を挙げた。近代と現代の著作に関しては、手軽に入手できる英訳書がたくさんあるので、個々の英訳書の詳細は省き、原著が初めて出版された年を括弧の中に記した。また、その思想家の伝記がある場合は代表的なもの一冊を挙げた〔日本語に訳されている著作については邦訳書を併記した。邦訳書の選択に際しては、流通量や価格などの点で入手性がよいことを第一義としたので、わかりやすさや学術的正確さなど、求めるものがはっきりしている場合は別の選択肢があると思う。なお、英訳書に続けて邦訳書が記載されていても、その英訳書の和訳ではなく、原著の言語から直接日本語に訳されたものである〕。

古　代

孔子

The Analects, translated by D. C. Lau (Penguin Classics, 1979).『論語』金谷治訳注、岩波文庫、1999年

Mencius, translated by D. C. Lau (Penguin Classics, 2005).『孟子(上・下)』小林勝人訳注、岩波文庫、1968〜1972年

プラトン

The Trial and Death of Socrates, translated by G. M. A. Grube (Hackett, 2000)〔*Euthyphro*、*Apology*、*Crito*、および*Phaedo*の一部が収録されている〕.『ソクラテスの弁明』納富信留訳、光文社古典新訳文庫、2012年

Republic, translated by C. D. C. Reeve (Hackett, 2004).『国家(上・下)』藤沢令夫訳、岩波文庫、1979年

Statesman, translated by Eva Brann et al. (Focus Philosophical Library, 2012).『プラトン全集 3 ソピステス・ポリティコス(政治家)』水野有庸訳、岩波書店、1976年

The Laws, translated by Trevor Saunders (Penguin Classics, 2004).『法律(上・下)』森進一、池田美恵、加来彰俊訳、岩波文庫、1993年

アリストテレス

Nicomachean Ethics, translated by Terrence Irwin (Hackett, 1999).『ニコマコス倫理学(上・下)』渡辺邦夫、立花幸司訳、光文社古典新訳文庫、2015年

Politics, translated by C. D. C. Reeve (Hackett, 2017).『政治学(上・下)』三浦洋訳、光文社古典新訳文庫、2023年

アウグスティヌス

Political Writings, translated by Michael Tkacz and Douglas Kries (Hackett, 1994)〔*City of God*の抜粋を中心に、政治に関する小論を集めたアンソロジー〕.

City of God, edited and abridged by Vernon Bourke (Image Books, 1958)〔『神の国』の抄訳〕.

『神の国(1〜5)』服部英次郎、藤本雄三訳、岩波文庫、1982〜1991年〔上記2冊に対応する『神の国』の全訳〕

中　世

アル=ファーラービー

Medieval Political Philosophy: A Sourcebook, edited by Joshua Parens and Joseph Macfarland (Cornell University Press, 2011)〔アル=ファーラービー、マイモニデス、トマス・アクィナスなどの、中世の政治哲学に関する文献を集めたアンソロジー。ファーラービーに関しては、*The Enumeration of the Sciences*、*The Book of Religion*、*The Political Regime*、*The Attainment of Happiness*、*Plato's Laws*の抄訳が収録されている〕.

『中世思想原典集成 11 イスラーム哲学』上智大学中世思想研究所編、竹下政孝編訳・監修、平凡社、2000年〔上記の本に収められた著作とは重ならないが、『有徳都市の住民がもつ見解の諸原理』、『知性に関する書簡』の2編が収録されている〕

The Philosophy of Plato and Aristotle, translated by Muhsin Mahdi (Cornell University Press, 2001).

マイモニデス

Medieval Political Philosophy: A Sourcebook, edited by Joshua Parens and Joseph Macfarland (Cornell University Press, 2011)〔アル=ファーラービーの項を参照。マイモニデスに関しては、*Logic*、*The Guide of the Perplexed*、*Eight Chapters*、*Letter on Astrology*の抄訳が収録されている〕.

The Guide of the Perplexed, edited and abridged by Julius Guttmann (Hackett, 1995).

トマス・アクィナス

On Law, Morality, and Politics, translated by Richard Regan (Hackett, 2002).

St. Thomas Aquinas on Politics and Ethics, translated by Paul Sigmund (Norton, 1988)〔*The Summa Against the Gentiles*、*On Kingship or The Governance of Rulers*、*The Summa of Theology*からの抜粋のアンソロジー〕.

『トマス・アクィナスの心身問題——『対異教徒大全』第2巻より』川添信介訳註、知泉書館、2009年

『君主の統治について——謹んでキプロス王に捧げる』柴田平三郎訳、岩波文庫、2009年

『神学大全（I・II）』山田晶訳、中公クラシックス、2014年〔抄訳。全訳［全45巻］も存在するが、読むのは現実的ではない。岩波文庫『精選 神学大全』［全4巻］も刊行が始まった〕

近　代

ニッコロ・マキャヴェッリ

The Discourses on Livy (1531).『ディスコルシ——「ローマ史」論』永井三明訳、ちくま学芸文庫、2011年

The Prince (1532).『君主論』池田廉訳、中公文庫、2018年

Maurizio Viroli, *Niccolò's Smile: A Biography of Machiavelli* (2000).『マキァヴェッリの生涯——その微笑の謎』マウリツィオ・ヴィローリ著、武田好訳、白水社、2007年

トマス・ホッブズ

De Cive ('On the Citizen') (1642).『市民論』本田裕志訳、京都大学学術出版会（近代社会思想コレクション）、2008年

The Elements of Law (1650).『法の原理――自然法と政治的な法の原理』高野清弘訳、ちくま学芸文庫、2019年
Leviathan (1651).『リヴァイアサン(上・下)』加藤節訳、ちくま学芸文庫、2022年
Behemoth (1679).『ビヒモス』山田園子訳、岩波文庫、2014年
A. P. Martinich, *Hobbes: A Biography* (1999).

ジョン・ロック

Second Treatise of Government (1689).『完訳 統治二論』加藤節訳、岩波文庫、2010年〔「第一論」も含まれる〕
A Letter Concerning Toleration (1689).『寛容についての手紙』加藤節、李静和訳、岩波文庫、2018年
Maurice Cranston, *John Locke: A Biography* (1957).『ジョン・ロック伝』モーリス・クランストン著、小松茂夫ほか訳、みすず書房、2022年

デイヴィッド・ヒューム

A Treatise of Human Nature (1738-40).『人間本性論(1～3)〈普及版〉』木曾好能訳、法政大学出版局、2019年
Essays, Moral and Political (1741).『ヒューム 道徳・政治・文学論集[完訳版]』田中敏弘訳、名古屋大学出版会、2011年
An Enquiry Concerning the Principles of Morals (1751).『道徳原理の研究』渡部峻明訳、哲書房、1993年
The History of England (1754–61).
Dialogues Concerning Natural Religion (1779).『自然宗教をめぐる対話』犬塚元訳、岩波文庫、2020年
Roderick Graham, *The Great Infidel: A Life of David Hume* (2004).

ジャン=ジャック・ルソー

A Discourse on the Origins of Inequality (1755).『人間不平等起源論』中山元訳、光文社古典新訳文庫、2008年
The Social Contract (1762).『社会契約論／ジュネーヴ草稿』中山元訳、光文社古典新訳文庫、2008年
Leo Damrosch, *Jean-Jacques Rousseau: Restless Genius* (2005).

エドマンド・バーク

Reflections on the Revolution in France (1790).『フランス革命についての省察』二木麻里訳、光文社古典新訳文庫、2020年
An Appeal From the New to the Old Whigs (1791).「新ウィッグから旧ウィッグへの上訴」、『バーク政治経済論集――保守主義の精神』中野好之編訳、法政大学出版局、2000年
Letters on a Regicide Peace (1795-7).「フランス国王弑逆の総裁政府との講和商議についての一下院議員への手紙」、『バーク政治経済論集――保守主義の精神』中野好之編訳、法政大学出版局、2000年
Conor Cruise O'Brien, *The Great Melody: A Thematic Biography of Edmund Burke* (1992).

メアリー・ウルストンクラフト

A Vindication of the Rights of Men (1790).『人間の権利の擁護／娘達の教育について』清水和子、後藤浩子、梅垣千尋訳、京都大学学術出版会、2020年

A Vindication of the Rights of Woman (1792).『女性の権利の擁護——政治および道徳問題の批判をこめて』白井堯子訳、未来社、1980年

Janet Todd, *Mary Wollstonecraft: A Revolutionary Life* (2000).

イマヌエル・カント

An Answer to the Question: "What is Enlightenment?" (1784).『永遠平和のために／啓蒙とは何か 他3編』中山元訳、光文社古典新訳文庫、2006年

Groundwork of the Metaphysics of Morals (1785).『プロレゴーメナ／人倫の形而上学の基礎づけ』土岐邦夫、野田又夫、観山雪陽訳、中公クラシックス、2005年

Perpetual Peace: A Philosophical Sketch (1795).『永遠平和のために』宇都宮芳明訳、岩波文庫、1985年

The Metaphysics of Morals (1797).『カント全集11 人倫の形而上学』樽井正義、池尾恭一訳、岩波書店、2002年

Manfred Kuehn, *Kant: A Biography* (2001).『カント伝』マンフレッド・キューン著、菅沢龍文、中澤武、山根雄一郎訳、春風社、2017年

トマス・ペイン

Common Sense (1776).『コモン・センス』角田安正訳、光文社古典新訳文庫、2021年

The Rights of Man (1791-2).『人間の権利』西川正身訳、岩波文庫、1971年

The Age of Reason (1794-1796).『理性の時代』渋谷一郎監訳、泰流社、1982年

Agrarian Justice (1797).『土地をめぐる公正』(Amazon Kindle版)山形浩生訳、合同会社イカリング、2021年

John Keane, *Tom Paine: A Political Life* (1995).

G・W・F・ヘーゲル

Philosophy of Mind (1817).『精神哲学』船山信一訳、岩波書店、2002年

Elements of the Philosophy of Right (1820).『法の哲学——自然法と国家学の要綱(上・下)』上妻精、佐藤康邦、山田忠彰訳、岩波文庫、2021年

Terry Pinkard, *Hegel: A Biography* (2001).

ジェームズ・マディソン

The Federalist Papers(1788).(とくに10と51を参照)『ザ・フェデラリスト』A・ハミルトン、J・ジェイ、J・マディソン著、斎藤眞、中野勝郎訳、岩波文庫、1999年

Memorial and Remonstrance against Religious Assessments (1785).

Noah Feldman, *The Three Lives of James Madison: Genius, Partisan, and President* (2017).

アレクシ・ド・トクヴィル

Democracy in America (1840).『アメリカのデモクラシー(第1巻上・下、第2巻上・下)』松本礼二訳、岩波文庫、2005〜2008年

The Old Regime and the French Revolution (1856).『旧体制と大革命』小山勉訳、ちくま学芸文庫、1998年

André Jardin, *Alexis de Tocqueville: A Biography* (1984).『トクヴィル伝』、アンドレ・ジャルダン著、大津真作訳、晶文社、1994年

ジョン・スチュアート・ミル

On Liberty (1859).『自由論』関口正司訳、岩

波文庫、2020年

Considerations on Representative Government (1861).『代議制統治論』水田洋訳、岩波文庫、1997年

Utilitarianism (1863).『功利主義』関口正司訳、岩波文庫、2021年

The Subjection of Women (1869).『女性の解放』大内兵衛、大内節子訳、岩波文庫、1957年

Richard Reeves, *John Stuart Mill: Victorian Firebrand* (2007).

カール・マルクス

The Manifesto of the Communist Party (1848).『共産党宣言』マルクス、エンゲルス著、森田成也訳、光文社古典新訳文庫、2020年

The Eighteenth Brumaire of Louis Napoleon (1852).『ルイ・ボナパルトのブリュメール18日』、植村邦彦訳、平凡社ライブラリー、2008年

The Civil War in France (1871).『フランスの内乱』木下半治訳、岩波文庫、1952年

Critique of the Gotha Programme (1875).『ゴータ綱領批判』望月清司訳、岩波文庫、1975年

Capital, 3 volumes (1867–94).『資本論(1〜9)』エンゲルス編、向坂逸郎訳、岩波文庫、1969〜1970年

The German Ideology (1932).『ドイツ・イデオロギー〈新編輯版〉』マルクス、エンゲルス著、廣松渉編訳、小林昌人補訳、岩波文庫、2002年

Francis Wheen, *Karl Marx* (1999).『カール・マルクスの生涯』、フランシス・ウィーン著、田口俊樹訳、朝日新聞社、2002年

フリードリヒ・ニーチェ

Thus Spoke Zarathustra (1883).『ツァラトゥストラ』手塚富雄訳、中公文庫、2018年

On the Genealogy of Morality (1887).『道徳の系譜学』中山元訳、光文社古典新訳文庫、2009年

The Will to Power (1901).『ニーチェ全集 12・13 権力への意志(上・下)』原佑訳、ちくま学芸文庫、1993年

Julian Young, *Friedrich Nietzsche: A Philosophical Biography* (2010).

現　代

モーハンダース・ガンディー

Non-Violent Resistance (Satyagraha) (1951)〔ガンディーの著書ではなく、ガンディーが雑誌等に書いた文章をBharatan Kumarappaが編集したもの。そのままの邦訳はないが、同様の内容は『わたしの非暴力』森本達雄訳、みすず書房、2021年で読める〕.

Autobiography (1927).『ガンジー自伝』蠟山芳郎訳、中公文庫、2004年

Ved Mehta, *Mahatma Gandhi and His Apostles* (1976).『ガンディーと使徒たち──「偉大なる魂(マハトマ)」の神話と真実』、ヴェド・メータ著、植村昌夫訳、新評論、2004年

サイイド・クトゥブ

The Sayyid Qutb Reader, edited by Albert Bergesen (2008)〔編者によるクトゥブの紹介とともに彼の著作の抜粋を集めた入門書〕.

Social Justice in Islam (1949).

Milestones (1964).『イスラーム原理主義の「道し

るべ」――発禁・"アルカイダの教本"全訳+解説』岡島稔、座喜純訳・解説、第三書館、2008年
James Toth, *Sayyid Qutb: The Life and Legacy of a Radical Islamic Intellectual* (2013).

ハンナ・アーレント

The Origins of Totalitarianism (1951).『全体主義の起原(1〜3)』大久保和郎、大島通義、大島かおり訳、みすず書房、2017年
The Human Condition (1958).『人間の条件』志水速雄訳、ちくま学芸文庫、1994年
Eichmann in Jerusalem (1963).『エルサレムのアイヒマン――悪の陳腐さについての報告〈新版〉』大久保和郎訳、みすず書房、2017年
Anne Conover Heller, *Hannah Arendt: A Life in Dark Times* (2015).

毛沢東

On Contradiction (1937).『実践論・矛盾論』松村一人、竹内実訳、岩波文庫、1957年
Quotations from Chairman Mao Tse-Tung (the 'Little Red Book') (1964).『毛沢東語録』竹内実訳、平凡社ライブラリー、1995年
Philip Short, *Mao: A Life* (1999).『毛沢東――ある人生(上・下)』フィリップ・ショート著、山形浩生、守岡桜訳、白水社、2010年

フリードリヒ・ハイエク

The Road to Serfdom (1944).『ハイエク全集I-別巻 隷属への道』西山千明訳、春秋社、2008年
Law, Legislation, and Liberty (1973).『ハイエク全集I-8・9・10 法と立法と自由』西山千明監修、矢島鈞次監訳、水吉俊彦、篠塚慎吾、渡部茂訳、春秋社、2007〜2008年
The Fatal Conceit (1988).『ハイエク全集II-1 致命的な思いあがり』西山千明監修、渡辺幹雄訳、春秋社、2009年
Alan Ebenstein, *Friedrich Hayek: A Biography* (2001).『フリードリヒ・ハイエク』、ラニー・エーベンシュタイン著、田総恵子訳、春秋社、2012年

ジョン・ロールズ

A Theory of Justice (1971).『正義論』川本隆史、福間聡、神島裕子訳、紀伊國屋書店、2010年
Political Liberalism (1993).『政治的リベラリズム〈増補版〉』神島裕子、福間聡訳、筑摩書房、2022年
Justice as Fairness: A Restatement (2001).『公正としての正義 再説』エリン・ケリー編、田中成明、亀本洋、平井亮輔訳、岩波現代文庫、2020年
Thomas Pogge, *John Rawls* (2007), chapter 1.

マーサ・ヌスバウム

The Fragility of Goodness (1986).
Creating Capabilities: The Human Development Approach (2011).

アルネ・ネス

The Ecology of Wisdom: Writings of Arne Naess (2008).
Life's Philosophy: Reason and Feeling in a Deeper World (2002).

著者略歴

グレアム・ガラード
(Graeme Garrard)

一九九五年からイギリスのカーディフ大学で、二〇〇六年からはアメリカのハーバード大学サマースクールでも政治思想を教えている。彼は、カナダ、アメリカ、イギリス、フランスのさまざまな大学で二五年間講義を行ってきた。*Rousseau's Counter-Enlightenment: A Republican Critique of the Philosophes* (2003)、*Counter-Enlightenments: From the Eighteenth Century to the Present* (2006)、*The Return of the State: And Why it is Essential for our Health, Wealth and Happiness* (2022)などの著作がある。

ジェームズ・バーナード・マーフィー
(James Bernard Murphy)

アメリカのニューハンプシャー州ハノーバーにあるダートマス大学で一九九〇年から教壇に立ち、現在は政治学の教授を務めている。最新の著作は*The Third Sword: On The Political Role of Prophets* (2023)である。

訳者略歴

神月謙一
(かみづきけんいち)

翻訳家。青森県生まれ。東京都立大学人文学部卒業。国立大学の教員を一三年間勤めたのち現職。主な訳書に『戦争と交渉の経済学　人はなぜ戦うのか』『私が陥った中国バブルの罠　レッド・ルーレット』(ともに草思社)など多数。

英米《えいべい》の大学生《だいがくせい》が学《まな》んでいる政治哲学史《せいじてつがくし》
三〇人《さんじゅうにん》の思索者《しさくしゃ》の生涯《しょうがい》と思想《しそう》

2024年2月29日　第1刷発行

著者　グレアム・ガラード
　　　ジェームズ・バーナード・マーフィー
訳者　神月謙一
装幀者　木下悠
発行者　碇高明
発行所　株式会社草思社
　　　〒160-0022
　　　東京都新宿区新宿1-10-1
　　　電話　営業 03(4580)7676
　　　　　　編集 03(4580)7680
本文組版　株式会社アジュール
印刷所　株式会社平河工業社
製本所　大口製本印刷株式会社
翻訳協力　株式会社トランネット

造本には十分注意しておりますが、万一、乱丁、落丁、印刷不良などがございましたら、ご面倒ですが、小社営業部宛にお送りください。
送料小社負担にてお取替えさせていただきます。

ISBN978-4-7942-2709-6　Printed in Japan　検印省略